Simplesmente faça

Douglas Brown

Simplesmente faça

101 dias consecutivos de sexo

Tradução
Rosana Watson

Título original: *Just do it*
Copyright © 2008 by Douglas Brown
Originalmente publicada pela Crown Publishers, uma divisão da Random House, Inc.

Imagem de capa: ITF020063 - © Polka Dot Images/LatinStock

Todos os direitos reservados. Nenhuma parte desta obra pode ser reproduzida ou transmitida por qualquer forma ou meio eletrônico ou mecânico, inclusive fotocópia, gravação ou sistema de armazenagem e recuperação de informação, sem a permissão escrita do editor.

Direção editorial
Soraia Luana Reis

Editora
Luciana Paixão

Editora assistente
Valéria Sanalios

Assistência editorial
Elisa Martins

Revisão
Rosa Brand
Diego Rodrigues
Maurício Katayama

Criação e produção gráfica
Thiago Sousa

Assistente de criação
Marcos Gubiotti

CIP-Brasil. Catalogação-na-fonte
Sindicato Nacional dos Editores de Livros, RJ

B897s	Brown, Douglas J., 1965- Simplesmente faça / Douglas Brown; tradução de Rosana Watson. - São Paulo: Prumo, 2008. Tradução de: Just do it ISBN 978-85-61618-33-9 1. Sexo no casamento. 2. Sexo. I. Título.
08-3464.	CDD: 306.87 CDU: 316.812.1-058.833

Direitos de edição para o Brasil:
Editora Prumo Ltda.
Rua Júlio Diniz, 56 - 5º andar – São Paulo/SP – Cep: 04547-090
Tel: (11) 3729-0244 – Fax: (11) 3045-4100
E-mail: contato@editoraprumo.com.br / www.editoraprumo.com.br

Para Annie

Agradecimentos

Primeiramente, obrigado à Annie! Obrigado por ter a idéia. Obrigado por seguir com ela. Obrigado por, você sabe, fazer, dia após dia após dia. Não tenho como agradecer.

Obrigado antecipadamente, crianças, por entenderem que mamãe e papai não apenas fizeram sexo por 101 dias consecutivos, mas escreveram um livro sobre isso. Vocês não sabem nada disso agora, mas um dia vão saber.

Obrigado à nossa família por agüentar nossa... busca... nada comum e nosso relatório diário neste livro.

O livro não aconteceria se não fosse por meu excelente agente Dan Lazar, a quem devo muita gratidão. Os editores com quem trabalhei na Crown me ajudaram imensamente, portanto obrigado Allison McCabe, Lindsey Moore e Suzanne O'Neill. Nosso amigo Will Lippincott foi valioso.

Obrigado a todos os nossos amigos à distância (e próximos), ao pessoal no Novo México e Flórida, Pensilvânia e Nova York (isso inclui você, Andrew), e Michigan, Maryland, Washington, D.C., Alaska, Havaí, Colorado, Carolina do Sul, Iowa, Nebraska, Califórnia, New Hampshire, Massachusetts e mais. Obrigado por suas idéias (vocês sabem que são). Obrigado pelos e-mails. Obrigado simplesmente por serem nossos companheiros.

Finalmente, obrigado aos fabricantes de lubrificante (e obrigado, doutora, por me incentivar a experimentá-lo!). Obrigado aos criadores da bola de exercício! Muito obrigado à indústria farmacêutica por nos dar o Viagra, Levitra e Cialis. Àqueles que fazem a lingerie sexy das mulheres, incluindo as meias sete-oitavos, eu os saúdo. Sou grato a todas as empresas que ajudaram nosso quarto a se transformar num "refúgio sexual": o pessoal que faz incenso, velas, os que vendem os "kits de massagem" (com penas!) e coisas cheirosas, incluindo os produtos com "musk". Cervejas – particularmente a India Pale

Ale – foram úteis para o nosso sucesso. Eu os abençôo, Companhia de Cerveja Twisted Pine, a Cervejaria Avery, Cervejaria Boulder, Cervejaria Breckenridge, Cervejaria Great Divide, Cervejaria Flying Dog, e todos os lugares animados que posso estar esquecendo. Namastê, Billy e a todos os professores de ioga que, sem saber, fizeram nossa busca um pouco mais fácil. Finalmente, obrigado à WFMU. Vocês são demais!

Sumário

Introdução 11

Capítulo 1 O que nos ajudará a cruzar a linha de chegada? 16

Capítulo 2 Isso vai ser bom 43

Capítulo 3 Não espere pela química 83

Capítulo 4 Cada vez mais íntimos 112

Capítulo 5 Metralhadora nasal 134

Capítulo 6 Uivos do passado 163

Capítulo 7 Um jogo chamado Scat 184

Capítulo 8 O poder do amor 210

Capítulo 9 O coração que canta 235

Capítulo 10 O bem comum 253

Capítulo 11 Tomando a iniciativa 273

Capítulo 12 A leitura das listas 288

Capítulo 13 Tomando sol na ilha criada por nós 296

Capítulo 14 Fazendo amor no meio da tarde 303

Capítulo 15 Isso é "sexcelente" 313

Epílogo 329

Introdução

Assim como você, eu apreciei os dias dos quais gosto de me lembrar como "os mais primorosos". Os dias em que minhas filhas nasceram, por exemplo, são difíceis de superar. Eu me lembro de um longo período na praia de Jersey no início dos anos 1980 quando as ondas quebravam cristalinas e formosas, e eu surfava até o anoitecer. Havia um encontro marcado desde o amanhecer até a meia-noite com meu irmão, quando caminhávamos em meio ao esplendor alpino e finalizávamos com *cheeseburgueres*, cerveja e uma rede para dormir. Outro dia para jamais esquecer foi o dia em que fiz quarenta anos e minha esposa Annie disse sete palavras que mudaram completamente nossa vida juntos da maneira mais espetacular.

Esse dia fabuloso começou na Flórida, onde eu terminara uma conferência de uma semana dedicada a sexo, cultura popular e mídia. Sou repórter e, naquele momento, o sexo – pornografia, *strippers*, vício em sexo, o que você imaginar – era uma das minhas principais áreas de cobertura. Um vôo, que é algo que nunca comemoro, devorou a maior parte da tarde, mas as coisas melhoraram quando Annie chegou para me buscar no aeroporto de Denver. Seu estilo próprio, que ela chama de "sexy desarrumado", havia desabrochado – seus cabelos castanhos avermelhados em profusão presos num coque despretensioso, com grandes mechas caindo por seus ombros; uma linda blusa estampada que expunha sugestivamente o espaço entre seus seios, jeans justos, suas sandálias israelenses favoritas e batom vermelho.

Seu sorriso malicioso e olhos faiscantes diziam "Bem-vindo ao lar, amor!". E então espiei o banco de trás da minivan e lá estavam Joni, de quase sete anos, e Ginger, chegando aos três, gritando "Papai! Papai! Papai!" com muita espontaneidade.

Naquela noite, depois de colocar as meninas para dormir, Annie e eu, como sempre, vestimos algo confortável: Annie,

Simplesmente Faça

com seu pijama surrado decorado com rosas gastas; e eu com meu moletom azul de cinco bolsos que uso há pelo menos quinze anos. (Privilegio os bolsos sempre que posso; Anunciei a Annie nada menos que 486 vezes desde que começamos a namorar: "Eu adoro bolsos!") Os dois bolsos da frente guardam lenços de pano porque eu nunca vou a lugar algum sem lenços de algodão (portanto daí, talvez, minha obsessão por bolsos).

Acredito que deixei escapar um longo "aaaaaah", um som familiar para pessoas que freqüentam banheiras quentes, enquanto deslizava minhas pernas aquecidas para debaixo dos cobertores, pressionando minhas costas em direção ao travesseiro com os braços dobrados atrás de mim, preparando-me para uma ou duas horas de leitura antes de cair no sono. Logo, Annie também aconchegou seu lindo corpinho entre os lençóis e, assim como eu, acomodou-se contra um travesseiro macio e com braços laterais. (Esses travesseiros são conhecidos como "maridos", por razões que desafiam uma rigorosa análise, a menos que alguém conclua que maridos são coisas em que as esposas se apóiam – uma convicção que, eu lhe asseguro, será desafiada por muitos, que dirão: "Se essa é a razão, então eles deveriam se chamar 'esposas'".)

Nós nos sentamos, lado a lado, protegidos em aconchego, lendo silenciosamente na nossa pequena casa em um bairro novo nas pradarias de Denver. A certa altura, eu comecei a falar sobre coisas que me lembrei da conferência, sendo que a maioria das lembranças sobreviveu como um sonho distante em um cenário inexoravelmente tropical. Um detalhe solene, no entanto, permaneceu cristalino.

– Olhe só – eu disse. – Um cara da Dinamarca comentou sobre como homens que estão envolvidos em relacionamentos mas não tiveram sexo em cem ou mais dias na verdade ficam escravos de seu próprio infortúnio. Eles formam "clubes dos cem dias" ou algo parecido. Pelo menos foi isso que entendi. Eu tive problemas com seu sotaque.

Introdução

— Casamento sem sexo, é algo digno da Oprah — disse Annie. — Duas carreiras, filhos, meia-idade, muitos anos juntos. Isso tudo pode complicar a vida sexual.

"Sim", eu pensei, "pode".

Estávamos juntos há cerca de quatorze anos, casados há mais ou menos onze, com filhos há sete. Ambos trabalhávamos. Sexo magnífico havia ilustrado a primeira metade do nosso relacionamento, mas a qualidade e a quantidade de sexo declinaram conforme nos aproximamos da metade dos trinta. Carreira e idade mudaram nosso entusiasmo carnal e atlético de fim de dia para o cobrir com os lençóis até os ombros sussurrando "boa noite". Duas gestações e infâncias nos proporcionaram razões suficientes para nos afastarmos do sexo por períodos cada vez mais longos. Nunca nos abstivemos por cem dias, mas, naquelas fases de sexo desafiador, entre o terceiro trimestre da gravidez e o período em que os filhos são bebês, nós provavelmente ficamos seis semanas sem fazer. E então mais de três anos após o nascimento da nossa segunda filha, transávamos uma vez por semana, com sorte.

Nossa união não estava abalada. Nós raramente brigávamos e tínhamos atração por coisas semelhantes: cozinhar, caminhar, jogar. Podíamos falar por horas e horas sem nos cansarmos. Nossas filhas, as estrelas de nossa vida, nos aproximavam mais. Contudo, não se pode pintar sobre paredes com fissuras e descascados, que é o que o pessoal do ramo imobiliário chama de "usar até gastar", e que começavam a ficar visíveis na casa de Douglas e Annie. Sexo, por exemplo, tornou-se mera adequação, uma atividade que se baseava em declamação e ruídos e não numa forma livre de diversão. A excitação que havia eletrizado os primeiros dias do nosso relacionamento tornou-se algo diferente: não exatamente um ronco ou um suspiro, mas talvez um breve sussurro, um som que sugeria contentamento e harmonia. E, como você sabe, há muito que se dizer sobre contentamento e harmonia,

Simplesmente faça

mas eu acho que você vai concordar comigo: prazer, vibração e paixão livre têm seus momentos também.

O dinheiro, ou a falta dele, há muito tempo introduziu tensões em nosso casamento, mais acentuadamente depois que Annie parou de trabalhar, durante o terceiro trimestre da gravidez de Joni. Entre essa saída do mundo do trabalho e a gênese da idéia dos cem dias de Annie, mudamos cinco vezes e Annie deu à luz nossas duas filhas, tudo isso em quatro anos. Um salário modesto, como resultado, foi esticado ao máximo entre contas a pagar, economias para o pagamento da entrada da nossa casa e a família em crescimento. Uma insignificância foi deixada para jantares e férias, e isso levou às trocas de palavras mais ríspidas entre Annie e eu.

Nossa última mudança, de Baltimore para Denver, também contribuiu para o "usar até gastar". Sou próximo da minha família estendida, cuja maior parte vive no sudeste de Pensilvânia. Quando morávamos em Baltimore, nós freqüentemente íamos à casa dos meus pais e meu irmão, com uma cunhada e sobrinhos, primos, tios e tias. Annie e eu mudamos tantas vezes que eu pensei que outra mudança viria facilmente, mas não foi assim. A saudade de casa se apossou de mim em Denver, e eu nunca ficara tão angustiado de culpa. As mudanças haviam alienado fisicamente Joni e Ginger do contato rotineiro de calor e amor da minha família, o que me enchia de pesar: aceitando o trabalho em Denver, prejudiquei minhas filhas e machuquei meus pais. A mudança derrubou Annie também, tirando-a de um ninho feliz de amigos e da nossa casa adorável em Baltimore que construímos com nosso salário. Ao mesmo tempo, porém, trouxe-a de volta para o oeste, uma região que ela adorava, e, logo após nos mudarmos para Mile High City, Annie conseguiu seu primeiro emprego de fato em sete anos. Enquanto eu falava incessantemente em voltar para o leste, Annie resistia. Aí estava outra rachadura na nossa fundação.

Introdução

Finalmente, os primeiros sete anos presenciaram nossa mudança de um casal livre e sem filhos para algo bem diferente: sermos pais. Nossas filhas, por bons motivos, comandavam o centro de nossa vida conjugal. Isso não era algo para se lamentar, mas era algo que deveríamos examinar com o máximo de cuidado. As coisas mudaram, algumas para melhor. Um pouco de reconhecimento e atenção teria ajudado.

Para resumir, embora estivesse estável, a casa de Doug e Annie precisava de atualizações e algumas renovações, algo que alguns corretores de imóveis chamariam "revitalizar".

– É um problema grande para muitas pessoas, eu acho – disse Annie, tricotando um gorro roxo com topo verde, um chapéu que tinha a intenção de parecer uma berinjela. – É um desafio. Como você faz ressurgir o sexo?

Eu voltei à minha revista por alguns momentos, e então Annie virou-se na minha direção com um largo sorriso:
– Tenho uma idéia – ela disse. – Por que não começamos nosso próprio clube, só que ao contrário? Em vez de não fazer sexo por cem dias – e aí vieram as deliciosas 7 palavras – vamos fazer sexo por cem dias consecutivos.

Eu esperei alguns batimentos, estudando Annie. Eu diria que ela estava falando sério.

"Que dia excelente!", pensei eu.

E depois: "Isso é loucura".

Capítulo 1

O que nos ajudará a cruzar a linha de chegada?

Creio que nem é preciso mencionar, amo minha esposa. Tínhamos vinte e tantos anos quando nos conhecemos, ambos trabalhando em Filadélfia para uma editora de publicações médicas e científicas. Alguns meses depois de ter começado nesse trabalho, entrei na sala do café e lá estava Annie. Era seu primeiro dia no emprego. Fiquei sem ar. Ela literalmente – sem meias palavras – tirou meu ar; instantaneamente me senti ofegante como se tivesse acabado de voltar de uma corrida de doze quilômetros pelo centro da cidade. O cabelo exuberante, os olhos alegres, o sorriso surpreendentemente travesso, um sorriso amplo que me deslumbrou com tal força que fiquei extasiado, uma sensação seguida imediatamente por nervosismo. Estava no meio de uma relação malsucedida e, ao encontrar Annie, eu soube imediatamente que deixaria tudo por ela, caso me quisesse.

Dois longos anos se passaram para que ambos estivessem livres de relacionamentos amorosos. O caminho finalmente estava livre. Passeamos pelo pátio revestido de tijolos da pequenina casa geminada dela, jantamos num lugar que servia tapas[1] genuinamente espanhóis e então fomos a um bar ouvir música, mas saímos rapidamente por causa do barulho. A noite estava indo bem. Queríamos conversar, e não olhar fixamente para um palco e ouvir música extremamente alta. Quando voltamos para sua casa, ela desembrulhou uma tábua arrumada com queijos, torradas, uvas e uma garrafa de vinho. Aspiramos os aromas e conversamos, conversamos e conversamos. E rimos muito. Antes da manhã seguinte estava encantadoramente apaixonado, alegremente à deriva, extasiadamente intoxicado.

---

1 - Tapas: assim como os petiscos de botequins, são tira-gostos frios ou quentes servidos antes das refeições espanholas, podendo inclusive substituir a refeição principal. (N. E.)

O que nos ajudará a cruzar a linha de chegada?

Quatorze anos depois, continuava, mas o mistério de Annie evoluíra para um amor ancorado, um entendimento apreciativo de seu mundo. Eu suspeitava que nossa vida erótica, no entanto, ainda continha mundos desconhecidos. Falamos incansavelmente sobre onde morar. Confabulávamos muito sobre como educar nossos filhos. Com freqüência nos envolvíamos em longas discussões sobre nossos trabalhos e nossos sonhos. Mas e o sexo? Não gastávamos tempo examinando mutuamente essa atividade que impulsionara nossa união para além do domínio da amizade. A razão, eu acredito, é que, embora gostássemos de conversar sobre cozinhar e comidas e apreciássemos fofocar, por exemplo, sobre os pais de amigos de nossas filhas, nunca verdadeiramente "entramos" em conversas sobre nossa vida sexual porque achávamos o assunto embaraçoso.

Agora, após a surpreendente proposta de Annie – permita-me recordar: minha esposa sugeriu que fizéssemos sexo, juntos, por cem dias consecutivos –, o assunto chamava mais minha atenção. Certamente, pensei, haveria espaço para variações no padrão de carícias e apalpadelas que davam o tom de nossas brincadeiras no quarto, com potencial para ser algo mais profundo que uma liberação ocasional combinada com um pouquinho de cola de relacionamento. Será que o sexo poderia assumir um papel mais central em nossa vida? E, se pudesse, iria colorir o resto de nossa relação? Fazer sexo por cem dias mudaria alguma coisa?

Um sábado à noite, após voltar da Flórida, nos entregamos a um *round* especialmente erótico de amor, um jogo energético, um duelo de orgasmos.

– Uau, DJ – disse Annie, que me chamava de DJ, de Douglas Jeffrey, desde o início do nosso namoro. – Vamos continuar fazendo desse jeito!

Ainda estava sem fôlego, entregue de braços abertos na cama. Sentia meu sangue efervescer, como que agraciado por uma transfusão de champanhe. Considerei a sugestão de Annie de nos lan-

Simplesmente faça

çarmos a uma odisséia erótica de três meses. "Vamos continuar fazendo desse jeito". E logo pensei: "mais fácil falar que fazer". Estava certo de que algumas sessões acabariam em êxtase. Mas e as demais? Sessão número 46, numa terça-feira à noite, ou 59, ou 86 deslizariam para uma briga ou apenas cumpririam tabela, uma seqüência de penetrações e gemidos culminando em algo medianamente satisfatório, como um chocolate Kiss da Hershey depois do almoço?

Essa dúvida fazia sentido?

Annie, que é excessivamente competitiva, liderava nossas conversas estratégicas noturnas. Certa noite, vestida com uma camisola adorável enquanto eu lia na cama, ela encostou em minha perna com seu pé.

– DJ – chamou com voz melosa –, " reunião de planejamento".

Revistou-me com os olhos.

– Precisamos pensar sobre moda – ela sugeriu.

– Roupas? – disse eu. – Pensei que fôssemos falar sobre sexo.

– Roupas têm tudo a ver com sexo! Ou pelo menos deveriam. Vamos nos comprometer a nos vestir melhor um para o outro. Vou enterrar o visual moletom largão. E vou usar maquiagem com mais freqüência.

Pensei em meu guarda-roupa, que consistia em sua maioria em jeans azuis, camisetas, suéteres e camisas de abotoar. O que eu poderia mudar? Não pude pensar em nada.

– Vou me barbear com mais freqüência? – ofereci.

Ela baixou o olhar para minhas calças de moletom com cinco bolsos.

– Sério? – sussurrei.

Annie encolheu os ombros.

– Você poderia se privar delas; somente para a maratona.

"Ou não", pensei. Mas, depois de alguns momentos de debate interno, cedi. O ponto final foi perceber que, se Annie as usasse todos os dias, eu fantasiaria queimá-las em um cerimonial com

O que nos ajudará a cruzar a linha de chegada?

fogueira ao ar livre, completando com cânticos direcionados a algum deus onipotente da moda que me beatificaria, considerando me agraciar com recompensas por livrar o planeta de coisa tão hedionda. Além do mais, dada a natureza da aventura por vir, a aposentadoria de minhas calças seria um preço pequeno a pagar.
– Sua vez – Annie disse. – Se nós vamos tentar fazer sexo por cem dias consecutivos, o que nos ajudará a cruzar a linha de chegada?
– Meias finas sete-oitavos – falei sem pensar. – Meias sensuais. Do tipo que param nas coxas.
Annie ergueu as sobrancelhas.
– Elas são sensuais – eu falei. – Esse é o motivo pelo qual mulheres com essas meias estampam todas as revistas masculinas.
Ela hesitou.
– Feito! – concordou. – Nunca pensei muito nelas.
Isso me excitou. Sentindo-me repentinamente liberado – como um homem que se absteve de álcool por anos e um belo dia decide mandar para dentro uma caipirinha gelada, e de cara percebe, no primeiro gole, que vai pedir mais uma –, inadvertidamente continuei:
– Pornografia pode ser divertido.
Annie me lançou um olhar incrédulo e cético, um olhar que dizia "Você só pode estar brincando".
– Da moda à pornografia em cinco minutos – ela disse. – Interessante.
– Querida, dizem que um pouco de pornografia – não toda, de forma alguma – faz bem para a vida sexual. Você aprende novas posições e técnicas. Ajuda a chegar à excelência em, você sabe, fazer. E se nós vamos fazer todos os dias, dia após dia após exaustivo dia, podemos precisar de alguma... assistência.
– Assistência? – ela perguntou. – Isso é muito suspeito. Muito masculino.
– Não toda noite – falei, pensando estrategicamente. – Prova-

Simplesmente faça

velmente nem mesmo toda semana. Apenas de vez em quando, nas preliminares. Se acharmos que não presta, pulamos fora.

Não era fanático por pornografia, mas a idéia de assistir alguma coisa com ela era atrativa. O projeto do sexo, imaginava (ingenuamente, devo acrescentar), era o motivo perfeito para convencer Annie de que ver pornografia valeria a pena. No contexto da nossa experiência com sexo, faríamos como em química: acrescentaríamos pornografia e veríamos o resultado.

– Combinado – ela disse.

Ponto!

– Você terá sua pornografia. Agora é minha vez. Brinquedos sexuais.

– Pênis de borracha? – meu coração estava aos pulos. Esses brinquedos, eu acreditava, eram para pessoas que alegremente admitiam ser adeptas de *swing*, para casais dispostos à prática de gêneros e subgêneros de uma variedade mais ampla de "sexualidade": fetichistas, sadomasoquistas, adeptos de orgias e assim por diante. Annie e eu, obviamente, pertencíamos à categoria geral, mas nunca nos vinculamos a nenhum gênero ou subgênero, a menos que deitar na cama com sua esposa recaia num gênero ou subgênero.

– Preciso pesquisar isso. Mas sempre ouço falar de mulheres que usam brinquedos sexuais. Há festas para isso. A Oprah mostra. Deve ser saudável. Mas estou perto dos quarenta e nunca toquei em nada desse tipo.

Assenti com a cabeça vagarosamente, mas minha mente estava a mil.

Que tipo de caixa de Pandora nós tínhamos aberto?

Annie estudava meu rosto.

– Sei o que está pensando – ela disse. – Você não precisa se preocupar com nada. Como falei, esses brinquedos sexuais estão na moda, mas não sei nada sobre eles. Por tudo o que já ouvi, vou odiá-los. Porém acho que devia tentar pelo menos uma vez ou duas.

O que nos ajudará a cruzar a linha de chegada?

A idéia de brinquedos sexuais não me empolgava, apesar, por causa do meu trabalho, saber sobre festas com brinquedos sexuais e entender que, supostamente, eles haviam se tornado uma tendência. Por outro lado, tinha meias sete-oitavos e pornografia em mente. Era um acordo justo.

– Bem, – concordei – contanto que você não se apaixone por seu brinquedo, por mim tudo bem.

– Estamos progredindo! Isso é divertido!

No final da nossa conversa, também decidíramos ler livros sobre sexo, esbanjar mais dinheiro com babás, experimentar ervas indicadas para libido, tomar mais banhos juntos e fazer massagens um no outro. E, quando Annie disse que "faxineira" era a palavra mais sexy do mundo, concordei que, durante a nossa maratona do sexo, contratar uma profissional para esfregar e limpar a casa era uma boa idéia. Annie também falou sobre fazer uma "brasileira", um tipo de depilação que removeria a maior parte de seus pêlos públicos. Entre a depilação brasileira, a intenção de rotineiramente usar lingerie e o batom que ela decidiu usar durante nossas seções, eu pensei que as coisas pareciam um pouco assimétricas, como se as contribuições de Annie para nosso projeto chegassem a um tipo de hegemonia erótica, que suspeitei que ela ficaria feliz em dissolver.

– Você está fazendo muito – falei. – Não me parece justo. Você está pensando em ter seus pêlos arrancados e eu vou simplesmente me livrar das minhas calças de moletom?

– Verdade – disse Annie, pensativa. – Mas não sei como as coisas poderiam ficar quites. Você não vai usar lingerie. Não vai fazer depilação brasileira. E não vai usar maquiagem.

– Pois é. Então vou começar a levantar pesos novamente, no nosso quarto. Ficar com meus músculos mais... "musculares". Vou tentar duplicar meus bíceps.

– Lá vem você.

– E vou me esforçar ao máximo para continuar correndo, não

Simplesmente faça

importa quanto esteja exausto, para poupar você da transformação de um marido de peso médio para um cara nada atraente com forma de barril. E vou gastar mais tempo me barbeando, incluindo o uso generoso de produtos que contenham perfume.

– Ótimo – falou Annie. – Então vamos tentar ficar mais atraentes um para o outro.

PRECISAR DE AJUDA para fazer sexo parecia uma atitude desesperada, mas você tem de levar em conta a rotina diária. Um dia de semana típico para mim era mais ou menos assim: tomar café-da-manhã, levar filhas na escola, viajar de casa para o trabalho, trabalhar, viajar de volta, jantar, lavar a louça, ler livros e contar histórias para Joni e Ginger. Ter certeza de que as meninas estão com seus amigos de pelúcia e as garrafas de água cheias. Arrastar-me escada abaixo, arrastar-me escada acima – de moletom e chinelos –, normalmente embriagado pelo bocejo seguinte. Coroar tudo isso com um *round* entre os lençóis parecia ótimo na teoria, mas na prática minha tendência era interromper a marcha do dia desabando na cama.

Os dias de Annie? Segundas e sextas, quando Ginger não ia à pré-escola e ficava em casa, era uma progressão complexa de tarefas e entretenimento. Os demais dias eram parecidos com os meus, exceto dirigir até o trabalho. Annie trabalhava em casa.

Um grande suspiro cobria como um manto a maioria das nossas noites durante a semana, mas, se seguíssemos a idéia de Annie, a partir de janeiro – dali a alguns meses – todo esse arrastar e suspirar teria de ser superado. Convidaríamos o sexo para voltar à nossa festinha cansada, de forma mais insolente, mais selvagem e mais voluptuosa que antes. O sexo faria um estrondo no coração ardente do nosso relacionamento, transformando nossas noites cambaleantes em festivais de puro êxtase. Seria maravilhoso! E como!

Pelo menos era essa a idéia.

O que nos ajudará a cruzar a linha de chegada?

CERCA DE um mês depois que Annie lançou a bomba, ouvi falar sobre a Exposição de Entretenimento Adulto e persuadi alguns editores do *Post* que eu deveria participar. A exposição é a convenção anual da indústria pornográfica, e eu argumentei que ver tal concentração de indústrias sob o mesmo teto me beneficiaria, o escritor de sexo, assim como o jornal, porque colheria algumas histórias daquela aglomeração. O evento sempre acontece no primeiro final de semana de janeiro em Las Vegas. Annie e eu nos comprometemos a fazer sexo todos os dias até meados de abril, então nós dois tínhamos de ir.

Conforme já estabelecido, pornografia não entusiasma Annie. Jogue para ela um novelo de lã e umas agulhas de tricô e logo surgirá um gorro. No entanto, direcioná-la para um *website* pornô – algo que eu nunca havia feito antes da maratona, acredite – vai render apenas bocejos. Eu não estava convencido de que ela iria para uma convenção de pornografia, mas sabia que Las Vegas a interessava.

– Então, querida, tenho novidades – contei uma noite na cama, depois de ter plantado a idéia de Las Vegas entre meus editores. – Parece que vamos a Vegas em janeiro. Tenho uma viagem de negócios.

– Isso é fabuloso! Qual é o motivo?

– É uma grande convenção – comecei –, coisa grande. O jornal acha que vai ser bom para as minhas matérias. Eles querem umas histórias também. Você irá comigo por causa da maratona.

– Que convenção?

Esperei um pouco.

– Pornografia. Indústria do sexo. Há uma grande mostra todo janeiro em Las Vegas. E este ano nós vamos.

Annie me deu um empurrãozinho, uma mistura de "não brinca!" e "uau!".

– Você está me gozando! – ela disse. Eu balancei a cabeça.

– Nós vamos a uma convenção pornô? Isso não é a minha cara.

Simplesmente faça

– Ela me empurrou novamente e começou a rir. – Eu devo estar ficando maluca!
Eu levantei as sobrancelhas.
– Vegas, por um lado – ela continuou. – Isso vai ser um show de horror! Eu posso não querer ver o que eles fazem para sobreviver, mas estar no meio deles? Deve ser divertido!

ALGUNS dias depois recebi um e-mail de Annie com o assunto "IDÉIAS". Há tempos nossa média era de doze mensagens por dia, a maioria delas sobre refeições, as meninas, planos para o final de semana, fofoca e por aí vai. Agora, no entanto, sexo transbordava no mar de e-mails. Antes de clicar na mensagem eu entendi que se tratava da nossa vida erótica e que aquele seria dos bons.

– Tive uma idéia brilhante – ela escreveu. – Nós vamos a Las Vegas no início de janeiro, o que me levou a pensar que poderíamos equilibrar isso com algo mais saudável, ou espiritual, no final do mês. Então comecei a olhar no calendário e me ocorreu que poderíamos salpicar a nossa maratona com pequenas viagens e aventuras, para deixar as coisas mais interessantes. O que você acha?

O que eu pensava é: "Ela é habilidosa, é ardilosa e agora bem-sucedidamente uniu uma maratona de sexo com algo inteiramente diferente: um monte de viagens". Eu sorria na minha mesa lendo seu e-mail. Annie é louca por pequenas viagens. Admirava como ela fazia parecer natural que as duas coisas, sexo e férias, precisavam uma da outra.

– Excelente idéia – respondi. – Vamos começar a planejar.
Naquela noite nós nos sentamos na cama com notebooks, blocos de anotações e canetas para nossas "idéias".
– Seus pais vêm para ficar com as crianças durante a viagem a Las Vegas, certo? – ela perguntou.
– Certo.

O que nos ajudará a cruzar a linha de chegada?

– Excelente. E é claro que na noite de ano-novo meus pais e meu irmão vão reservar quartos no hotel em Boulder para comemorarmos o ano-novo lá.
– Certo – eu falei. – Talvez seja melhor, já que tudo está equilibrado, não começarmos a maratona do sexo durante um final de semana com seus pais e seu irmão. Essas festividades foram planejadas antes da maratona. Nós daremos um jeito.
– Correto – disse Annie. – Bem, aqui está uma novidade. Dei uma pesquisada hoje na internet e encontrei um lugar hindu nas montanhas, um "ashram"[2].
– Ashram – repeti –, bela palavra.
– Parece muito legal. Meditação, comida vegetariana, palestras feitas pelos swamis.
– Outra palavra ótima – disse –, swami.
– Tem também ioga, se você quiser. Um tipo de cerimônia em um templo. Você não precisa ser hindu e não precisa participar de nada se não quiser. Podemos ficar em pequenas cabanas e apenas passear, se quisermos. Parece bem relaxante.
– Estou dentro – falei sem hesitar, imaginando não a ioga, a meditação ou um swami de túnica, e sim uma cabana nas montanhas.
Ao terminarmos esse assunto, cerca de uma hora depois, a maratona havia gerado, durante o período de sua duração, uma noite em um hotel sofisticado no centro de Denver para marcar a metade do caminho, uma visita ao Wyoming e uma noite numa cabana em algum outro lugar. Quando questionei que algumas dessas viagens poderiam tornar-se difíceis tendo em vista a presença de duas crianças na nossa família, Annie disse que já tinha tudo "sob controle". A babá de uma amiga dela havia concordado, com o consentimento da abençoada amiga de Annie, em tomar conta das crianças toda vez que saíssemos à noite.

---

2 - Ashram: retiro para prática de ioga e meditação, dentre outros exercícios espirituais hindus. (N. T.)

Simplesmente faça

— Você está tão animada! Conseguimos uma babá!
— Vamos apenas torcer para que as garotas gostem dela — falou Annie.

MINHA MÃE voou de Filadélfia para cuidar das crianças enquanto Annie e eu dirigíamos algumas horas em direção ao sul, para uma cabana de madeira nas montanhas, a fim de comemorar nosso 11º aniversário de casamento. Eu, é claro, não precisaria revelar a campanha sexual que estava por vir, mas sempre contei à minha mãe quase tudo. Annie e eu estávamos loucos para falar para nossos amigos mais próximos porque sabíamos que eles dariam um empurrão na nossa "sexpedição" (e poderiam nos dar boas idéias); e não demorou muito para que eu anunciasse a nossa aventura para meus pais (embora, nesse caso, eu não esperasse por nenhuma idéia).

— Querido, essa é ótima — disse minha mãe depois de terminar de rir durante nossa conversa por telefone algumas semanas antes, quando eu contei nossa novidade.
— Aqui — disse ela para meu pai, estendendo o telefone. — Você precisa ouvir essa.
— Isso é maravilhoso — falou ele depois de escutar a novidade.
— Então pai, nós vamos fazer sexo por cem dias consecutivos.
— Totalmente impressionante.

Eu me senti como se tivesse acabado de ganhar o Troféu Heisman.[3]
Semanas depois, minha mãe começou a rir assim que entrou na nossa minivan no aeroporto.
— Eu me sentei ao lado de uma senhora de idade — ela nos contou enquanto voltávamos para nossa casa de cercas brancas. — Ela perguntou o motivo de eu estar indo ao Colorado. Eu disse

---

[3] - Troféu Heisman: prêmio dado nos Estados Unidos ao melhor jogador universitário de futebol americano. (N. T.)

O que nos ajudará a cruzar a linha de chegada?

a ela que iria visitar meu filho, minha nora e minhas netas preciosas. Mas, ao final, ela me perguntou o que exatamente iríamos fazer e, por algum motivo, revelei tudo.
– Tudo? – perguntei.
– É – respondeu mamãe. – Todos os detalhes. E você quer saber de uma coisa? Ela me perguntou, você sabe, como vocês definem "aquilo"?

As crianças estavam no carro, então ela teve de falar em códigos, mas pelo modo que ergueu as sobrancelhas sabíamos que "aquilo" significava sexo.
– E o que você disse a ela? – sussurrei, instantaneamente desconfortável com o rumo que a conversa estava tomando.
– Disse que não sabia.
Eu apenas balancei a cabeça.

NÓS PLANEJÁRAMOS a viagem à cabana bem antes da idéia de Annie sobre a "sexatona", e minha mãe havia reservado sua passagem meses antes. Agora, no entanto, a viagem do aniversário de casamento adquirira um significado adicional: treinamento.
– Vamos enlouquecer por três dias e três noites – disse Annie algumas semanas antes da viagem à cabana. Vamos ser decadentes. Sexo, sexo, sexo.

Era a primeira vez que Annie preparava uma viagem com planos tão extensos e ambiciosos sobre sexo. O projeto todo, pensei, estava indo na direção certa. A perspectiva de um final de semana regado a sexo numa cabana isolada nutriu uma doce intimidade entre Annie e eu. Um sábado à noite na cozinha, enquanto eu monitorava uma sopa de legumes que fervia no fogão, notei que ela acariciava meu braço enquanto falava. Ela se virou para cortar folhas de alface para a salada e eu a envolvi colocando meus braços em volta da cintura dela, ganhando o retorno do seu rosto e um beijo nos lábios que ficou naquela adorável e indeterminada zona entre o selinho e o beijo enlouquecido. Episódios espontâ-

Simplesmente faça

neos como esse desabrochavam, e foi quase como naqueles dias que antecederam nosso casamento. Sabíamos que estava para acontecer uma mudança importante na nossa união.

Como conclusão de nossa curta passagem pela cabana, fizemos sexo seis vezes em três dias, incluindo um episódio ao ar livre ao lado de um despenhadeiro. Nós provavelmente já tínhamos aproveitado tal volume de sexo antes de Annie ficar grávida pela primeira vez, há uma década – mas não desde então. E um episódio ao ar livre fora há pelo menos o mesmo tempo.

Entre outras coisas, aquelas horas gastas passeando ao redor da cabana (e fazendo aquilo) acenderam conversas úteis sobre nossa vida sexual, a maioria com inventários e recordações de nossas atividades entre os lençóis desde que começamos a namorar.

– Reparo nas mulheres – disse a Annie a certa altura. – Decotes. Pernas. Bumbuns. Tenho pequenos espasmos todos os dias, apenas andando por aí.

– Eu sei. Às vezes sigo seus olhos. Você já seguiu os meus?

– Nunca – respondi, maravilhado com as habilidades interpretativas dela. Eu me imaginei como um mestre de *kung fu*, por exemplo, examinando um decote enquanto fingia observar a casca de uma árvore próxima. – Deveria?

– Se você o fizesse, descobriria que noto coisas também – ela disse. – Sei bem como é ter pequenos espasmos.

Estou familiarizado e não gosto de ter ciúme. Ainda assim o mais indesejável dos convidados, esse intruso vulgar, repentinamente adentrou abruptamente na minha cabeça como um *skinhead* tatuado e nervoso quebrando uma comunidade *hippie*. Lá estava eu, descalço, com uma bandana na cabeça, vagueando pela grama de uma clareira de incenso, chá de ervas e sexo, e repentinamente tinha de lidar com essa intenção maldosa, zombeteira e insolente de desmantelar tudo.

– Então, hã, você olha para os caras – falei tentando parecer indiferente. Talvez tenha até sacudido os ombros. – Isso faz

O que nos ajudará a cruzar a linha de chegada?

sentido. Você é humana, afinal de contas. Nada que a faça tomar alguma atitude. Apenas dar uma olhada.

Annie, com seu incrível talento para diagnosticar, imediatamente percebeu que o *skinhead* havia chegado. Ela sorriu.

– Sim, DJ, assim como você, percebo algumas coisas – falou –, e escolhi você, graças a Deus, sobre todos os outros na face da Terra. Para sempre.

A comunidade de ciganos fumou um baseado após a retratação do *skinhead*.

A pequena viagem, também, consolidou nossa abordagem sobre o quê, exatamente, contaria como sexo durante a maratona, a dúvida que a senhora no avião colocara para minha mãe. Sexo oral contaria? As preliminares eram suficientes? Antes do período na tenda não tínhamos certeza. Mas, ao final, estávamos com o pensamento da escola de Bill Clinton sobre a natureza do sexo. Oral, não. Relação, sim. Foi o que fizemos dia após dia na cabana e, apesar de entendermos que a atividade oral cai dentro da categoria "infidelidade" e constitui sexo, também consideramos que meros beijos, pelo menos para nós, contam como "infidelidade" mas não são sexo. Além disso, achávamos que trocar carícias orais, sem mencionar o beijo, por cem dias não faria grande diferença. As relações seriam o maior desafio.

Para mim, as relações sexuais significariam performance diária. Eu não poderia deitar com meus dedos aninhados atrás da cabeça e apreciar as maravilhas ou simplesmente perambular com meus lábios pelo torso de Annie. Eu teria de ter energia; teria de tentar agradar Annie durante as relações; e sabia que com freqüência iria, na verdade, passear com meus lábios pelo torso de Annie também. Tudo isso era trabalhoso. Annie teria sua parte, igualmente, mas relações diárias também iriam forçá-la a fazer com mais constância do que ela acharia confortável. Quando estava perto de Annie à noite, especialmente quando achava que o sexo estava se aproximando (e, durante

Simplesmente faça

a maratona, ele iria se aproximar de tudo), a ereção chegava como um estagiário no seu primeiro dia na empresa: faminto, enérgico, atencioso e vigoroso (da mesma forma, a ereção também usava ternos passados, gravatas com nós firmes ao redor do pescoço e cabelos impecáveis). Annie, por outro lado, não tinha um estagiário. Ela dependia de uma equipe heterogênea de trabalhadores de meio período que precisavam ser acionados em horários que exigiam tratamento especial.

Falando diretamente, era mais fácil para mim desejar sexo na maioria das noites do que para Annie. Não acho que seja justo descrever meu impulso sexual como potente e o de Annie como pálido. Nossa energia é simplesmente diferente. Para que eu ficasse a fim, normalmente não precisava mais que um olhar para seu decote. Persuadir Annie a ficar sedenta por sexo requeria mais trabalho. Uma vez que o apetite chegava, entretanto, este clamava por saciedade.

Nossa variação de impulso contribuiu para que nossa vida sexual se tornasse meramente plácida e estável? Acho que não. É verdade que meus motores se aceleravam com grande facilidade, mas isso também quer dizer que a faísca do nosso desejo tendia a coincidir. Por exemplo, no sábado de manhã ambos entendíamos que o sexo iria decorar nossa noite, e, quando a noite chegava, meu estagiário aparecia precisamente no horário e, após algumas ligações e espera, também chegavam os trabalhadores de meio período de Annie. E então fazíamos sexo. Mas, por exemplo, numa segunda-feira à noite após um longo dia de trabalho, cuidados com os filhos e arrumação da casa? Nada de estagiário, nada de trabalhadores de meio período. Nós dois preferíamos vestir nossas roupas confortáveis, escorregar na cama e cair nos meandros do sono.

Tudo isso é uma forma de dizer que, a partir de janeiro, ou Annie finalmente receberia as bênçãos de um estagiário entusiasmado (depois que seu corpo se acostumasse com sexo toda noite), ou ela ainda teria que contar com seus talentosos, porém

O que nos ajudará a cruzar a linha de chegada?

voluntariosos, trabalhadores de meio período. De qualquer forma, tínhamos planejado fazer todos os dias.

NÓS ESTICAMOS o final de semana parando em uma cidade pequena chamada Buena Vista para comer um sanduíche e tomar cappuccino, sorvendo o final das delícias abundantes do final de semana. E conversando sobre as tarefas que nos aguardavam.
— Nós vamos conseguir — falou Annie, sua mão tocando minha coxa. — Estou achando que cem dias podem não ser tão difíceis.

Pensei que cem dias de sexo guardavam grande potencial de prazer e acreditava que uma temporada dessas mudaria nosso relacionamento, talvez por um ano, talvez pelo resto de nossas vidas. Mas fácil? Dúvidas me agitavam enquanto cruzávamos a montanha, mas eu as guardava para mim. Minha esposa queria fazer sexo comigo por cem dias consecutivos. Era como ganhar na loteria, e não apenas uma bolada inesperada, mas cravar uma Mega Sena acumulada, um pagamento multimilionário que envolve entrevista coletiva e cobertura na mídia. Em resumo, agora não era o momento de pensar sobre os impostos que teria de pagar.

AO CHEGARMOS em casa, as garotas literalmente correram e pularam nos nossos braços. Naquele momento foi maravilhoso estar de volta. Mas logo nosso alegre e pequeno lar deu lugar a algo parecido com uma história de terror.
— Aaaahhhhh! — gritou Ginger durante o jantar.
— O que foi? — perguntei em pânico. Será que ela tinha mordido o lábio? Queimado-se com alguma coisa?
— Deixei cair meu guardanapo!

Esse evento disparou um longo episódio de choros e lamentações. Momentos depois Joni escorregou da cadeira para apresentar uma mastigação de boca aberta plantando bananeira no chão.

Simplesmente faça

– Olha isso, mamãe! Eu consigo falar, mastigar e plantar bananeira ao mesmo tempo. Quer que eu recite o juramento das Bandeirantes? Talvez eu consiga levantar os dedos da mão direita enquanto faço o juramento, porque você sabe que tem de ficar com os dois dedos esticados enquanto se faz o juramento...

A noite culminou com um encadeamento de eventos que podem ser descritos simplesmente assim:

– Ginger, vamos colocar sua fralda e o pijama.
– Eu NÃO QUERO colocar meu pijama!
– Vamos, Ginger, não vai demorar nada. Depois podemos ler livrinhos ou o que você quiser.
– Eu ODEIO meu pijama!

Os chiliques de Ginger nunca deixaram de divertir minha mãe, que teve de abandonar a mesa cobrindo sua boca para esconder as risadas. Eu entendi o seguinte: Ginger poderia agir como uma traquina enlouquecida e perturbada, e ao mesmo tempo parecer extremamente graciosa, pelo menos para os espectadores.

Joni, como sempre, saboreava a manha de sua irmã transformar-se em fúria. Ginger chutou o aparador de madeira, atirou o guardanapo da mesa de jantar, correu para a cozinha, voltou para a mesa e finalmente se abraçou a uma bola no sofá, chorando e gritando. Ela estava inflexível como uma pedra, então Annie segurou suas mãos enquanto eu colocava as fraldas em seu bumbum do tamanho de uma laranja. Minutos depois a parte de cima de seu pijama estava molhada em lágrimas. "Bem-feito!!", ela estava dizendo. "Vocês nunca deveriam ter nos deixado!" Joni, que já vestira seu pijama, olhava para a irmã temporariamente enlouquecida. E sorria maliciosamente.

Ficou muito claro para mim naquele momento que chegara a hora de tomar as rédeas. Desde que Ginger era bem pequenina, Annie me apelidara de o "encantador de Ginger", porque somente eu era capaz de acalmá-la. Meu método, realmente, envolvia encantamento com delicadeza aliado à animação de

O que nos ajudará a cruzar a linha de chegada?

vários bichos de pelúcia. Por exemplo, Foxy, a raposa, diz: "Eu posso ser uma raposa, mas eu não moro na toca. Eu gosto de quartos", ao que Philippe, o gambá, rapidamente responde: "Quartos são chatos. Tocas são mais chatas ainda. Eu moro num castelo, Foxy". E assim por diante. Não estava fora de cogitação fazer minha mão virar uma aranha a se arrastar pela barriga de Ginger, pelo rosto dela e estacionar no topo de sua cabeça. "*Oi, Gingu, u qui tem dento deta coisa, deta cabeça ou sei lá o quê. Chocolate? Desenho animado?*". Eu também posso cantar canções de ninar.

Depois de quinze minutos do encantamento de Ginger, ela ria, e quarenta e cinco minutos depois as portas dos quartos das meninas estavam fechadas e as duas, assim esperávamos, estavam dormindo.

Sem sexo aquela noite, sem a número sete para fechar com chave de ouro o final de semana. Mesmo se minha mãe não estivesse na nossa casa em miniatura, poderia haver uma esticadinha.

– Estou sonhando em deitar na cama e não fazer nada – falou Annie. – Ou um filme. Um filme seria legal.

Nós todos – Annie, minha mãe e eu – nos acomodamos na cama e assistimos a um filme de Woody Allen. (Nós mantínhamos nossa única tevê no quarto.) Cem dias corridos de sexo não pareciam tão amedrontadores. Mas de volta ao lar naquela primeira noite, intimidado (e também abrandado, agradado e eletrizado) pelas crianças, privado da solidão, envolvido em exaustão e rodeado pela vizinhança, parecia... impossível.

MINHA MÃE partiu para Filadélfia no dia seguinte e continuamos com nossa dúvida em relação à semana do feito. Fomos bem-sucedidos, mas, apesar de a procissão de sexo ter nos pulverizado com delícias, não era exatamente fácil. O nível térreo da nossa casa – sala de estar, sala de jantar, cozinha, escritório da Annie e sala de brinquedos –, tudo isso é uma coisa só. Você

Simplesmente faça

abre a porta da frente e percebe isso tudo com apenas uma olhada rápida. No andar de cima nós temos três quartos pequenos. O porão não terminado está cheio de caixas com nossos pertences, que nunca foram abertas depois de nossa mudança de Baltimore. O quintal é da largura de uma entrada de carros e do comprimento de um caminhão de entregas expressas.

Era difícil se movimentar sem topar com pessoas da família. Um brinquedo no chão transforma a sala toda numa aglomeração. Com o trabalho, as atividades das crianças, cafés-da-manhã, jantares e o resto da confusa lista que faz parte da vida em família, alguns dias parecem sair do controle, o espaço entulhado da casa exacerba a instabilidade e não facilita em nada a transição de papai e mamãe para amantes.

Nós havíamos mudado para uma casa alugada há aproximadamente dois anos, após vendermos nossa casa em Baltimore. Não sabíamos nada sobre Denver quando chegamos aqui para meu trabalho no *Denver Post*, e amigos de amigos nos incentivaram a procurar uma casa em Stapleton, um bairro novo, construído no antigo terreno do aeroporto internacional. Stapleton fundamentava-se nos princípios do "novo urbanismo", o que significava soleiras nas portas das casas, garagens e alamedas atrás, calçadas para caminhar e espaço público ligando a subdivisão dos lotes.

Parecia ótimo, e as escolas aparentemente eram aceitáveis, o que era um novo conceito para nós, vindos de Baltimore. Então nos mudamos da nossa velha casa de tijolos para uma casa novinha em folha feita nos moldes de uma casa de fazenda da virada do século.

E nós sofremos.

Várias vezes juntamos dinheiro para construir uma casa, e toda vez nós voltávamos atrás. A essa altura, nossas fotos provavelmente estavam afixadas na mesa de todos os corretores de vendas que trabalhavam as "casas-modelo" de Stapleton, o que

O que nos ajudará a cruzar a linha de chegada?

era um exemplo de cooperação incomum entre esses competidores ferozes: "Nós não gostamos um do outro, mas sujeitar até mesmo nossos inimigos a esse casal indeciso é muito tormento".

Comparada com nossa casa em Baltimore, as casas pareciam ser de baixa qualidade, como se fossem tombar pelas pradarias durante uma rajada de vento forte. Os construtores anunciavam os lotes minúsculos como vantajosos – "Nada de trabalho com jardim! Saia e divirta-se em espaços públicos em vez de limpar jardins!" –, mas a idéia nunca colou. Adoro jardinagem. Ansiava por um jardim decente, com árvores e tomateiros, quem sabe até um morro. Logo após a mudança para Denver, eu comecei a sofrer por lembrar de nossa velha vida em Baltimore. Enquanto isso, uma feliz volta ao mundo do trabalho, após sete anos de intervalo devido à gravidez e criação de filhos, era algo de que Annie estava relutante em desistir. Outra mudança, ela sabia, iria mais uma vez retirá-la de um emprego que ela adorava.

Onde era o lar? Essa questão pairava sobre tudo. Ao final da nossa semana de ensaio sobre sexo, percebemos que a casa inaceitável, o descontentamento com a vizinhança, a confusão sobre onde morar e o profundo sentimento de falta de objetivos estavam alimentando nossa determinação em nos lançar num frenesi sexual no ano-novo. Era mais que uma experiência no relacionamento. Era também uma procura que poderia nos distrair de uma existência do dia-a-dia que nos deixava cada vez mais confusos e, com certa freqüência, deprimidos.

– Precisamos recuar – Annie disse. – Tomar fôlego. Parar de fazer tudo tão rápido. Por pelo menos cem dias, que começarão logo, vamos apenas viver o presente.

– O agora – eu disse. – Sempre quis viver o agora.

ENQUANTO o pontapé inicial em janeiro se aproximava, e fomos levando cada vez mais a sério a aventura, todo tipo de assunto relacionado a sexo chamava nossa atenção. Uma das

Simplesmente faça

minhas primeiras iniciativas envolveu gastar um tempo na loja Macy's, caçando algo confortável que pudesse usar depois do trabalho e que não afugentasse a libido de Annie. Calças de moletom, não é preciso mencionar, estavam fora. A questão, para mim, era que tipo de roupa de dormir masculina poderia ser considerada "sexy", ou pelo menos "agnóstica no contexto de atração erótica". Mulheres apreciam andar por lojas inteiras, grandes leviatãs corporativas, na verdade, com acionistas e diretoras, revirando os lugares onde roupa de dormir e tesão se encontram. Homens usam moletom. E pijamas. Perambulei pela seção de pijamas masculinos e comecei a olhar nas araras as calças de algodão leve, a maioria delas listrada. E nenhuma delas, pelo menos as do meu tamanho, com bolsos.

"Mas eu sou o homem dos bolsos", pensei.

Na verdade nunca havia comprado pijamas, provavelmente porque sempre dependi das minhas calças de moletom azuis com cinco bolsos. Essa excursão por pijamas levou muito mais tempo do que havia programado, diria que foram vinte e cinco minutos inteiros, mas finalmente um me arrebatou, alguma coisa violeta com listras azuis escuras, presa na cintura não apenas com elástico, mas com um cordão desenhado para ser preso com um laço.

"Veremos", pensei enquanto o caixa o colocava numa sacola. "Pelo menos é macio".

Aquela noite eu o vesti enquanto Annie escovava os dentes no banheiro. Eu sentei na cama, imaginando se o novo traje falharia em atrair a atenção de Annie. Até parece.

– Ei, DJ, lindo pijama! – disse no instante em que entrou no quarto, vestindo um robe de seda. – Adorei!

– Não é repulsivo? – perguntei.

– Não – disse Annie –, é sexy.

– Ele não tem bolsos.

– Bolsos, calabouços – brincou ela –, você não sentirá falta deles.

O que nos ajudará a cruzar a linha de chegada?

Ela chegou mais perto, sentiu o tecido entre seus dedos e começou a deslizar suas mãos para cima e para baixo.
– Ooooh – falou. – Macio. Aposto como é confortável.
Havia muito mais no período de treinamento que vestimenta noturna de algodão leve para homens, é claro. Toda vez que nos deparávamos com histórias no jornal sobre sexo, nós mandávamos um para o outro. Os amigos também estavam nos enviando blogs e artigos. Cenas desastrosas freqüentemente palpitavam pelos cantos dos nossos cérebros. Doença? Temos de fazer sexo. Uma briga? Temos de fazer sexo. Uma chateação dos diabos? Temos de fazer sexo. Virilhas doloridas, gases? Temos de fazer sexo. Existe algo como sexo em demasia? Poderiam cem dias de troca de fluidos danificar nossa saúde?

Annie decidiu que ambos deveríamos ver nossa médica, uma mulher em que ela confiava imensamente, que admirava e usava tanto como sua clínica geral quanto como sua ginecologista. O conselho da médica para Annie: controle de natalidade, em primeiro lugar. Nós tínhamos recorrido à camisinha nos primeiros anos. Não confiava em vasectomia e Annie sentia o mesmo sobre controle de natalidade. Para a maratona, no entanto, Annie estava ávida por voltar à pílula anticoncepcional, especialmente uma mencionada pela médica que parecia ter um efeito relativamente gentil no corpo e, mais tentadoramente para Annie, permitiria a ela pular períodos por até quatro meses de uma vez. Além disso, a médica incentivou Annie a tomar acidófilos todos os dias, com iogurte ou como um suplemento. A substância, ela disse, manteria a vagina de Annie "equilibrada". Fazer xixi imediatamente após o sexo. Tomar muita água o dia todo para hidratar o corpo.

– E lubrificante – ela disse –, use muito lubrificante.
– Lubrificante? – perguntou Annie.
– Bem – disse a médica –, você sabe como duas casquinhas de sorvete são boas por si só, mas com cobertura de chocolate, chantili e uma cereja ficam muito melhor.

Simplesmente faça

— Sim — disse Annie.
— Ok, agora você entende a razão do lubrificante. Ah, e mais uma coisa — falou a médica. — Verifique se a fechadura da porta do quarto funciona.

Eu também consultei a médica.
— Coma frutas cítricas e tomate — ela falou. O sêmen é "básico" e a vagina de Annie é "ácida". "Básico" demais poderia afetar a vagina dela, e não positivamente.
— Ah, e vá a um *sex shop* antes de começarem — ela sugeriu. — Vocês podem precisar de objetos de lá, você sabe, para animar de vez em quando.

Nós planejávamos experimentar diferentes produtos sexuais, então eu sabia do que ela estava falando, mas por que "animar" era uma das recomendações médicas? Isso não era óbvio?
— Certo — eu falei, olhando para o chão.
— E que tal algumas vitaminas fitoterápicas para "vitalidade" masculina? — eu perguntei.
— Provavelmente — ela respondeu. — Sem problemas.

Eu a segui até o lado de fora da sala onde se podia ver a movimentação confusa das equipes de assistentes médicos e recepcionistas vestindo uniformes rosa e roxo e tamancos brancos.
— Ah, já ia me esquecendo! — a médica gritou. — Viagra! Você deve tentar o Viagra! — Ela entrou num *closet* e saiu com uma sacola de comprimidos.
— Se a ereção durar mais que o confortável, ligue para o hospital.

Nesse instante eu me imaginei numa sala de emergência agonizando por conta de um erro estúpido, ao lado de um garoto com o braço machucado e uma garota com um corte no joelho precisando levar pontos, seus pais precipitando-se sobre eles e levando-os para longe do homem mau, o homem assustador, o que representa tudo de podre e desagradável na América hoje.

Animados pelo entusiasmo da médica pelo nosso projeto, seguimos adiante. Compramos suplementos naturais "intensi-

O que nos ajudará a cruzar a linha de chegada?

ficadores de libido" para mim e Annie investiu em óleos aromáticos para os banhos que iríamos tomar. Compramos velas e incenso para o banheiro, que decidimos transformar num "refúgio do sexo". O quarto de casal – com paredes beges, carpete bege e persianas baratas – era pobre em charme, mas tinha um *closet* enorme (o primeiro que pudemos ter) e um banheiro com a maior banheira que já vimos. Ele também tinha um teto em forma de abóboda e uma janela alta. Tinha muito potencial.

– Venha ver isto – disse Annie certa noite depois do trabalho. Ela me levou para cima até o quarto.

– Veja – ela falou.

Eu observei.

– Note que está sem as fotografias – ela disse. – Eu as retirei. Nada de pais, filhos, vovós e vovôs. Nós os amamos, mas eles não têm nada a ver com isso, sabe, esse é nosso santuário.

Eu andei pelo quarto, admirando sua habilidade. A colcha nova tinha desenhos indianos. A cesta com pesos de mão e outros equipamentos de ginástica foram guardados embaixo da cama. Os livros estavam arrumados nas prateleiras. O amontoado confuso de fios de aparelhos eletrônicos foi escondido. Na cômoda havia um novo porta-incensos com uma seleção nova de palitos e cones aromáticos. Em cima do criado-mudo havia óleos de massagem e loções para o corpo.

Um pedaço de tecido colorido cobria graciosamente a tela da televisão.

– Sem tevê? – perguntei, com uma sobrancelha levantada.

– É só para não olharmos para a geringonça quando não estivermos usando – falou Annie. – Não é a coisa mais maravilhosa do mundo? Eu chamo isso de "recanto shui". Meio como o *feng shui* só que sem a parte da sabedoria antiga.

Um brilhante domingo à tarde, depois de eu ter voltado da corrida, Annie ergueu os olhos da massa de *cookies* que ela estava enrolando – o Natal estava se aproximando e toda

39

Simplesmente faça

a família tende a extrapolar na cozinha durante essa época do ano – e disse:
– Exercício.
– Exercício – eu falei, perplexo. – Exercício é bom.
– Sim – ela continuou. – Exercício é algo que não tínhamos pensado.

Eu a estudei por um momento, sem saber ao certo onde ela estava querendo chegar, um vai-e-vem com o qual eu me acostumara ao longo dos anos: Annie diz algo misterioso, eu a estudo e imagino aonde ela quer chegar.

– Como disse, vou continuar correndo durante a maratona, não há dúvida quanto a isso – respondi. – Eu poderia até aumentar minha corrida um pouco, a menos que seja muito desgastante. E tem também a musculação.

– Ótimo plano – ela concordou. – Ioga também. Você deveria fazer ioga.

– Ioga – eu sussurrei para mim mesmo. Uma imagem atraente de mim mesmo descalço, de shorts e camiseta fazendo poses com meu bumbum no ar numa sala cheia de mulheres saltou ao meu cérebro. Isso não foi uma intensão bem-vinda.

– Definitivamente vou fazer ioga, vou botar muita fé nela quando começarmos – falou Annie. O ashram ao qual iremos em janeiro tem ioga e eu vou fazer. Sabe aquele estúdio de ioga no final da rua? Eles aumentam a temperatura a até 40ºC. Quando você sai, se sente como uma borracha. E o calor é maravilhoso quando está frio lá fora. Sei que você vai adorar se experimentar. Você topa?

Os olhos dela? Olhos de cachorrinho. Creio que até bateu os cílios. A voz? Mel. Eu não sou o que você pode chamar de "estóico" – sou o tipo de cara que poderia ser resumido como "uma dádiva para artimanhas e para vendedores meramente competentes".

– Ioga – eu falei. – Que diabos. Quanto isso pode ser embaraçoso?

O que nos ajudará a cruzar a linha de chegada?

NÃO ERA apenas nossos corpos que demandavam atenção, todavia. Precisávamos condicionar nossas mentes da mesma maneira, então começamos a varredura pela Biblioteca Pública de Denver por títulos apropriados. Encontramos livros sobre posições sexuais egípcias e abordagens tradicionais japonesas sobre romance e sexo. Li tudo isso. Retiramos dezenas de livros, que possibilitavam experiências interessantes. Em todas as minhas idas à biblioteca – em cada uma delas – uma versão quase caricatural da "velha senhorinha" ficava atrás de mim na fila, cheirando a violeta, cabelos brancos cor de merengue, agarrada a uma bolsa que chamava a atenção. Lá estava ela, alguns metros atrás, enquanto eu passava os códigos de barra debaixo do laser e os títulos se iluminavam na tela: *A borboleta yin yang: antigos segredos sexuais chineses para amantes ocidentais*; *Guia de amantes para o kama sutra*; *A mulher de múltiplos orgasmos* (estou sempre pensando em Annie). Eu meto minha pilha de livros numa sacola plástica e afasto-me furtivamente da senhorinha e sua malha de lã.

Entretanto, apesar do recente foco no mundo carnal, a quantidade de sexo de fato não havia mudado para nós desde o nosso retorno da cabana.

– Você acha que isso é um problema? – perguntou Annie durante nosso período de "treinamento". – Nós não estamos fazendo mais sexo que o usual.

– Não sei. Talvez.

– Eu tinha quarenta anos há mais ou menos seis meses. Havia celebrado o feliz dia em que disse adeus aos abençoados trinta, dizendo repetidamente às pessoas:

– Ei, isso é apenas uma data qualquer. Eu tenho quarenta agora, mas ainda me sinto com vinte e cinco! – Mas semanas depois, correntes de melancolia me invadiram.

Durante a conferência sobre sexo na Flórida, encontrei um escritor muito jovem e excepcionalmente talentoso, cuja viri-

Simplesmente faça

lidade poderia ser honestamente descrita como "majestosa". Sua presença era marcante, e a forma como as mulheres o observavam, correndo seus dedos pela borda dos seus copos de bebida, era intimidadora.

Logo após aquela conferência, o jornal me enviou a Nova York para escrever um perfil da editora do *US Weekly* nascida no Colorado. Quarenta anos é a média de idade em muitos jornais de cidade grande, mas foi registrada como quase pré-histórica nos escritórios do *US Weekly*, onde havia nada menos que um desfile da juventude: uma repórter de vinte e poucos anos sem pudor com um decote magnético, salto agulha e um emprego cheirando a álcool, cheio de jornalistas e baladas; um jovem fabuloso e urbano que, na sua própria presença, sentia-se tão perfeito e intimidador que parecia destinado a uma vida de crescentes maravilhas incríveis; e a editora-chefe em si, uma mulher de trinta e poucos altamente estilosa e sexy de tirar o fôlego. Tudo isso trouxe de volta um suspiro de desânimo que eu também presenciara na companhia do jovem escritor de Nova York.

Ao final da viagem a Manhattan, somente algumas semanas depois de Annie ter sonhado com a maratona de sexo, o suspiro se fora e, não que eu queira me gabar, foi substituído com o som bem-vindo de um balão enchendo. Posso estar ficando velho, pensei, mas logo vou estar transando. Mais que nunca. Mais que vocês. Vocês vão ver.

Capítulo 2

Isso vai ser bom

Nossa odisséia sexual teve início em um quarto de hotel ao lado do quarto dos pais de Annie. Tenho certeza de que não é preciso dar muitas explicações, mas a localização impunha certos constrangimentos ao pontapé inicial. Era como passar o Carnaval em Salt Lake City com o Coral dos Mórmons animando a noite da terça-feira de Carnaval. Só de pensar nessa situação me vinha à mente um cara recém-saído da prisão, sentando para sua primeira refeição em um restaurante e sendo escoltado por alguém que lhe falasse sobre calorias e colesterol. Você só pode estar brincando, certo? Os pais dela dormiram com Ginger espremida entre eles numa suíte de hotel com uma porta fina que dá acesso ao quarto ao lado, onde Annie passara os últimos dias combatendo uma diarréia e onde Ginger havia vomitado na noite anterior.

– Gases e vômito – falou Annie quando eu cheguei ao hotel em Boulder, onde o resto do clã já se encontrava há alguns dias enquanto eu trabalhava em Denver. – Não eram exatamente esses os afrodisíacos que eu tinha em mente.

A noite de ano-novo sempre envolve roupas finas, sem os filhos, muita dança, bebidas e um longo beijo na virada do ano, seguidos naturalmente de sexo maravilhoso e molhado. Apesar de não termos alcançado uma noite de ano-novo como essa, não em quatorze anos de casados, este ano foi o menos impudente de todos. O hotel usava um perfil familiar para vender seu pacote de ano-novo e nós nos prontificamos a participar de uma variedade de atividades planejadas. Havíamos concordado com as festividades com parentes bem antes de surgir a idéia da maratona. Nos sentimos obrigados a manter o compromisso e não queríamos aparecer como um trapo velho na festa. Então, em vez de desanimar e lamentar a dificuldade na inauguração da "sexatona", nós nos lançamos ao desfile de ati-

Simplesmente faça

vidades, entendendo que em algum momento iniciaríamos o ano-novo com algo bem mais enaltecedor que um beijo à meia-noite.

Construímos pequenas estruturas de espaguete cru e marshmallows e testamos sua "prontidão para terremoto" balançando-os. Nossa "equipe" – nossa família – competiu com outras equipes, lançando ovos de uma sacada dentro de caixas forradas com papel higiênico, para apontar quem havia construído o ninho para ovos mais macio (Joni soluçou quando nosso ovo se despedaçou com o impacto). Erigimos um pequeno abrigo feito inteiramente de jornais e fita adesiva. Annie tentou fazer bambolê com seus quadris. Fizemos coroas com cartolinas, grampeadores, cola e sucata.

Essas atividades continuaram... continuaram e não tinham fim.

Foram até depois da meia-noite, o local já cambaleante e instável com crianças meladas de açúcar e adultos gritando e brincando na piscina, se empanturrando de batatas chips, frituras com molho de cebola e biscoitos ordinários.

Nós planejáramos começar imediatamente depois que o relógio marcasse meia-noite, mas onde estava Annie quando o ano virou? Com sua família e Joni, na multidão em volta da piscina. Onde eu estava? No nosso quarto de hotel com Ginger, gritando, chutando, furiosa por seu estado avançado de exaustão, por ter sido tirada de sua rotina e sua incapacidade de assistir à *Dora, a Aventureira* até a eternidade. Meu estoque para encantar Ginger não estava tendo muito efeito.

A família, de roupas sujas, retornava à nossa suíte. Annie, com o rosto vermelho, carregava Ginger sonolenta – que finalmente havia desmaiado de sono em meus braços – para o quarto de seus pais e voltava ao nosso quarto para sexo e descanso. Tínhamos imaginado transformar o quarto em um santuário erótico para o pontapé inicial da maratona, mas não chegamos nem perto.

– Eu não me importo se nosso quarto tem o cheiro de um monte de compostos em decomposição e evaporação – falou Annie. – Eu vou fazer sexo. E sabe o que mais?

Isso vai ser bom

– O quê?
– Isso vai ser bom! Nós abrimos uma garrafa de champanhe do Novo México, a mesma que tomamos no dia do nosso casamento, e sentamos na cama, bebericando e esfregando os olhos. Annie estava com um sutiã preto e calcinhas com os dizeres "100 Dias", escrito com pedrinhas de strass no bumbum, um presente de Natal dos meus pais, que obviamente estavam, poderíamos dizer, entusiasmados com a aventura. Eu usava cuecas *boxer*. Levei as pontas dos meus dedos até os braços dela e deslizei-os levemente para cima e para baixo. Ela me acariciou e rapidamente pressionamos nossos corpos um contra o outro debaixo dos lençóis, e depois nossos lábios. Eu levei uma mão à sua cintura e envolvi seus seios com a outra, e ela me tocou na altura da cintura e me apertou, e então eu rolei sobre minhas mãos e joelhos. Eu a excitava no pescoço com meus lábios e depois beijava e mordiscava gentilmente todo o caminho até sua barriga, e depois comecei a movimentar meu corpo mais para baixo, pegando as curvas, e depois de mais ou menos dez minutos Annie entrou no Mundo do Orgasmo. Rapidamente, entrei sem pedir licença e ofereci um curto "oi" seguido cinco minutos depois por um aceno de adeus enquanto meu próprio orgasmo se expandia. Nós trocamos um beijo rápido, rolamos sobre nossos corpos e caímos no sono. Eram quase 2h da manhã.

Final do dia 1º, uma marquinha ao pé da cama, o primeiro passo de uma jornada que esperávamos que se estendesse por quase todo o inverno e primavera.

E ENTÃO já era manhã, e o sentimento foi... familiar.
Um pouco mais de onze anos antes, nós nos casáramos em um museu em Santa Fé, passamos a noite em um hotel na cidade (em um quarto equipado com brinquedos de sexo pelos irmãos de Annie) e, ao levantar, fomos para uma sala de jantar, para o

Simplesmente faça

café-da-manhã, cheia de parentes que – entre cutucões e piscadelas – pensavam que sabiam o que nós havíamos feito na cama horas antes. E, agora, aqui estávamos novamente: no café-da-manhã rodeados de parentes que se cutucavam e piscavam.

Fora fácil para mim contar aos meus pais sobre o projeto. Você deve se lembrar do Troféu Heisman. Como Annie apontou, assuntos de sexo são menos estressantes para os filhos que para as filhas.

– A primeira vez que uma mulher revela para seus pais que fez sexo com seu marido é quando ela liga para dizer que está grávida – falou Annie durante o período de treinamento, após eu ter alegremente exposto nossa maratona sexual para meus pais. A "sexatona", para eles (eu pensei), tinha grande chance de servir como evidência de masculinidade. Porém Annie preocupava-se que seu comportamento seria julgado como algo diferente de feminilidade.

– Eu não sei como meus pais vão reagir – ela falou. – Eu não tenho nenhuma amiga para quem possa ligar e perguntar: "Ei, como seus pais reagiram quando você contou a eles que iria fazer sexo por cem dias consecutivos?".

Annie acabou revelando nossa empreitada para sua mãe e seu pai, por e-mail e poucos dias antes do ano-novo. Até então a idéia da maratona ganhara destaque na nossa pequena sociedade de dois, e, conforme o pontapé inicial se aproximava, ela achou cada vez mais difícil escondê-la de seus pais, com os quais falava várias vezes por semana.

– É algo muito importante para mim – reportou no dia em que disparou o e-mail. – Esconder isso deles parece desonesto.

Parafraseando sua resposta: eles não pularam de alegria, não choraram e essencialmente disseram o seguinte:

– Bem, a vida é sua. Divirta-se com isso.

COMO havíamos começado a aventura de cem dias com um sexo antes do meio-dia, o resto do dia era "livre" – sem pressão. Ambos comentamos de manhã quão "aliviados" estávamos em ter

Isso vai ser bom

a noite "livre". Isso, concluímos, não era um bom sinal. Estávamos no dia 1 e já empolgados com a perspectiva de uma noite sem sexo.

– Acho que tudo é uma questão de ritmo – falou Annie enquanto as crianças brincavam e nós carregávamos o carro.

– Temos que tirar vantagem de cada descanso que temos. Eu sei que vou estar cansado hoje à noite, e agora não tenho nada para fazer. Posso apenas... estar cansado.

– Fico imaginando se nossas visões vão ser diferentes no dia 75. Vai ser legal descobrir que o sexo nos faz cada vez mais famintos por ele – eu disse. – Será que a perspectiva de não fazer sexo vai ser ruim até o dia 75, em vez de ser algo para celebrar?

– Dia 75 – falou Annie. – Difícil imaginar.

A família de Annie partiu para uma viagem de dois dias de carro até o Missouri. Nós colocamos nossa bagagem na minivan e voamos de volta para casa, planando na nossa "sexaventura" enquanto descarregávamos. Ginger teve chiliques porque não comemos macarrão com queijo. Ela deixou-se cair pesadamente e gritou por vinte minutos. Bem-vindo ao lar!

Foi uma volta dura, mas a noite abrandou. Enquanto Ginger finalmente dormia e eu lia para Joni seu último livro da noite, Annie preparou um banho quente – a água com sais, óleos e essências –, acendeu incenso japonês de sândalo, e iluminou o quarto com nada menos que dez velas aromáticas sofisticadas (a maioria delas eu comprara em uma loja em Denver quando ainda estávamos no treinamento, gastando mais de cem dólares em colunas de cera aromatizadas). Trouxe um par de India Pale Ale[4] para a banheira e escorreguei para dentro dela, de frente para uma sorridente Annie.

– O que estamos fazendo é saudável – ela disse. – Gostaria de ter pensado nisso antes.

---

4 - India Pale Ale: um tipo diferente de cerveja caracterizado por ser espumante e ter um teor alcoólico levemente maior. (N. T.)

Simplesmente Faça

– Teria sido mais fácil uma década atrás – falei. – Mas talvez não tivesse o mesmo impacto.

Nós nos deleitamos no santuário fumegante por meia hora, com nossas pernas se tocando e contando casos engraçados sobre o final de semana e as meninas, sonhando juntos sobre para onde levaríamos nossas vidas. Talvez nos mudássemos para a Irlanda – um dos nosso lugares favoritos, onde Annie havia passado um ano em Tullamore numa fazenda de ovelhas durante o ensino médio e retornara, para Dublin, para a faculdade – e criássemos nossas meninas em um chalé na espetacular costa oeste. Ou talvez abríssemos um bistrô charmoso em um cenário semi-rural nos arredores da minha adorada Filadélfia, com as garotas crescendo na cozinha e nos jardins em expansão. Ou talvez deixássemos nossa casa de aluguel construída em 2003 por algo excêntrico e do século XIX na parte histórica de Denver, numa vizinhança com muitas árvores e jardins na frente com gramado, flores do campo e soleiras cheias. Sonhar era algo que fazíamos sempre que estávamos sozinhos. Eu prestava atenção aos devaneios de Annie, ela prestava atenção aos meus e, juntos, como escultores trabalhando no mesmo bloco de granito torcido e manchado, moldaríamos algo que não era nem Annie nem Doug, mas "nós".

Depois, deslizamos entre lençóis limpos – para marcar a aventura dos cem dias, eu os lavara antes das festas em Boulder (triste, mas eu nunca havia lavado lençóis antes), um ato que deixou Annie extasiada –, nos beijamos e mergulhamos no sono.

GINGER NOS ACORDOU na manhã seguinte, uma segunda-feira de feriado, e então iniciamos o que pensamos que seria um dia de maratona quase normal: uma procissão de atividades seguidas, achávamos, por sexo. Annie foi para o estúdio de ioga, um espaço pequeno na parte de baixo de um prédio da nossa vizinhança, a apenas cinco minutos de distância. Ela visitara o lugar algumas semanas antes e imediatamente tornou-se discípula, comprando

Isso vai ser bom

calças de ioga e um tapete de borracha, falando encantada sobre o calor, o alongamento e o proselitismo. Enquanto ela alongava e torcia seu corpo por noventa minutos, eu supervisionava as garotas e entendia, com alguma relutância, que em um dia próximo nossos papéis se inverteriam: eu estaria me esforçando para dobrar minhas juntas enferrujadas em uma sala cheia de mulheres jovens, com meu bumbum para cima, enquanto Annie se ocuparia das crianças.

Por enquanto meus joelhos calcificados e tendões rígidos não tinham com o que se preocupar. Percebendo uma ebulição entre as garotas, que podia facilmente acabar em gritos, lágrimas e portas batendo, eu as guiei para a minivan e fomos até a Bass Pro, uma loja de esportes enorme que fica a dez minutos de casa.

Como um garoto que cresceu em Pensilvânia semi-rural e semi-urbana, caça e pesca chamavam minha atenção. Eu não segurara uma arma desde o ensino médio e, apesar de ainda pescar ocasionalmente, fazia isso mais para agradar as meninas do que para meu próprio prazer. Ir até a Bass Pro era como revisitar uma parte saudosa da minha adolescência. Varas de pescar se aglomeravam nas vastas florestas. Com a expansão da área de armas de fogo, homens com barrigas grandes e chapéus de *cowboy* carregavam suas armas nos ombros e olhavam de soslaio. Animais empalhados arreganhavam seus dentes, abriam suas asas e abanavam seus rabos. Intimidado – eu estava usando um boné irlandês preto que poderia ser confundido com uma boina e um cachecol de lã chamativo, amarrado em volta do pescoço, nenhum deles me fazendo parecer exatamente como um arqueiro –, tentei demonstrar meus conhecimentos da vida selvagem.

– Olhem, meninas, uma doninha! – exclamei, apontando para uma das criaturas taxidérmicas. "Vejam só, esse aí conhece seus semelhantes!", imaginei os homens pensando. "Ele sabe a diferença entre as doninhas e os esquilos!"

Eu gosto de pensar que sou um cara machão; só não demonstro. Porém, certamente havia uma chance, enquanto circulava

Simplesmente faça

pela Bass Pro com meu cachecol e meu boné malicioso, que os caras em volta entendiam instintivamente que eu não gastava meu tempo assistindo a esportes na tevê e que não devia ter familiaridade com o alternador do meu carro, com armamentos e com o propósito, se não a mera descrição, de um teto de treliça. Cada vez mais, enquanto as meninas e eu atravessávamos o ambiente nada familiar, cheio de homens provavelmente muito à vontade em cada corredor desse tipo de loja e para quem V-8 certamente significava mais do que um ingrediente de uma Bloody Mary, eu me senti uma farsa. Via algo mais por trás dos olhos desses homens, as palavras que eles estavam pensando: "Intruso! Fingido! Falsário!"

"Talvez eu devesse demonstrar meu machismo um pouco mais", pensei, cobiçando uma panela holandesa de ferro fundido e imaginando-a cheia de chili, balançando sobre uma fogueira crepitante à noite (cozinhar, sim, isso eu entendo). Essas apreensões, é claro, não passavam pela cabeça das meninas. Elas observavam o cenário todo sentadas na cadeirinha do carrinho – Ginger no assento de cima e Joni tossindo constantemente, sentada na parte de baixo –, especialmente o aquário do tamanho da parede cheio de trutas e lampreias enormes bem como os gigantes ursos pardos.

Enquanto fazíamos um passeio por esse templo de criaturas e as ferramentas que as despachavam, me ocorreu com grande prazer que, apesar de ser totalmente improvável que eu caçasse um alce ou um urso, já estava começando minha própria caçada, de certa forma. A diferença é que era o troféu do sexo que eu queria, e não o antílope. Na verdade, eu "ensacara" só uma sessão até agora, mas não importa! Fui certeiro! E havia mais troféus por vir!

No caminho de volta para casa, não pude me conter: tinha de contar para Annie sobre nossa excursão, então liguei, pensando que ela já teria voltado da ioga.

Isso vai ser bom

– Como foi a ioga? – perguntei.
– Foi demais! – ela respondeu. – Mal posso esperar para que você tente.
– Irei em breve, tenho certeza. Você não vai acreditar aonde nós fomos.
– Onde?
– À Bass Pro Shops.
– Uau – falou Annie. – Deve ter sido, hã, demais.
– Foi mesmo, você vai saber quando chegarmos.
– Te vejo logo, querido. T.A.D.
– T.A.D.

Você poderia achar que essa sigla – que significa "Te Amo Demais" – representa o melado do melado, e não seria razoável discutir sua opinião. No entanto, em determinado momento do nosso casamento, creio que quando estávamos morando no sul da Flórida, começamos a inventar siglas e escrevê-las no final dos nossos e-mails um para o outro. Annie me mandava "SE, SA, SMA", e eu teria que adivinhar "Sua Esposa, Sua Amante, Sua Melhor Amiga". Então eu mandava algo parecido, como "M, A, AGPTV" e ela teria a tarefa de adivinhar "Marido, Amante, Alma Gêmea Por Toda a Vida". Depois de algumas semanas de jogos de palavras complicados, nós dois ficamos com TAD, que rapidamente migrou dos e-mails para as conversas. Quase uma década depois, nós ainda usamos o TAD diariamente, às vezes de hora em hora.

AS GAROTAS e eu voltamos para nossa casa de madeira de jangada minutos depois da troca do TAD, e Annie e eu começamos a longa jornada de um dia em casa: lidando com brigas entre irmãs, cozinhando sopa para a família, grelhando coxas de frango para os almoços da semana de Joni, enquanto um vizinho brincava na frente da nossa casa com um dos seus filhos.

Simplesmente faça

Como sempre, o vizinho se recusou a notar minha presença. Poderia ser, pelo menos em parte, que nossa varanda por si só evocasse, para ser sutil, pouco entusiasmo de nossos vizinhos em relação a nós. Suas varandas tinham móveis caros de madeira teca, Budas, treliças com flores que se abriam no verão e alegres balanços de carvalho pendurados no teto. As entradas de suas casas pareciam com capas de catálogos de decoração. Nossa entrada parecia uma fotografia que capturava algo profundo sobre a pobreza, com brinquedos, bicicletas e cadeiras velhas, além da minha grosseira grelha de cerâmica.

Morar na minha vizinhança, na verdade, era a imagem negativa da minha experiência na Bass Pro Shops. Nos dois ambientes eu era um intruso, um invasor. A diferença chave era: na Bass Pro Shops eu me sentia muito urbano e delicado – um excêntrico – e na vizinhança eu me sentia um lunático, um caipira tocador de banjo. O cervo de plástico que ficava em pé, de sentinela no nosso jardim da frente – um macho com um alvo ao lado, com seu olhar perpetuamente estático na cerca de plástico branco que adornava todas as casas do quarteirão – somente destruía a experiência de parecer Beverly Hills. A ardilosa Annie o chamou de Ira, uma resposta rebelde ao tratamento inferior que recebêramos dos vizinhos desde que nos mudamos. Cansada da frieza inexplicável e interminável, Annie comprou Ira numa loja de esportes uma tarde e colocou-o no jardim.

– Feliz aniversário de onze anos de casamento – ela me disse.

Ira era a única peça de animal de plástico de jardim em Stapleton.

NAQUELA NOITE vestimos as garotas com seus pijamas e lemos uma porção de livros para elas.

– Uuuhhh – disse Annie, retornando do quarto de Joni depois de colocá-la na cama no seu habitual horário das 20h. – Estou exausta. E isto é um feriado.

– Mas nós dois temos trabalho para fazer agora – sugeri.

Isso vai ser bom

Ela me lançou um levantar de sobrancelhas, parecido com o de uma gata quando quer carinho.

Enquanto Annie vasculhava a internet fui tomar banho, algo que raramente fazia à noite. Mas, com a perspectiva de uma farra adiante, decidi ficar asseado. Eu até massageei meu corpo com uma loção hidratante escolhida por Annie para a maratona e assim, esperava, iria de alguma forma ficar mais sexy.

Annie tomou banho e eu enchi o quarto de velas com aroma de "jasmim e baunilha" e "champanhe" e acendi um incenso de patchuli. Ela apareceu – graciosa, cheirando a primavera – numa lingerie francesa cara e sensacional que eu comprara para ela no Natal, um presente inspirado para nossa expedição.

Sentamos na cama com as pernas cruzadas por alguns minutos. E então eu mandei o meu olhar de sempre para Annie que significava "Quer transar?" – sobrancelhas levantadas, um meio sorriso de lado – e ela correu depressa na direção dos travesseiros para nos dar mais espaço. Eu a segui, trazendo meus lábios para os dela. E então...

O som pavoroso de uma porta de um dos quartos das crianças se abrindo.

A tosse de Joni piorou. Eu vesti rapidamente meu robe de seda vintage que me fora dado de presente por amigos íntimos ("É a sua cara!", eles me disseram) – parecia com algo que Thurston Howell III[5] usaria – e saí procurando por xarope para tosse. Eu o administrei. Mas então Joni reportou que quando minha mãe, a quem ela chama de "Lulu", tem tosse "ela se apóia na cama e faz alguma coisa, como colorir."

– Isso pode ser, minha amiguinha – respondi. – Mas colorir não está nos seus planos para essa noite. Boa noite.

Eu me transformei de Papai Carinhoso a Marido com Tesão

---

5 - Thurston Howell III: personagem milionário da série de tevê *A Ilha dos Birutas* (1964-1967). (N. E.)

Simplesmente faça

no instante em que voltei para o quarto, no momento em que vi Annie na cama. Sua presença transpirava "oba-oba".
– Tudo bem? – ela perguntou enquanto eu trancava a porta do quarto.
– Agora sim – respondi.

EXCETO POR sua família e amigos mais íntimos, Annie não havia mencionado a "sexatona" com ninguém, o que era provavelmente a melhor coisa a ser feita, considerando tudo. Eu, no entanto, tagarelei sobre nosso empreendimento para qualquer um que tivesse ouvidos. Era o Troféu Heisman novamente.
Por isso, no meu primeiro dia de trabalho no escritório após o pontapé inicial da "sexpedição", meu chefe enrubesceu quando me viu. Outro chefe ficou vermelho também. Ainda outro me observou, afastando-se alguns passos, e perguntando:
– Hã, como está indo?
Ele na verdade me circunavegou depois que respondi, como se eu houvesse me metamorfoseado por uma força motora feroz e malévola. Estranhamente – ou talvez não – eu fantasiava as reações deles. Sentia-me suave. Eu me sentia... mediterrâneo. Tornara-me instantaneamente um ser sexual materializado: "Aquele homem fez sexo ontem à noite! Ele vai fazer de novo hoje! Uau!".
Um amigo disparou um e-mail no meio da tarde: "Será que foi muito difícil? Você deve estar esgotado. Vá pegar alguma coisa para comer no Whole Foods".
Há há.
Lavado em glória erótica e temporariamente sem prazos apertados para cumprir, passei o dia clicando em *websites*, batendo papo no telefone e ocasionalmente preparando algo para as exigências da noite. Saboreava o pensamento de outra noite de festa. Então comecei a receber e-mails de uma Annie muito tensa.
Nós vendemos nossa casa em Baltimore alguns anos antes por um lucro esplêndido, não compramos uma casa em Denver

Isso vai ser bom

e agora pagávamos um aluguel barato. Essa independência da barganha fiscal em que tantas famílias entraram – "você há de afundar no débito imobiliário pelo bem da permanência e estabilidade" – nos lançou num estado que Annie descreveu como "extremamente custoso". E, quando se tratava de dinheiro, eu era – e continuo sendo – incompetente. Annie lidava com os impostos, as contas, o balanço dos livros. Minha relação com o dinheiro era ridiculamente simples: Eu ganho dinheiro. Eu gasto dinheiro. Ponto final.

Um dos e-mails de Annie nesse primeiro dia de volta ao escritório reportava que eu havia me esquecido de um complicado (não!) reembolso de estacionamento do trabalho, que significava que nós repentinamente devíamos 270 dólares. Oh! E fica pior: também recebemos um aviso arrogante de um coletor de impostos nos mandando pagar uma multa de estacionamento (que agora tinha mais que o dobro do valor original). A multa – surpresa! – era minha. Enquanto os e-mails de Annie, que agora já somavam cinco ou seis – enchiam minha caixa postal, decidi muito conscientemente que minha missão naquela noite seria dar a ela o mais esplêndido orgasmo.

Eu cheguei em casa, e uma Annie em farrapos – ocupada em preparar o jantar e dando detalhes da extensão da nossa "gastança" ("Você sabe quanto estamos gastando todo mês na Target? Eu não tenho lembrança da metade das coisas que estamos comprando lá. Tudo o que sei é que todo mês a Target aparece na nossa fatura de cartão de crédito.") – se foi para a ioga novamente. Era minha responsabilidade servir a janta para as meninas, colocá-las na cama e fazê-la retornar do Mundo da Ioga sem tensões.

A noite começou muito bem. As garotas e eu sentamos em volta da mesa de jantar que ficava no centro do nosso minúsculo espaço de estar, comendo sopa de lentilha (que eu fiz no dia de ano-novo) e espaguete. Sopa de lentilha não estava no topo da lista de favoritos de ambas, mas tratavam espaguete como um tesouro. Elas puseram

Simplesmente faça

os pijamas enquanto eu lavava tudo, sem incidentes. Brincaram com bonequinhas de plástico, as chamadas Polly Pockets, que têm um armário cheio de roupas de borracha e podem ocupar as meninas por horas. Depois, começamos a hora da história. Li uma montanha de livros para Ginger e coloquei-a debaixo dos cobertores. Joni e eu embarcamos em nossa excursão noturna por *Harry Potter*, volume cinco, no meu quarto e de Annie, pois a cama era maior e a luz, mais forte. De repente a porta do quarto rangeu e Ginger entrou. Isso raramente acontecia. Fico imaginando se ela percebeu que algo estava acontecendo entre Annie e eu.

– Ginger, você tem que ir dormir no seu quarto.
– Nããããão!

Eu a carreguei, entre gritinhos e choro, até o quarto, joguei-a na cama, fiz um pouco de Encantamento de Ginger, fechei a porta atrás de mim e voltei para Joni. Então ouvi "Pirulito que bate, bate", em versão estrondosa. Ginger, no escuro do seu quarto, cantava a canção infantil em volume altíssimo para o teto. Joni e eu ouvimos rindo.

– Ela é uma figura – murmurei.
– Uma figura maluca – acrescentou Joni.

Sentamos na cama onde eu lia para Joni, tentando achar um volume alto o suficiente para encobrir a melodia da canção (ela cantava sem parar), mas não tão alto a ponto de incomodar Ginger e induzi-la, novamente, a sair do quarto. Bem no momento em que terminava um capítulo, a canção se esvaneceu. Levei então Joni até seu quarto, acomodei-a na cama, dei-lhe sua Maisy de pelúcia dos desenhos animados – sua companheira fiel desde o primeiro ano de idade – e voltei ao meu quarto, que pretendia arrumar antes das festividades da noite.

Eu poderia com rapidez guardar os produtos chiques do refúgio sexual e, em vez deles, trazer uma cerveja para a cama, ler um pouco e dormir. Mas as coisas mudaram. Recoloquei o refúgio sexual na sua antiga glória, tirando minhas roupas sujas, remo-

Isso vai ser bom

vendo a bagunça que tinha se amontoado nas cômodas e prateleiras desde que Annie transformara o quarto. As velas decoravam o cômodo com uma luz laranja vibrante e o aroma do incenso japonês emanava fios de fumaça. Eu afofei os travesseiros e corri a palma da mão sobre a colcha indiana, deixando-a mais macia. O quarto dizia: "Estou pronto, *baby!*"

Annie chegou em casa praticamente incandescente dos seus noventa minutos de ioga. Toda a evidência de tensão, ansiedade e preocupação com dinheiro se fora. Ela tomou um banho. Eu li um livro sobre a abordagem taoísta para conservar a energia sexual. Tomei um banho também e fui para a cama nu. Annie estava usando uma camisola. Ela se ofereceu para massagear meus pés com um hidratante que cheirava a plantas, e então fechei meus olhos e afundei em prazer.

– Eu me sinto como uma nova mulher – falou Annie enquanto massageava a sola dos meus pés. – A ioga é fascinante.

Ela se deitou e eu massageei seus pés.

– Nossa – ela falou. – Isso me excitou.

Minha sede por sexo repentinamente se fez urgente, um sentimento que eu silenciosamente celebrei. Antes da maratona, um dia tão longo – ou seja, um dia normal – não teria incluído a arrumação do refúgio do sexo (na verdade, não haveria nenhum refúgio do sexo). Nenhum de nós teria tomado banho, Annie não teria vestido lingerie e massagens nos pés aconteceriam somente nos nossos sonhos. E duelos de desejos sexuais? Negativo. Nós apreciaríamos o duelo do desejo de dormir. Mas agora mal podíamos esperar para satisfazer nossa urgência. Então transamos.

Eu caí no sono envolvido em conforto e bem-estar.

QUANDO ABRI meus olhos de manhã, minhas juntas estavam doendo. Minha cabeça parecia ter sido entupida de algodão por uma gárgula. Eu sou um cara ficando doente.

– Por favor – sussurrei, fixando o olhar no teto. – Eu não

Simplesmente faça

posso ficar doente agora. Espere alguns meses. Por favor! – "Vou fingir que está tudo bem", pensei.

Esse seria o primeiro dia de Annie sozinha em casa desde antes do Natal. Annie é uma funcionária autônoma que trabalha em casa para uma empresa de massas gourmet, embora vá para a fábrica uma vez por semana para reuniões. Ela passa uma boa parte do tempo tentando expandir o mercado de fazendeiros, encontrando pessoas em cidades por todo o país dispostas a gastar seus finais de semana vendendo a enorme seleção de massas para os fazendeiros. Ela também escrevia dois *newsletters* sobre alimentação – um para a empresa de massas e um para um jornal mensal local –, além de testar várias receitas para o pessoal das massas.

Enquanto Annie trabalhava fora da empresa, eu ficava num escritório no centro, no segundo andar de um arranha-céu em frente a um McDonald's e, como não podia deixar de ser, dentro de um arquipélago de cafés Starbucks. Meu escritório não era nada repulsivo. As salas das redações dos jornais são lugares eletrizantes, com muitas mesas próximas umas das outras, repórteres engajados em conversas telefônicas, notícias sendo transmitidas pela televisão e muita inteligência sarcástica e ceticismo. Ainda assim, preferiria trabalhar em casa, como fizera por quatro anos em Baltimore, no sótão da nossa casa de tijolos colonial. Eu invejava a posição de Annie.

A certa altura do dia, entre uma tarefa e outra, passei pelo lugar onde corto meu cabelo. Uma mulher toda moderninha com um piercing de argola pendurado no nariz e cabelo arrepiado sorriu para mim pela grande janela. "Uau!", pensei. "Ela realmente deve saber quem sou!" Então me lembrei que algumas semanas antes eu havia contado à fofoqueira que corta meu cabelo sobre a maratona do sexo. Ela provavelmente mencionara para a Piercing no Nariz. Então não foi meu charme inato que chamou sua atenção, e sim a minha aventura sexual. Que desapon-

Isso vai ser bom

tamento. Gostava de pensar que as mulheres olhavam para mim pelo menos com uma pontinha de interesse sexual. Era algo que eu tomava como certo quando era mais jovem, muito embora, diga-se de passagem, essa presunção pudesse facilmente caber na categoria da "alucinação". Eu observara, entretanto, que as mulheres cada vez mais estavam olhando através de mim e nem sequer registravam minha presença no palco. A cada ruga eu estava desaparecendo chão adentro e me esconder não era bem o que eu desejava. Acho que é certo dizer que, com a possível exceção dos monges cartusianos que optam por passar boa parte de suas vidas enclausurados, a maioria dos homens concorda: nós gostamos de ser notados.

Então aí estávamos nós, no alto da reclamação dos homens de meia-idade, a decadência do homem vigoroso para o rapaz sem par no baile, a transformação do sol brilhante para a estrela quase apagada, pelo menos aos olhos das jovens mulheres. A Piercing no Nariz, eu concluí, nunca teria sorrido se não soubesse da maratona do sexo. O que me fez pensar: talvez a "sexpedição" fosse como meu Corvette vermelho. Sendo assim, eu funguei e voltei com minha dor para o escritório pelo resto do dia, sonhando em voltar para casa e ir para a cama.

Annie, porém, gentilmente propôs algo diferente.

– Por que não tentar a ioga hoje à noite? – ela perguntou minutos depois de eu ter passado pela porta.

– Está brincando? Eu me sinto um trapo.

– Estou lhe dizendo, a sala quente pode fazer maravilhas. Mesmo se você apenas sentar no calor e fizer alguns alongamentos, aposto como vai se sentir melhor.

Eu tinha muita experiência com resfriados brutais e gripe, e, depois de quatorze anos disso, Annie, que Deus a abençoe, tinha mais experiência em lidar com a doença de outra pessoa do que o normal. Ela não pedira trabalho como médica voluntária quando se casou comigo. Eu tentara todos os métodos naturais

Simplesmente faça

para derrotar meus resfriados e gripes detestáveis ao longo dos anos, desde gigantescas doses de vitamina C até suplementos com zinco e uma combinação de ervas e temperos. Nada funcionava. Enquanto eu considerava a sugestão de Annie, pensei que talvez eu pudesse incinerar o vírus que se espalhava pelo meu corpo. Não estava morrendo de vontade de ir ao estúdio de ioga, mas tinha mais medo de a gripe evoluir para algo pior. Como, fiquei imaginando, eu conseguiria transar com febre?

— Estou nessa — disse depois de alguns minutos enrolando na cozinha.

— Sério? — disse Annie. — Estou chocada. Estou tão animada! Acho que vai funcionar!

— Obrigado, doutora.

Enquanto eu dirigia pela escuridão gélida para o estúdio, imaginei a cena. Pelo menos, assim eu esperava, uma *hippie* gostosinha daria a aula. Mas o professor, para meu grande desapontamento, era um homem. Sem camisa, com os músculos definidos, a aparência de um artista de cinema e sorriso cheio de dentes brancos, ele era um motor de entusiasmo, definitivamente jorrando felicidade, ao que parecia, quando cheguei. Então isso, pensei, explica a paixão de Annie pela ioga. Eu senti as sementes de ciúme germinando em um cérebro que deveria estar vivendo para o momento — como você vai se lembrar, "viver no agora". Encontrei um lugar vazio na sala abarrotada de mulheres jovens, desenrolei o tapete de Annie e sentei na mesma posição do resto da classe: sobre os meus joelhos (eles estalaram alto) com meu torso inclinado na cintura, empurrando minhas mãos para fora na minha frente e descansando minha testa no tapete.

Dioniso, o deus grego, finalmente entrou na sala e dobrou-se na posição do "cachorro deitado". Todos o seguiram. E então, a partir do primeiro minuto de prática de ioga, lá estava eu com meu bumbum no ar em uma sala cheia de mulheres. Só me manter na postura no calor equatorial que fazia na sala causava suor de fazer

Isso vai ser bom

o corpo brilhar e pingar da testa e nariz. Quando Dioniso finalmente nos guiou a outra postura, percebi que a minha camiseta de mangas compridas não estava apenas vergonhosa, mas intolerável. Eu me sentia como que sendo sufocado. Tirei a camisa, joguei-a ao lado do tapete e continuei. Meu peito e braços magros e minha cintura de marshmallow (outro desastre da meia-idade; até quase os trinta, qualquer correlação entre consumo de comida e tamanho da cintura parecia mera teoria) estavam totalmente à mostra e, na verdade, chamavam mais atenção graças à proximidade com o professor Corpo Perfeito.

Eu me esforçava mais, contudo, e logo me esqueci do meu estômago e bíceps que envelheciam. As sementes do ciúme desapareceram, eu me perdi nas posturas, no calor de 40°C que consumia, e logo minha indisposição inoportuna parecia derreter. Dioniso – Billy – sabia ensinar e inspirar. Eu levei meu corpo a lugares nunca visitados antes. Doía, mas de uma maneira boa. A ioga definitivamente iria impulsionar minha libido, eu concluí. Se não fosse o caso, seria capaz de voltar para casa e curtir Annie com um bom sexo.

A prática terminou, todos nos deitamos de costas com os olhos fechados e recebemos o calor, com os músculos alongados e a música indiana. Então engasguei: meu pé estava nas mãos de Billy. Ele estava massageando meus pés.

"Ele deve fazer isso com todos", pensei, chacoalhando meu cérebro em pânico.

Somente duas pessoas já massagearam meus pés: Annie e a mulher que fez minha única massagem profissional. Enquanto Billy massageava a sola dos meus pés, pensei: "Uau, isso é embaraçoso, a maioria dos homens teria bastante problema com isso". E enquanto a massagem continuava: "Bem, a última vez que me fizeram massagem no pé – cerca de vinte e duas horas atrás – ela precedeu o sexo, então, uau, isso é duplamente embaraçoso".

Quando Billy deixou meu pé, ondas de alívio inundaram meu ser. Espiei um pouco para ver se ele massageava a sola dos pés

Simplesmente faça

de todos, mas ele estava em algum lugar atrás de mim e eu não tinha certeza de que era aceitável, durante essa fase de descanso, sentar e começar a olhar em volta. Então fiquei de costas, com meus olhos fechados até ele dizer mais algumas palavras sobre amor e compaixão e sair da sala.

Fui para casa, desci uma cerveja, fervi uma xícara de chá de ervas desintoxicantes – pensei nisso como uma abordagem yin-yang contra a gripe – e me retirei para o refúgio sexual, onde Annie me aguardava. Ela tinha dado comida às crianças, lido histórias e as colocado na cama sem muitas complicações. Sentou na nossa cama *king-size* esperando por mim, usando lingerie e batom, totalmente deslumbrante. Mas eu podia ver o cansaço nos olhos dela, acumulados ao longo do dia: o trabalho, a cozinha, as limpezas, os incontáveis detalhes de manter uma família e uma vida.

– O que você achou?

– Incrível – falei, tirando a roupa e me preparando para entrar no chuveiro. Eu estava ensopado de suor. – Não me sinto mais doente. Sinto-me ótimo, na verdade.

– Estou tão entusiasmada que você tenha gostado da ioga, DJ! – ela falou com entusiasmo beirando a histeria. – Isso vai ser ótimo para a...

– Mas Billy massageia seu pé quando termina?

– O quê? – falou Annie. – Ele massageou seu pé?

Minha mente se acelerou:

– Sim! Massageou! Esfregou!

– Estranho – falou Annie, pensativa. – Eu nunca o vi fazer isso.

– O quê?

– Estou brincando! Ele massageia os pés de todo mundo no final. E é sensacional.

Eu expirei.

– Essa foi boa.

Depois do meu banho tentamos algo novo: lubrificante, comprado na semana anterior na Target, a corporação com a qual

Isso vai ser bom

aparentemente estávamos contribuindo numa proporção alarmante da nossa renda. Material escolar, calças, cabides, porta-retratos, Polly Pockets, espátulas e um mundo de outras coisas feitas na China... e, agora, lubrificante.

Esse safári à Target, como a maioria deles, envolveu as garotas, o que tornou o passeio bem interessante. Joni-olhos-de-águia normalmente notava todo o conteúdo do nosso carrinho. Quando ela não estava familiarizada com um item, perguntava o que era. Se tivesse perguntado sobre o lubrificante, teríamos mentido – "É xampu, querida" – mas isso não nos ocorreu. Então Annie comprou o lubrificante separadamente enquanto eu empurrava as meninas no carrinho e comprava o restante das coisas.

Lubrificantes. Eu jamais considerara isso antes, em parte porque acreditava que minha habilidade de estimulação era suficiente. Mas diante de ordens médicas – você sabe, animar um pouco – nós decidimos dar uma chance ao lubrificante.

– Oh meu Deus, DJ – falou Annie. – Uau.

Nós passamos quatorze anos sem lubrificante. Eu mudei minha opinião sobre ele. Nós somos pessoas inteligentes, somos ousados, gostamos de alguns excessos, bebemos. Como foi que não mandamos longe nossas inibições e nos lambuzamos com lubrificante? Por que ninguém nos contou sobre suas maravilhas? Nós entramos na meia-idade sem ter feito uso dele. Percebemos imediatamente que compensaríamos esse triste descuido. Obrigado, doutora!

A ciência, sem contar o Todo-Poderoso, deve ter produzido algo mais escorregadio que lubrificante, mas eu jamais descobri. Esse é o ponto principal do assunto sobre lubrificantes: ser macio e escorregadio. O bom lubrificante não permite que a fricção – que, você sabe, é uma condição necessária para a relação sexual – mude sua composição de escorregadio para viscoso. Essa transformação é comum em outras substâncias – considere loções ou sabonete – mas não é parte da equação com o lubrificante de qualidade. O desejo rapidamente comandou nossos cérebros. E, logo, Annie submeteu-se a um esplêndido orgasmo. E eu a segui.

– AMANHÃ É o grande dia – disse Annie de manhã, enquanto nos deitávamos um ao lado do outro.
– Las Vegas – eu disse.
– Pornografia – retrucou Annie.

À medida que a viagem a Las Vegas se aproximava, nossa expectativa aumentava. A perspectiva de uma (quase) completa e, nesse caso, tangível imersão em pornografia me excitava, assim como Las Vegas, um lugar especial para mim, porque meus avós moraram lá durante parte da minha adolescência. Meu avô trabalhou como carteador de pôquer no MGM Grand nos anos 1970 e 1980, depois no Bally's, depois em um ou dois outros cassinos. Eu cresci nos arredores de Filadélfia e nunca havia experimentado nada que não fossem colinas, florestas primaveris e neve no inverno, até o dia em que, aos dez ou onze anos, aterrissamos em Las Vegas. O ar era tão diferente, de algum modo mais claro e, no entanto, cheio de cintilâncias. O sol literalmente ofuscava e as luzes dos cassinos à noite acendiam uma parte do meu cérebro que continua brilhante e seduzido.

Muito mais tarde, depois que Annie e eu nos casamos, dirigíamos da nossa casa em Albuquerque até Las Vegas para visitar meus avós, e ambos consumíamos a cidade, do tilintar das moedas caindo nas bandejas de metal até as garotas que serviam coquetéis equilibrando bandejas com garrafas de cerveja suadas sobre os ombros e as placas nos táxis anunciando clubes de *striptease*. É artificial, é distorcido e cumpre o seu papel.

Depois que meus avós morreram, em meados da década de 1990, voltamos apenas uma vez para comemorar o aniversário de 30 anos de Annie, um final de semana de bebedeira e travessuras, uma das nossas últimas férias antes de ter filhos. Nós ficamos no hotel New York New York algumas noites, fizemos um *royal*

Isso vai ser bom

flush, num videopôquer (era um caça-níquel; o ganho pagou o nosso quarto) e tivemos uma boa transa ou duas na enorme cama do hotel. Esses eram os dias antes de gravidez, criar filhos, carreiras e da idade taxar nosso tempo e cortar nossa energia.

Agora estávamos voltando a Vegas para o circo do sexo anual da indústria de pornografia, um festival de três dias carnais, incluindo o próprio Oscar desse mundo, em que mulheres competiam por prêmios em categorias do tipo "Melhor Atriz Novata" e "Melhor Atriz Coadjuvante – Vídeo" e os homens rezavam por uma vitória, digamos, na categoria "Melhor Recém-Chegado". Joni e Ginger, é claro, não nos acompanhariam durante o Carnaval de Depravação. Meus pais pegariam um avião em Filadélfia para ficar com elas.

Eles chegaram e lanças de culpa e remorso me espetaram quando nos encontramos no aeroporto, durante o caminho até nossa casa e no restante do dia. Eu me arrependia de ter deixado a órbita deles dois anos antes para vir para o Colorado, arrastando suas netas preciosas para a outra metade do país por causa de um emprego. Eu sentia saudade deles. Sentia saudade do nordeste. Sentia falta de casa. Doía-me simplesmente deixá-los no hotel, mas eu tinha que ir a um restaurante onde estava entrevistando um homem que colecionava chapéus, como os que meu avô usava, para uma história incomum sobre chapéus velhos e elegantes em oposição aos onipresentes bonés de baseball.

Enquanto esperava pelo homem do chapéu, eu me vi olhando para as pernas de uma mulher sentada numa cabine à minha frente. A visão daquelas pernas subindo das botas de cano alto e entrando por baixo de uma saia curta me paralisou até que o aficionado apareceu. Isso não era incomum – mulheres que passavam com freqüência capturavam minha imaginação –, mas, à luz do nosso projeto e da discussão que Annie e eu tivemos na cabana sobre como nós dois "notamos" partes atraentes do sexo oposto, considerei o grau em que o sexo rotineiramente consumia meus pensamentos. Nós somos animais, farejando em todo lugar,

Simplesmente faça

olhando, olhando, olhando, estremecendo com pequenos espasmos eróticos que carregam nossos cérebros o dia todo. Eu nunca ofertei a Annie meus catálogos de desejo, mas agora entendo que ela, também, guarda sua própria coleção deles.

"Imagino se ela ficou observando algum homem hoje", pensei.

Vários calafrios carnais depois, eu estava de volta ao escritório, e ao final do dia estava mandando um e-mail para um velho amigo sobre a maratona. Ele escreveu: "Sabe o que eu mais gosto nessa história? É que foi idéia da Annie. Eu vou ter que usar essa isca com Zoe. Talvez ela faça uma contraproposta de duzentos dias consecutivos".

"Boa sorte!"

Eu corri para casa a fim de estar com meu pai e minha mãe. No final do jantar, eles foram para o hotel com Joni. Ginger, nós temíamos, poderia não se adaptar bem a dormir num quarto de hotel sem os pais. Mas ela iria surtar se visse Joni sair com os avós. Então fingimos que as duas iriam dormir em casa, mas, enquanto eu fazia Ginger dormir com uma história e falava sobre como ela iria se divertir com os avós, meus pais e Joni saíram para o hotel.

A essa altura já era tarde e Annie e eu íamos acordar cedo na manhã seguinte para pegar o avião para Las Vegas. Tomamos banho, Annie colocou uma lingerie, eu usava aquele pijama "sexy" e nós sentamos na cama juntos.

— Vamos simplesmente fazer hoje à noite — disse Annie, rolando para o seu lado da cama e espremendo lubrificante em suas mãos. — Sem muitas preliminares.

Tendo em vista o estresse do dia e nossa contínua exaustão, essa era uma idéia bem-vinda. Ao mesmo tempo, no entanto, eu pensava se deveríamos estar dando de ombros e nos submetermos a uma rapidinha para satisfazer os requisitos da maratona. Começamos preguiçosamente a nos beijar com selinhos, acariciando os lugares que nos davam arrepios. Logo o apetite laçou

Isso vai ser bom

ambos e nós curtimos, rolando juntos, nos abraçando enquanto eu me movia até o orgasmo. Annie, entretanto, não gozou, e eu perguntei a ela se isso importava.

– Meus orgasmos dão mais trabalho, eu não me importo com sexo sem orgasmo, às vezes.

O sexo para nós dois foi rotineiro e mecânico, mas era sexo, no quinto dia da maratona, marcando uma das mais longas séries de dias consecutivos desde que Joni nasceu.

– Curto e doce – falou Annie enquanto nos aninhávamos debaixo dos cobertores.

NÓS PENSAMOS se Ginger notaria a ausência de Joni enquanto fazíamos o percurso de cinco minutos de carro até o hotel de meus pais. Mas isso era às 6h da manhã e ela mal havia acordado, sentando-se silenciosamente na sua cadeirinha enquanto pilotávamos a minivan. Meu pai, sonolento, abriu a porta do quarto escuro de onde pude ouvir o sono pesado de Joni.

– Oi, querido, ponha minha garotinha bem aqui – falou minha mãe. Ela puxou as cobertas. Eu deslizei Ginger para dentro do ninho.

– Aqui está – falei, colocando uma sacola no chão ao lado da cama. – Nós temos presentes para as garotas quando elas acordarem.

Meu pai voltou para sua cama – meus pais sabiam que teriam pelo menos uma criança para passar a noite, então eles pediram duas camas – e eu andei vagarosamente até a porta.

– Muito obrigado pela ajuda de vocês – sussurrei. – Eu amo vocês!

– Amamos você – sussurraram os dois.

E depois disso foi como Dorothy em *O Mágico de Oz*, abrindo aquela porta que dava para a fazenda de Kansas até Oz. Tínhamos três dias em Vegas diante de nós: sem filhos, poucas responsabilidades, hotel grátis e sexo, sexo, sexo. Só curtição!

Simplesmente faça

CERTAMENTE, NÓS pensamos no aeroporto, algumas pessoas voando de Denver para Las Vegas também estariam participando da convenção pornô. Quando alguma mulher no aeroporto denunciava o mínimo sinal de lascívia – jeans excessivamente agarrados, barriga de fora –, olhávamos um para o outro e levantávamos a sobrancelha.

Será uma atriz pornô?

Depois de mais ou menos o quinto levantar de sobrancelhas observando passageiros pelo corredor do avião, Annie segurou minhas coxas e apertou-as de leve:

– Eu te amo, DJ – ela disse. – Eu adoro quando nós fazemos nossos joguinhos. Nós nos divertimos muito.

Uma atraente loira platinada que usava uma blusa decotada e transparente e uma jaqueta jeans andava pelo corredor na nossa direção. Seus seios balançavam a cada passo. Eu pude ver os bicos. Annie e eu viramos nossas cabeças e trocamos nosso sinal de levantar as sobrancelhas, sorrindo largamente um para o outro.

– Sem dúvida – falei.

Eu sentei perto da janela no avião e olhava atentamente, abaixo, o cenário do oeste: cumes brancos, fendas de geleiras negras e pinheiros escuros; extensões de terra vermelha salpicadas com montanhas de topos planos e ornadas com canyons; desertos marrons como campos de lixa. E então aterrisamos. Logo estávamos no Flamingo, um hotel e cassino clássico de Las Vegas fundado pelo mafioso Benjamin "Bugsy" Siegel no ano-novo do ano de 1946, há quase exatos sessenta anos da nossa visita. Eu lembrava claramente do Flamingo das minhas visitas na adolescência, mas muito da rua principal, chamada Strip, havia mudado, até mesmo desde a nossa viagem em 1990.

Uma das coisas mais estranhas sobre Las Vegas é que a destruição de muitos dos cassinos da primeira geração não dói no coração da mesma forma que a destruição de construções históricas de muitas outras cidades. Vegas nunca finge ser nada mais

Isso vai ser bom

que uma fantasia. Até mesmo a Disney aposta na nostalgia do Magic Kingdom e na ligação com preciosidades "antigas" – os passeios e atrações clássicos podem sofrer atualizações, mas raramente são postos abaixo. A permanência de Las Vegas não está nas construções e na grade urbana, mas na reinvenção compulsiva e perpétua de si mesma. A mudança é uma constante. Em vinte anos, quando eu for um cidadão sênior, Las Vegas já terá mudado novamente, várias vezes. E se não fosse assim, eu ficaria entediado com tudo aquilo.

Dito isso, eu detestaria ver o Flamingo decair. Como não adorar gigantescos flamingos rosa?

Pegamos um quarto grande com vista para a rua. A cama era suspensa como um grande avião de carga em um oceano de lã azul, onde jogamos nossas malas, abrimos e começamos a procura por roupas.

Algo que ambos havíamos tentado imaginar antes é: o que se usa numa convenção pornô?

Sapatos agressivos para Annie? Calças de couro para mim? Eu fui com jeans, uma camisa de abotoar branca e um casaco esporte grafite de risca de giz, um visual que nunca tinha tentado antes, mas que vira em revistas. Parecia moderno, parecia jovem e, dado o ambiente, eu tinha as duas coisas. Entretanto, quando combinei a jaqueta de risca de giz com o jeans, não me senti instantaneamente moderno ou mais jovem; em vez disso, eu me senti como alguém tentando parecer moderno e jovem, um sentimento que, para ser honesto, não correspondia com a realidade. Annie usou uma combinação que ela tinha feito várias vezes antes: uma saia curta de veludo, botas caramelo e uma calça *legging* coberta com cores e formas diferentes que levavam as pessoas a se perguntarem se aquela colagem era um projeto ambicioso de tatuagem.

Então nós nos juntamos à falange de convencionais da América que caminhava lentamente com olhar extasiado como nós,

Simplesmente faça

casais na expectativa de alguns dias de liberdade, os selvagens de boné usando camisetas com os dizeres "O que acontece em Vegas fica em Vegas", prontos para um final de semana de muita bebedeira, gastança e idéias excitantes de explosões eróticas.

Entramos no Venetian, o local da exposição, e imediatamente localizei uma categoria de mulher que na verdade jamais vira pessoalmente: atrizes pornôs vestidas como atrizes pornôs (mas é claro que, anteriormente, sem ter conhecimento, eu possa ter encontrado centenas de atrizes pornôs na vida real, só que, em vez de estarem vestidas como tais atrizes, elas estavam usando roupas esportivas). Suas roupas eram apertadas e minúsculas, seus saltos altíssimos, seus seios... bem... gigantescos. Seios precipitados para fora do corpo, vorazes, esticados, em forma de míssil, uma multidão monstruosa deles balançando pelo cassino, capturando os olhos de homens e mulheres em todo lugar em camisas havaianas e blusas azul turquesa, fumando charutos com garrafas de cerveja Miller esquecidas nas mãos. Cabeças giravam, bocas se abriam e os queixos realmente caíam.

Oh, meu Deus!

E isso era apenas o andar do cassino.

Depois havia a exposição em si, onde Annie passeava usando seu primeiro passe de imprensa pendente ao pescoço. Ela estava lá para tirar fotos. O *Post* não havia mandado um fotógrafo para me acompanhar e Annie não é uma fotógrafa profissional, mas nós achamos que uma foto poderia ser interessante, se não impressa, então, pelo menos, como algo para ser colocado no *website* do *Post*. O passe da imprensa deixou-a eletrizada como poucas coisas que eu já testemunhara. Nossos passes nos davam livre acesso à explosão de atrizes pornôs do andar de cima e à vista do andar de baixo de vendedores de brinquedos sexuais, palestrantes do simpósio e os obcecados por tecnologia pornográfica e seus negócios *online*.

Por todo lugar por onde andávamos, sexo explícito era mostrado em tevês gigantescas de tela plana. E debaixo delas? As mulhe-

Isso vai ser bom

res dos vídeos – as atrizes das cenas que estavam sendo mostradas acima – assinando autógrafos, posando para fotografias com seus fãs e lambendo seus lábios com seu grande poder sugestivo.

– Dê uma olhada naquilo! – gritou um homem usando calças de moletom e blusa de moletom Raiders e boné, apontando na direção de uma mulher com meias arrastão sete oitavos, calcinha fio dental e um top pouca coisa maior que uma borboleta. Era realmente uma cena. Olhar essa triste figura me inspirou vários pensamentos, incluindo: "No final das contas, calças de moletom não lhe traziam futuro". Ele entrou na fila enquanto batia nas mãos do seu companheiro, cumprimentando-o, outro rapaz vestido com calças de moletom Raider.

– Oi, gostosão – disse outra atriz pornô, usando asas etéreas cor-de-rosa nas costas (ela parecia um tipo de fada do sexo), enlaçando seus braços em volta de um cara gordinho com uma camisa de flanela. Na tela acima, ela gritava:

– Vai! Vai! Oh yeah, baby! Bem aqui! Vai!

Ela puxou o cara de camisa de flanela para perto e eles posaram para a câmera e sorriram.

Um par de atrizes pornôs de mãos dadas com os rostos brilhando com *glitter* passou por mim enquanto eu estava de pé observando e tomando nota.

– Preciso de uma bebida – disse uma delas em voz baixa.

– Eu também, três – respondeu a amiga.

– Festa! – gritou um homem enorme de cabeça raspada, um terno elegante e os olhos já vermelhos de... bebida? Drogas? Ambos?

– Iuhu! – ele apontou para uma mulher de calcinha fio dental e sapatos excessivamente altos, a qual estava inclinada para baixo segurando seus tornozelos para tirar uma foto. – Eu vou pegar aquela!

Apesar do volume surpreendente de garotos universitários infelizes que poderiam ser descritos como "uivadores", eu devo

Simplesmente faça

admitir que havia algo de positivamente erótico para mim, pelo menos por um tempo, em estar na companhia de mulheres que poderiam fazer sexualmente de tudo. Eu esbarrava contra o corpo delas nos corredores apinhados enquanto perambulava com Annie, escrevendo no meu caderno de notas, e, encontrando-as nos seus estandes, eu automaticamente as imaginava peladas (para isso não era necessário muito esforço). Ao mesmo tempo passava pela minha cabeça que essas mulheres fizeram de tudo, coisas inimagináveis, com os atores pornôs, homens cujos currículos dependiam do comprimento e espessura da sua... masculinidade. Será que algo menor do que o comprimento do pescoço de uma girafa satisfaria essas ninfas? E se sexo representa trabalho no mundo deles, tal equação não tem grande potencial para deixar o sexo maçante?

Não eram somente atrizes pornôs empinadas e seus fãs masculinos que enchiam o espaço da convenção, no entanto. Espectadoras femininas – a maioria com seus namorados ou maridos, e algumas que apenas apreciavam a pornografia – competiam em concursos de "melhor som de orgasmo anal", nos quais elas gemiam "Oh! Oh! Oh! Sim, querido, mais forte!" nos microfones. Mulheres – fãs de atrizes e atores pornôs – se amarravam a mesas de demonstrações sadomasoquistas. Exposições asiáticas na ala dos *sex shops* colocavam em evidência brinquedos incríveis, incluindo um Willy Wonka ofegante e que gemia masturbando os homens.

Era atordoante, fascinante. Annie e eu olhávamos embasbacados para as rainhas do fetiche e seus companheiros gays, os caras pareciam um queijo suíço enfeitados com tachas e argolas e cobertos de couro preto. Nós não podíamos acreditar nos seios. Não acreditávamos nas bonecas infláveis ou nas "vaginas de bolso" – de borracha e coloridas – que os homens compram e com as quais fazem "sexo". Mal podíamos acreditar nos consolos em forma de abóboras, serpentes e latas de Pringles.

Isso vai ser bom

— Oh meu Deus — Annie disse quando chegamos à nossa primeira exposição de acessórios. — Será que isso é um pênis?
— Talvez em algum planeta alienígena — sugeri timidamente.
Annie começou a conversar com os vendedores de brinquedos sexuais, o que me deixou levemente desconfortável. Eu lançava olhares nervosos enquanto ela batia papo, como se estivéssemos num parque público e Annie, por algum motivo, decidira comprar biscoitos de um vendedor ambulante.
— Você quer uma coisa que se chama Dois Dedos e Um Polegar — disse a vendedora, uma jovem que poderia passar por uma garota do centro acadêmico de Iowa e que confirmava, para mim, a argumentação de Annie de que os brinquedos sexuais haviam se tornado uma tendência. Ela direcionou Annie para um corredor da área de brinquedos sexuais onde os itens estavam à venda. Nós nos dirigimos pela multidão e, de repente, lá estava ele: roxo, com o formato de um tipo de cacto. Observem: Dois Dedos e Um Polegar.
Annie não hesitou, dando à vendedora vinte e cinco dólares, colocando o Dois Dedos dentro de uma sacola de brindes da convenção (e que brindes!) e marchando de volta para o espetáculo carnal. Era seu primeiro brinquedo sexual. "Então esse é o meu concorrente", pensei, vendo-o como um mestre no xadrez examina um novo oponente. "Um pedaço de plástico com uma pilha dentro. Parece um garfo esquisito". A mera perspectiva de um brinquedo sexual estremecia um pouco meus nervos, mas a realidade da coisa diluía um pouco da preocupação. Se eu não pudesse superar em desempenho um garfo de plástico, então eu simplesmente não valia nada.
Meu irmão Mike me ligou quando estava parado em frente a uma apresentação performática de "palhaços pornôs" — pessoas que se vestem de palhaço e transam.
— Ei, Lesma — Mike falou quando atendi meu celular. — Como está a convenção?

Simplesmente faça

– Você precisa vir aqui algum ano, cara – respondi. – É uma loucura, mas é muito bom.
– E como a Annie está reagindo? – ele quis saber. Mike sabia que Annie não era exatamente o perfil da "fanática por pornografia".
Eu sorri para ela olhando os palhaços usando calcinhas fio dental, adesivos cobrindo o bico dos seios, sapatos com *glitter*... e bolas vermelhas no nariz que combinavam com perucas vermelhas pixains.
– Ela está fazendo suas descobertas – respondi. – É difícil não descobrir algo.
Annie e eu nos perdemos nessa exposição, nessa cavalgada para a decadência. Andamos pelos corredores com os olhos arregalados, passamos por atrizes pornôs lambendo pirulitos de pênis e posando para fotos, passamos por Jenna Jameson em alto destaque dando autógrafos, homens em adoração fazendo fila para tirar uma foto com a Sacerdotisa da Pornografia. Essa experiência levou nós dois a algo como um transe, uma condição muito agradável. Mas nós íamos jantar com um velho amigo meu aquela noite, e tínhamos que completar a número 6 antes do final da noite. Então voltamos ao hotel, abrimos as cortinas pesadas e deixamos entrar a luz da Strip de Las Vegas. Tomamos um banho e caímos na cama enorme.
– O que você me diz, direto ao assunto? – perguntou Annie.
– Duas rapidinhas, uma após a outra – respondi cauteloso.
– Nós teremos o quê... noventa e poucas sessões de amor pela frente? – disse Annie enquanto nos abraçávamos na cama. – E a maioria delas será na nossa cama em Denver. Mas estamos em Vegas agora, vamos sair para jantar e precisamos nos apressar.
Eu arrastei a palma da mão pelo seu lábio e a beijei.
– Você tem razão – disse. Eu a acariciei por alguns minutos antes de ela me convidar para entrar. Então, pela primeira vez

Isso vai ser bom

em algum tempo – provavelmente desde umas férias de verão há mais de um ano –, fizemos sexo a uma elevação mais baixa que um quilômetro e meio do céu. Las Vegas fica a cerca de seiscentos e quarenta metros do nível do mar.

– Sexo é bom mais próximo do nível do mar – falou Annie depois que terminamos, ambos perdidos em um êxtase pós-sexo, largados na cama.

– Com certeza – falei. – Sexo é bom ao nível do mar também. E Denver fica bem mais acima.

– Nós já fizemos em lugares mais altos que Denver – falou Annie.

– Certamente – falei, relembrando nosso histórico de encontros sexuais. – Apesar de não conseguir me lembrar de onde estávamos.

– Aspen, por exemplo – falou Annie.

Outro veio à minha mente:

– E Taos.

Nós fizemos uma lista de encontros sexuais nas alturas, uma conversa que nunca aconteceria se o sexo tivesse ficado à margem das nossas vidas, e nos abraçamos não ao luar da noite do deserto, mas na intensidade de neon da noite em Las Vegas. Depois nos vestimos e andamos pela iluminação até um restaurante indiano.

EU ACORDEI pensando num cappuccino triplo da Starbucks. Annie adora apresentar surpresas boas. Após quatorze anos de casamento, eu ainda ocasionalmente vou para casa do trabalho para deliciar um prato de azeitonas, queijo de cabra e pão, ou uma socca feita em casa – uma especialidade de Annie – um pão provençal feito com farinha de grão-de-bico, azeite de oliva e sal. Tudo isso, veja você, depois de um dia de cuidar do trabalho e das crianças. Eu mencionara de manhã que queria montar nossa coleção de músicas, e o que estava me esperando à noite? Um brinde de vinte cinco dólares do iTunes. Como

Simplesmente faça

Annie gastou sua primeira comissão do trabalho com as massas? Ela me comprou um notebook novo.

Entre outras coisas, a habilidade de Annie para presentes reflete seu profundo desejo de agradar os outros, espalhando felicidade em volta. O cappuccino de manhã era uma pequena parcela dentro de uma vasta e densa história de trabalho para satisfazer. Dava trabalho agradar aos outros, e Annie era uma artesã. Eu, por outro lado, continuava um novato, um estudante esforçado. Com o passar dos anos, em muitas ocasiões, eu prometia afiar minhas habilidades, mas sem muitos progressos. E lá em Las Vegas, depois de quase uma semana de sexo, eu novamente me comprometi comigo mesmo a fazer esforços mais rigorosos para agradar Annie.

– Isto aqui levanta meu dia – falei para ela, segurando a xícara quente de papel nas mãos.

– Eu acho que posso fazê-lo ainda melhor – ela disse, lançando-me um olhar malicioso.

– Disso estou certo – concordei, sentindo a primeira palpitação carnal do dia.

Nós tomamos nossa mistura de cafeína, e depois saímos para voltar ao Venetian para mais um dia de pornografia. Mais pessoas entulhavam o espaço labiríntico que no dia anterior. Eu andava rapidamente pegando pessoas para entrevistar para as matérias – sobre celulares e vídeos pornôs para iPod, *software* de encontros e ervas que estimulam o sexo. Annie e meu amigo de colégio, Shave, que estava na cidade a negócios e tinha sido a nossa companhia no jantar da noite anterior, vagavam pelo lugar sem mim. Quando os vi novamente, Annie havia parado em uma mesa onde Randy West, aparentemente o único ator pornô homem heterossexual no local, estava assinando autógrafos. Ela falou com ele um pouco, eu o vi empunhando uma caneta e depois Annie voltou, sorrindo, com o rosto vermelho, segurando o autógrafo. Lá estava ele, encostado contra uma la-

reira, de pé num tapete bege peludo. E ali, realçada acima da sua cintura: sua torre de Pizza inclinada.
Isso sim é competição.
– O quê? Você pegou o autógrafo dele? – gaguejei, olhando para a foto de Homem e Anaconda enaltecida com uma dedicatória: "Annie, motivação para o seu trabalho!".
– Eu também vou pegar um autógrafo! – falei, não sentindo nem uma gota de ciúme, mas, ao contrário, uma animação efervescente. Annie abrira a porta. Agora eu poderia posar com uma atriz pornô da minha escolha e não sentir nem uma pontada sutil de culpa. Eu passei por algumas atrizes, mas nenhuma valia um autógrafo. E então a vi, Smoking Mary Jane, vestida com um traje sofisticado de mulher dominadora. Seus lábios vermelhos abriram em um sorriso enquanto eu me aproximava.
– Posso pegar seu autógrafo? – perguntei, sentindo-me um bobo com 14 anos de idade.
– Claro, querido. Ela assinou e então acenou para que eu ficasse ao lado dela. Eu a segui obedientemente. Ela me abraçou pela cintura e sorriu para a câmera de Annie. Eu coloquei meu braço em volta do seu ombro. Seu decote vertiginoso atraiu meus olhos para baixo. Eu me perdi no turbilhão da carne. Clique.
Annie, Shave e eu nos retiramos para um bar agradável no cassino, um lugar com sofás e mesas baixas, luz suave e bebida cara – o tipo de bar em que não entrávamos desde que tivemos filhos. Tomamos cerveja, relaxamos e ficamos vigilantes para a visão de atrizes pornôs, embora em breve elas não fossem mais novidade. Teria sido divertido ficar naquele bar por horas. Mas não era possível.
– Shave – falei –, detesto ser grosseiro, mas Annie e eu temos de fazer sexo, então vamos ter que nos separar. Nos veremos no jantar.
Ele riu. Sabia da maratona.
– Entendido, Lesma – respondeu.

Simplesmente faça

E então Annie e eu estávamos de volta à nossa cama no sexto andar, excitados para usar o novo lubrificante de silicone que ela comprara na exposição: embalagens em formato de lágrima desse produto foram lançadas no mercado mais tarde nesse ano.

– O melhor lubrificante do mundo – assegurou a Annie uma representante de vendas, uma mulher sorridente com um traseiro altamente exposto. – Você vai ver.

Durante a exposição, vendedores também vendiam suplementos de ervas com o objetivo de impulsionar "vigor" ou "ereção", e eu peguei uma porção deles. Enquanto bebia no bar com Shave, secretamente – não queria que ele pensasse que já estávamos buscando modos de "animar" – engoli rapidamente um comprimido de ervas chinesas, e no momento em que cheguei ao quarto eu estava pulsando de excitação.

– Essas ervas chinesas são demais – disse a Annie.

Havia a possibilidade também de dois dias gastos apenas olhando de boca aberta para atrizes pornôs quase peladas terem amplificado meu impulso sexual.

Annie tomou banho enquanto eu bebericava uma cerveja, e, quando ela voltou para o quarto, molhada e quente, seu rosto resplandecia e a excitação ficou mais urgente. Começamos a nos beijar imediatamente enquanto nossas mãos apertavam um ao outro. Eu não queria apressá-la para o orgasmo, então a provoquei, puxando-a para perto e depois a empurrando de volta, próximo novamente, mas não muito. E então eu a deixei ir e ela pulou, e sem hesitação eu deslizei para dentro dela.

– Sim – ela disse silenciosamente através de um sorriso, não soando nem de perto como uma atriz pornô, mas sim como Annie. Ela parecia verdadeira.

– Eu me sinto tão relaxada – falou Annie enquanto nos trocávamos para jantar. – Estou pronta para um coquetel ou dois, e uma refeição. No cassino.

Isso vai ser bom

DEPOIS DE um grande jantar e uma margarita, eu saí para a cerimônia de premiação. Os organizadores deram somente para mim, o repórter, um passe livre. Annie precisaria de uma entrada, e ela estava à venda por quase quinhentos dólares. Nem é preciso dizer que Annie, nossa secretária do Tesouro, não considerou nem por um momento a idéia de gastar essa quantia em uma entrada para uma premiação de uma indústria que ela não adorava. A Premiação James Beard?[6] Pode ser que ela gastasse muito dinheiro.

– Divirta-se, querido – ela falou. – Me abrace quando vier para a cama hoje à noite, OK?

Nós nos beijamos, Shave foi para o seu hotel e eu segui por um longo tapete vermelho esticado por várias centenas de metros, passando pela mesa de Black Jack, roletas, caça-níqueis antes de chegar ao enorme salão de banquete onde a cerimônia iria se realizar. Homens empunhando suas câmeras se alinhavam ao lado do tapete tão próximos uns dos outros e em número tão grande – impenetrável – que mais pareciam um cânion intrincado. Flashes irrompiam em *staccato*. Homens controlando câmeras de vídeo imploravam para as atrizes pornôs pararem e posarem, e muitas o faziam. Ninguém pediu para que eu me inclinasse, mas fui recebido com óbvio respeito e inveja pela parede de brutamontes. Eles pensavam que eu fazia parte da indústria! "Isto é incrível", eu pensei. "Eles acham que eu estou no ramo da pornografia".

A exposição ainda fica entre os eventos mais estranhos e mais depravados que eu já presenciei. As "estrelas-revelação" e, na maior parte, seus benfeitores masculinos – os produtores e diretores dos vídeos – desfilaram através de um acotovelamento de pessoas ruidosas com a mídia de toda a parte do

---

6 - Premiação James Beard: fundação que premia o maior talento da indústria de alimentos e bebidas. (N. T.)

Simplesmente faça

mundo. Eles posaram, responderam às perguntas dos repórteres e flertaram com o público.
– Belladonna! – gritou um cara de uma publicação italiana. – Há alguma linha que você não tenha cruzado?
A *punk* Belladonna, com suas tatuagens e sua aparente falta de implantes nos seios, respondeu:
– Eu participei de uma orgia uma vez e não gostei muito. Tinha doze caras.
Ela também declarou que "não era favorável" a mulheres que se transformavam em homens e que "provavelmente" não participaria de bestialismo.
Um cara de *smoking* com cabelo escuro puxado para trás com gel e um rosto pretensioso que parecia um criminoso de causar horror – o tipo de gângster "mau" que Tony Soprano acabaria derrotando – passou pelo meio da multidão da imprensa com várias atrizes pornôs. Ele as introduziu como "minhas garotas".
– Sou bonita e indecente – falou uma ruiva com cabelo encaracolado que mais tarde recebera o cobiçado prêmio de "Melhor Atriz Revelação".
A lenda pornô Ron Jeremy – de bigode malfeito, peitoral gordo, estatura baixa e pênis elefantino –, em pé ao lado do "careca-bola-de-boliche" dono do bordel Bunny Ranch em Nevada, declarou que seu pênis estava "ainda ativo".
– Ele não criou teias de aranha ainda – falou. – Jenna pode me alcançar algum dia, mas ainda não.
Quando questionada sobre a origem de seu vestido – igualzinho aos do Oscar! –, a "atriz" Britney Foster fez uma pequena mesura, sorriu e respondeu:
– Do Neiman's.
Bem, não tão Oscar.
Uma garota com um vestido prateado e cílios plastificados de *glitter* disse à imprensa:
– Fui indicada para "Melhor Sexo Anal".

Isso vai ser bom

Jenna Jameson veio coberta de rosa, os seios implorando a liberdade. Um par de atrizes pornôs dando risinhos com saltos agulha corriam uma atrás da outra pelo tapete vermelho. Um homem grande com uma bengala elaborada e um traje de cafetão exagerado andava vagarosamente, respondendo às perguntas com monossílabos. Brindes do Larry Flynt para todos os convidados decoravam as mesas redondas do salão de jantar. Entre os brindes? "Xoxotas portáteis" de borracha.
Uma estrela pornô que ganhou um grande prêmio gritou para seu parceiro coadjuvante:
– Eu adoro seu passarinho!
Outra mulher deu socos no ar quando seu nome foi anunciado para "Melhor Atriz em Vídeo"; então ela se aproximou do pódio e respirou profundamente.
– OK – ela falou. – Eu vou absorver tudo isso um pouquinho. Isso é sensacional. Muito obrigada. É uma sensação maravilhosa.
Uma apresentadora anunciou: "a mulher com quem estou concordou em se casar comigo", e as pessoas do salão gritaram e aplaudiram. Um diretor pornô veterano ganhou um prêmio e disse sem um pingo de ironia:
– É a atuação, a atuação que consegue essa premiação todo ano. Um produtor lançou mão de um discurso apimentado e obsceno sobre o governo e disse a todos:
– Eu nunca, jamais, irei admitir culpa e pedir clemência, negociar ou vender a indústria pornográfica.
Ele também se desculpou várias vezes às muitas pessoas que ele "fodeu" em sua carreira.
Savannah Sampson ganhou o prêmio de "Melhor Atriz em Filme" e disse à platéia:
– Minha família se envergonha do que eu faço, então, obrigada pelo apoio.
Então o mestre-de-cerimônias maníaco disse:

Simplesmente faça

– Se você tem um pouco de coca ainda, use agora. Estamos quase lá.

Ele chamou um cara da platéia de ducha vaginal, persuadiu uma convidada a despir sua blusa e repreendeu severamente um homem por não ter tirado seu pênis para fora. A cerimônia terminou à 0h30, e era óbvio que, para muitos membros da platéia, uma grande noite de festa estava apenas começando. Sexo? Provavelmente houve mais sexo em Las Vegas naquela noite por pessoa do que em qualquer outro lugar do mundo. Eu já havia contribuído para o quociente do dia.

A cerimônia chafurdou em sexo como nada que eu já vira e fiquei surpreso com o entusiasmo quase inocente dos concorrentes. Eles acreditavam serem estrelas e que seus prêmios reluziam suas conquistas. A maioria deles irradiava orgulho enquanto segurava seus troféus no palco e aceitava beijos e honras dos colegas. Eu não senti nenhuma compulsão em crucificá-los – na verdade, eu gostei deles –, mas, como conclusão desse evento, o entusiasmo que eu tinha por pornografia tornou-se um pouco deficiente.

Sexo real, eu sabia, não tinha nada a ver com negociações, estúdio de cafetões, falsas atrizes ou dinheiro. Eu fantasiava sobre Annie e minha cama grande, e se Annie estava muito sonolenta. Era tarde, a comida e bebida haviam dispersado meu vigor, e a rodada anterior de intimidade excitante e libertina havia me banhado em contentamento.

"Estou pregado", pensei, enquanto voltava para Annie atravessando o ar gelado do deserto. "Mas, nossa, como eu me sinto forte".

Capítulo 3

Não espere pela química

Essa havia sido uma semana de inícios: minha primeira ioga, a primeira compra de Annie de um brinquedo sexual, nosso primeiro encontro com artistas pornôs, meu primeiro afrodisíaco de ervas. Nosso primeiro lubrificante. Eu me vi procurando por Annie mais instintivamente do que nunca, ou pelo menos desde o início de nosso namoro. Durante muitos passeios pelos cassinos nós andávamos de mãos dadas, uma forma muito básica de contato que havia sido esquecida com o passar dos anos: costumávamos ficar de braço dado. No início da semana, quando sentamos lado a lado na nossa cama *king-size* lendo depois do trabalho, nós descansamos encostados um no outro em vez de migrarmos para os nossos respectivos lados da cama. Enquanto a semana se passava o sexo também melhorava. Não era apenas porque estávamos contando com coisas novas, porque estávamos "animando" o sexo. Quando transávamos agora, tudo parecia um pouco menos contido, alguns graus acima.

Eu adorei a forma como Annie foi solidária durante toda a exposição. Ela não é do tipo que gosta de pornografia – não tem tatuagens, não é fã de estilos de vida *rock-and-roll* ou de drogas, de festas até tarde da noite ou carros chamativos, de Hollywood ou *piercings* no umbigo. Até mesmo *Sex and the City* a cansou depois da primeira temporada. Annie é saudável. Poucas coisas a fazem mais feliz do que passar um dia na cozinha. Ela adora se exercitar, o contato com a natureza e levar as crianças a museus e bibliotecas. Ela tricota. Mas é também altamente aventureira. Ela arrisca bastante.

Nós estávamos namorando há três meses quando Annie decidiu dizer adeus a todos os seus amigos de Filadélfia e mudar comigo para Minneapolis, onde eu estava fazendo minha gradu-

Simplesmente faça

ação. Nós adorávamos Minneapolis, porém ficamos cansados de seus longos invernos. A solução de Annie? Mudar para o ensolarado Novo México, sem emprego, sem lugar para morar e sem amigos. Nós entramos na cidade com nossas coisas abarrotadas dentro de sacos de lixo, moramos por um tempo em um motel de estrada e finalmente conseguimos emprego e um apartamento.

Ficamos na Terra do Encantamento – ou, como os moradores ironicamente a chamam, "Terra da Cilada" – por mais de cinco anos, até que um emprego nos puxou para o sul da Flórida. Com Annie entrando no seu segundo trimestre da gravidez de Joni, eu mudei para a Flórida primeiro e vivi sozinho por alguns meses num hotel pobre e aprovado pelas prostitutas na Route 1, numa cidade chamada Boynton Beach. Annie e eu chegamos a gastar setecentos dólares de conta de telefone em um mês. Depois eu me mudei para um apartamento sujo infestado de lagartixas, que uma Annie já no final da gravidez visitou, com lágrimas rolando por seu rosto quando me encontrou no aeroporto porque me amava muito, ela me dissera.

Isso foi antes de ela encontrar os répteis infestantes.

Finalmente nos mudamos para um complexo de casas em Delray Beach, com um estacionamento cheio de carros esporte chamativos. As pessoas nesse condomínio poderiam não ter condições de comprar uma casa, mas não hesitavam em comprar um Porsche, uma abordagem de vida bem diferente da que você encontra no Novo México – o Novo México adorado de Annie. Eu cresci indo às praias do sudeste de Nova Jersey. Quase tudo sobre o oceano me atrai. Portanto encontrei coisas que gosto no sul da Flórida – as praias com areias brancas, a água turquesa, a brisa salgada e a vida no mar. Annie não tem afinidades com praias e o mar, e ela detesta o calor úmido, paisagens planas e brejos. As baratas voadoras desafiantes que pareciam pré-históricas, os sapos venenosos, as lagartixas que rastejavam pela nossa cama – nada disso trabalhava a favor das vantagens da Flórida.

Não espere pela química

Um dia, semanas antes de Joni nascer, Annie apertou os olhos enquanto estava sentada no sofá da nossa casa barata de aluguel. Ela apontou para a parede oposta.
– Por que a parede está se movendo? – Annie perguntou.
Ela se levantou, deu alguns passos e gritou:
– Carrapatos! – disse quase se jogando no sofá novamente.
Uma horda de carrapatos havia subido na parede e estava marchando para o chão, para o resto da casa. Isso aconteceu mais ou menos seis meses após nossa curta permanência no Estado Ensolarado. Meses depois, optamos por não fazer o mais sensato – ficar, comprar uma casa, contar quatro ou cinco anos de experiência de trabalho antes de nos mudarmos. Em vez disso, percorremos de uma só vez a distância da Flórida a Washington, D.C., para outro emprego meu, empilhando nossas coisas e nossa filha de um ano para um apartamento apertado por cerca de um ano e meio. O lugar era tão minúsculo que Annie e eu dormíamos em uma varanda anexa – abafada no verão e gelada no inverno – que proporcionava visões incomparáveis de ratos prosperando atrás do nosso prédio.

Agora, muitas mudanças depois, estávamos os dois parados na fila da alfândega do aeroporto, apenas algumas horas após iniciarmos nossa segunda semana de sexo com uma sessão matinal na esplêndida cama do Flamingo. Enquanto a fila aumentava, eu estudava a lista de objetos proibidos. Nossa sacola estava cheia de brindes da convenção – talvez uns treze quilos de amostras de lubrificantes, DVDs pornôs, afrodisíacos herbais, camisetas, bolsas e assim por diante.

– Será que eu tenho um isqueiro lá dentro? – pensei alto, me dirigindo a Annie.
– Eu acho que sim – ela falou.
Eu manuseei atabalhoadamente a sacola e encontrei o isqueiro enquanto a fila andava alguns metros, mas pegá-lo significaria revelar para todos à minha volta os brindes de sexo explícito escondidos dentro da sacola.

Simplesmente faça

– Vou tentar a sorte – arrisquei.

– Tentando demonstrar tranqüilidade aos agentes da Segurança do Transporte que se ajuntavam em volta do detector de metais – "Céus, eu sou apenas um pai!" –, coloquei meus sapatos, cinto e os objetos de dentro do meu bolso em uma daquelas bandejas plásticas, seguidos de minhas sacolas com conteúdo pornográfico. Então eu sorri com toda inocência e humildade que pude reunir e andei – muito cordial, eu achava – através do detector de metais.

A mulher que manuseava a esteira rolante deixou minha bolsa dentro do detector de metais por mais tempo que o usual.

– OK, senhor, fique aqui ao lado. Venha até aqui comigo. – ela falou. – Precisamos revistar sua mala.

Eu nervosamente me vesti de outro sorriso inocente e simpático e aguardei enquanto ela publicamente esvaziava a sacola cheia de pornografia até que encontrasse o isqueiro.

– Aqui está – ela vociferou, segurando um isqueiro preto e rosa com a palavra "xana". – O senhor pode ir.

– Desculpe – eu sussurrei, sentindo os olhos do aeroporto todo em cima de mim.

NÓS CHEGAMOS em casa pregados, desejando nada mais que um pouso rápido e macio na nossa própria cama, mas antes havia o trabalho com as crianças para concluir o dia. Enquanto Vegas era uma variação extrema dos temas da nossa juventude juntos – se fosse um jogo, pense no *quarters*[7] –, o retorno para nossa pequena casa cheia de crianças e meus pais se pareceria com o jogo de xadrez. Divertido, claro; se você gosta de xadrez, e eu gosto, a diversão é a atratividade. Nós pegamos nossos tesouros. Elas nos

---

7 - *Quarters*: jogo norte-americano em que os jogadores sentam-se ao redor de uma mesa e tentam, um por vez, acertar uma moeda dentro de um copo cheio de bebida alcoólica (normalmente cerveja). Aquele que acertar o alvo vence e o próximo jogador tem de tomar a bebida com a moeda dentro do copo. Moeda em inglês é *quarter*, daí o nome do jogo. (N. E.)

Não espere pela química

abraçaram, nós as beijamos e todos sorriam enquanto nossos corações transbordavam de alegria, e cada pedaço disso foi maravilhoso. Mas, assim como no xadrez, a noite propiciava alguns desafios. As garotas ficaram acostumadas com meus pais, que as idolatram. Nosso retorno significava disciplina mais rigorosa e bem menos doces e batatas chips, entre outras coisas. Depois que meus pais voltaram para o hotel, Annie e eu passamos algumas horas movimentando os peões e tentando o xeque-mate com as garotas. Havia lágrimas para escovar os dentes e pentear os cabelos. Mais livros para ler eram demandados e nós atacamos (mate!). Ruídos alarmantes foram feitos com relação a não ter sobremesa suficiente, mas finalmente foram vencidos, e as crianças, graças aos céus, levadas para suas camas com as luzes apagadas, e nós quase nos arremessamos na cama, trocamos selinhos rápidos e caímos no sono.

ALGUNS DOS acessórios da exposição pornô eram surpreendentes de uma maneira nada sexy: ovos de borracha vermelhos, canetas que brilham no escuro. Brinquedos para crianças, nós concluímos.

As garotas brincaram com o ovo de borracha e as canetas de manhã. Então Ginger colocou sua mochila nas costas e nós fomos para sua escolinha no meu Subaru surrado. Eu a beijei na bochecha e a deixei na sala do café-da-manhã, um espaço pequeno e úmido na velha igreja que acomodava a pré-escola. As crianças sentavam em volta de uma mesa tomando leite e comendo o que quer que seja que estivesse no cardápio do dia (com freqüência coisas que nunca daríamos a Ginger em casa, como salsichas no palito no café-da-manhã ou torradas francesas fritas). Ginger nunca olhava para trás para se despedir e eu sempre suspeitei que aquela omissão tivesse algo a ver com o café-da-manhã.

Algum tempo depois eu estava no trabalho. Annie postou as fotos que tiramos na exposição em um *website*, e elas fizeram sucesso entre meus colegas e nossos amigos AA, ou duplo A

Simplesmente faça

(Amigos Animados). Eu estava especialmente orgulhoso da minha foto com a estrela pornô.
– Vejam! – nós estávamos sugerindo aos nossos AA. – Vocês pensam que somos engomadinhos, ajuizados, previsíveis e que só fazemos a coisa certa? Errado!
No meio da tarde, depois de várias horas teclando em meu computador rodeado de colegas de trabalho honestos e dedicados, percebi que estava sofrendo de privação de exposição pornográfica. Tudo parecia entediante, sem graça, menos do que o que havia sido antes da exposição. Enquanto eu observava as pessoas passarem com suas xícaras de café, percebi que não queria estar naquele ambiente, que a sala da imprensa havia se tornado entediante. Eu enviei um e-mail para Annie. Ela estava passando pela mesma experiência. Nós queríamos voltar! Estávamos suplicando por pessoas fumando nos cassinos e estrelas pornôs brilhantes e nuas, belas, a devastação do deserto, a Torre Eiffel falsa no final da rua, a pirâmide do Egito falsa em frente ao castelo medieval falso e um horizonte falso de Nova York.

Desde que as garotas nasceram, e com certeza no Colorado, a maioria do tempo que passamos sozinhos haviam sido ao ar livre envolvendo cabanas, caminhadas, cozinhar em fogões ao ar livre e coisas do tipo. Dessa vez, nós nos divertíramos no que é argüivelmente o lugar menos natural da América – até mesmo a "cultura" na qual os turistas se engajam em Las Vegas é artificial – e essas coisas nos preencheram. Nós não estávamos preparados para colocar de lado o final de semana de sonhos febris pela realidade siberiana de Denver em janeiro.

Ao voltar para casa do trabalho, a exaustão me ancorou. Eu queria me jogar no sofá, fechar os olhos e dormir. Porém nós íamos levar meus pais para jantar num restaurante sofisticado, numa região onde se concentravam os *yuppies* de Denver chamada Cherry Creek, um local caro e informal para executivos divorciados que adoram usar a cor cáqui, camisa social e relógios caros, bebendo

Não espere pela química

uísque e conversando com as loiras magras que bebericam coquetéis de martíni com maçã e trabalham no mercado imobiliário.

Eu prestei atenção no que ia comer porque teria que ter um bom desempenho naquela noite. Uma refeição gigantesca, eu sabia (baseado em anos de experiência), roubaria o que havia sobrado da minha energia e minha libido. Annie, por outro lado, comeu uma alcachofra grelhada, uma salada imensa, uma pilha de batatas chips nadando em queijo maytag e uma gorda fatia de pão com cheddar.

– Você vai conseguir hoje à noite? – perguntei, considerando sua voracidade com uma inveja aguda.

– Claro! – ela sussurrou. – Eu não tenho que, você sabe, levantar.

Eu experimentei uma das suas batatas saturadas de queijo.

– Hummm – falei, tentando pegar outra.

Annie cutucou meu pé. Eu olhei para ela e dei de ombros:

– O que foi?

– Cuidado – ela avisou. – Você tem lição de casa para fazer.

Ela então deu uma piscada na minha direção, um gesto totalmente inadequado manter a paz. Eu peguei uma batata, molhei-a no queijo e comi. E outra. Depois mais outra.

– Eu poderia comer isso tudo – sussurrei. – É um bom teste. Será que um homem consegue transar depois de encher a pança de frituras com queijo, sem contar cerveja, frango, pão com manteiga e, quem sabe, um *brownie* de chocolate de sobremesa?

Os olhos de Annie mudaram de brincadeira para preocupação.

– Você está brincando com fogo, DJ – ela avisou.

– Não se preocupe – murmurei.

Meus pais conversavam entre si sobre um final de semana que estava por vir enquanto Annie e eu brincávamos de brigar, mas, quando cheguei à minha quarta batata, minha mãe voltou sua atenção para o nosso lado da mesa.

– Então, meninos, você vão "fazer" hoje à noite, não vão? – ela sussurrou sorrindo.

Simplesmente faça

Annie ruborizou. Eu me senti desconfortável. Meus pais nos observavam como uma platéia que estudava uma mágica. Será que um coelho sairia da cartola?
– Hã, sim – respondi.
– Melhor tomar cuidado com o que está comendo, querido – disse minha mãe. – Não faz bem ficar muito cheio!
– É, claro.

NÓS DEIXAMOS meus pais no hotel e nos despedimos. Eles iriam ao aeroporto de manhã. Eu sentia uma saudade intensa antes mesmo de terminar o jantar, sabendo que não os veria novamente até a primavera ou verão. Essa partida acrescentou um ar de angústia durante a volta para casa, que não era bem-vinda à luz das atividades já programadas. Se a maratona não estivesse em progresso, a combinação de exaustão, estômago cheio (mas não estourando) e a volta de meus pais para sua pequena cidade em Pensilvânia teria feito uma diversão erótica já tarde da noite improvável.

Quando chegamos em casa as garotas estavam dormindo. Enquanto Annie levava a *baby-sitter* de volta para casa, eu rapidamente tomei um banho e fui para o quarto. Logo depois Annie e eu estávamos nus, lutando para entrar no clima.

– Eu preferiria desmaiar hoje, para ser honesta – falou Annie na escuridão.

– Você está certíssima – disse, bocejando e olhando a gaveta de cima do meu criado-mudo, onde eu escondera minha pilha de Viagra. – Se eu deitar minha cabeça e fechar os olhos, vou dormir em dois minutos.

– E eu, em um minuto.

– Você brincou com fogo e se queimou – falei. – Toda aquela comida. Você achou que estava imune.

– Acho que você tem razão – ela falou. – Apesar de que a sua abstinência não parece tê-lo ajudado muito também.

Não espere pela química

– É verdade.
– Vamos fazer o que tem que ser feito – disse Annie, soando um pouco como um treinador de futebol.
– Chega de besteira – falei, afastando pensamentos de um comprimido azul. – É hora de sexo.
Comecei com uma proposta oral e, então, flutuei para dentro, até o ponto em que cumprimos nossas obrigações carnais do dia. Nós nos abraçamos e comprimimos nossos corpos. Com meus membros, cabeça e tronco, coração e espírito e, provavelmente, até minha sombra sentindo-se exaltados e potente, inundado em formigamento – um sentimento já bem distante da letargia pósjantar que havia se instalado sobre mim –, eu saboreei a ascensão do orgasmo e, depois, sua plenitude.
Nós nos deitamos de frente um para o outro entre os lençóis. Annie cutucou meu braço:
– Cravamos mais uma.
Eu bocejei novamente.
– Terminou sendo bom, também – respondi. – Surpreendente.
Nós ouvimos o vento silvar nas janelas por alguns momentos antes de rolar para os nossos lados e dormir.
– Oh, eu me esqueci de lhe dizer... talvez deixar as crianças brincarem com os acessórios "infantis" da exposição não tenha sido nossa melhor idéia – falou Annie. – Eu encontrei o ovo de borracha na mochila de Ginger. A mochila que ela leva para a escola.
– Deus do céu – falei, sentindo como se tivesse acabado de ser acordado por uma picada de escorpião. – Aquilo tinha "três X"[8], certo?
– Correto.
Ginger tinha apenas três anos! Ela acredita em fadas! Ela toma suco e leite em xícaras de plástico na escola. Ela dorme com um pingüim de pelúcia. Ela tem medo de corujas! E ela coloca um ovo

---

8 - "Três X" (XXX): classificação que indica uso adulto, tipicamente para filmes ou objetos de conotação sexual, profana ou de violência. (N. T.)

Simplesmente faça

pornográfico – algo que eu, na verdade, dei para ela – dentro de uma mochila roxa com flores e o nome "Ginger" gravado nela. Isso não iluminou meu coração. Isso não me provocou ao menos um pálido sorriso. Eu não achei nada disso revolucionariamente irônico. Senti-me como um pai que pisou na bola.

– Você não acha que ela mostrou para as outras crianças, acha?
– Acho que não – falou Annie. – Eu teria ouvido alguma coisa sobre o assunto.
– Sim, da polícia.
– Que fique registrado – Annie falou. – Qualquer coisa mesmo que remotamente ligada à indústria do sexo deve ficar longe das crianças a partir de agora.

NOSSO PROGRESSO a essa altura era quase insignificante, mas as pessoas no meu escritório ainda comentavam com surpresa o fato.

– Como é que você está mantendo a coisa interessante? – perguntou um colega.
– Você não está exausto?
– Você nunca pensou em, sabe, trazer outras pessoas para dentro do relacionamento para variar um pouco as coisas?

Eu definitivamente estava me sentindo um pouco letárgico, mas sexo grupal? Isso poderia me acordar, com certeza, mas depois eu iria enlouquecer pelo resto da minha vida. Então não.

– Nunca – respondi. – Isso não faz parte da aventura.

Como a maioria dos humanos, Annie e eu somos pessoas ciumentas. Eu já escrevera histórias sobre pessoas envolvidas em "relacionamentos abertos", em que casais permitem que seus parceiros tenham relações românticas com outras pessoas. Não é apenas o "sexo *swing*", mas escrever cartas de amor, presentear com buquê de rosas e sussurrar ao telefone pela madrugada adentro.

"Por que esse sentimento inebriante de um novo amor, de um romance recente não acontece de novo depois que você en-

Não espere pela química

contra um parceiro para a vida toda?", perguntaram os "abertos" quando eu os entrevistei. A resposta: Porque isso levaria a uma nação de pessoas andando por aí aos prantos, consumidas por fantasias violentas, ou ambos.

Se Annie tivesse um "relacionamento" com outro homem, eu tomaria a rota do choro. Nós já havíamos discutido a idéia do *swing* antes, no contexto do nosso relacionamento, e a conversação, despertada pela minha pesquisa com os "casais abertos", não durou muito.

– Eu não conseguiria ter um relacionamento aberto – disse Annie. – Faria com que eu me sentisse, sei lá, menos que especial.

– Acredite, de modo algum eu iria me propor a uma coisa dessas – concordei. – Você transando com outro cara? Mesmo se nós, por algum motivo doido, concordássemos com algo assim, não posso imaginar que eu me acostumasse a isso. Na verdade, não posso imaginar que ficaria casado com você. Isso estragaria tudo. Eu ficaria muito confuso.

– Eu também – concordou Annie.

Portanto pessoas nuas de carne e osso não se uniriam a nós. Mas pessoas no vídeo, sim, apesar de Annie começar a se arrepender da decisão assim que começamos a passear pela convenção pornô e testemunhamos, várias vezes, homens da idade da pedra atacando uma mulher de seios inchados.

– E isso seria atraente para uma mulher porque... – ela repetia como um mantra, enquanto andava pelos corredores.

Contudo, nós pegamos DVDs grátis na exposição, principalmente porque nutríamos esse lema, algo que nós protegíamos e políamos desde que nos conhecemos: "Grátis é melhor". Amostras grátis de queijo, café grátis, chaveiros grátis, camisetas, *frisbees*, ovos de borracha classificados com três X, isqueiros com a inscrição "xana": se for grátis, nós levamos.

Naquela noite, enquanto as garotas dormiam, sonhando com carneirinhos falantes e golfinhos de chapéu, nós colocamos um

Simplesmente faça

DVD pornô no aparelho. Homens superdotados e bobalhões surgiam como gênios de uma lâmpada que foi esfregada. Eu não sou o que você poderia chamar de um homem superdotado. Achei a procissão de bastões de baseball passando diante dos olhos de Annie muito intimidador. Perguntei se olhar para esses homens a fez sentir desejo por um daqueles postes telefônicos.

– Eu detestaria algo tão grande – ela respondeu. – Não há nada de bonito nos genitais – acrescentou. – Eles são muito feios quando você os observa friamente. As coisas mais sensuais nas mulheres são os seios e o cérebro, e nos homens, bem, somente o cérebro. Na pornografia você vê um monte de seios falsos e quase nada de cérebro. Como as mulheres se excitam vendo isso?

Eu poderia ter pressionado Annie nessa questão, pedindo a ela para catalogar as espessuras e comprimentos de todos os pênis que ela já... manuseara... antes de ficar comigo. Eu poderia ter pedido relatórios do desempenho na cama de todos os seus amantes anteriores e examinado as respostas: "Então, você diz que o namorado da faculdade tinha um pênis de quarenta centímetros, mas também alega que ele era ruim de cama. Por favor, detalhe precisamente como ele foi ruim".

Mas isso, eu achava, era uma categoria de conversa que não valia a pena desenvolver. Qual seria o ponto? Annie gostava de fazer sexo comigo o suficiente para sugerir que nós fizéssemos por cem dias seguidos. Nosso relacionamento, depois de quatorze anos de casamento, permanecia forte. E nossa vida sexual agora melhorava rapidamente. Eu não precisava da intromissão de dúvidas inoportunas ou do espectro de um antigo namorado com um pau de quarenta centímetros para me ajudar a entender ou melhorar nossa vida sexual. Falando sem rodeios, esse tipo de coisa poderia foder comigo.

Você deve estar pensando: "Uma oportunidade desperdiçada! Explore cada aspecto da sua relação sexual!" Mas sexo, em quatorze anos na nossa relação e apenas nove dias na

Não espere pela química

maratona, já se elevara de um papel secundário para o papel principal. E toda experiência tem seus limites. Orgias? Não. Máscaras de couro? Não. Aquele tipo de sexo tão popular na pornografia, que chamamos de sexo pela "porta dos fundos"? Nós discutíramos isso uma vez durante o período de treinamento. Eu não era especialmente atraído por isso, mas a idéia também não me repelia.

— Então, o que você acha, Annie? — disse durante uma das muitas conversas sobre a maratona que estava por chegar. — Devemos dar uma chance?

— Sem chance — respondeu Annie. — Eu não acho isso nada erótico. Eu fico enojada. Não com outras pessoas que façam isso, apenas a idéia de *eu* fazer isso.

Isso nos traz de volta à pornografia nesse décimo dia de sessões de amor — times de homens superdotados haviam se revezado no sexo "pela porta dos fundos" — e uma conversa que foi conduzida a partir do sexo no cinema.

— O ponto é, nada disso é real em minha opinião — falei. — É tudo encenação. As mulheres podem ser lésbicas e os homens poderiam estar morrendo de tédio com o sexo violento. É faz-de-conta.

— É verdade, mas isso não faz com que seja menos tosco — retrucou Annie.

— Há todo tipo de encenação na pornografia, no entanto, não apenas esse tipo de coisa — eu falei.

— As coisas violentas, humilhantes, são as piores do mundo — falou Annie. — Eu não vejo nada sexy no fato de mulheres serem depreciadas e humilhadas. Eu tenho certeza de que posso gostar de algumas coisas pornográficas. Só que ainda não vi nada que me agrade.

— Também não gosto das coisas violentas — continuei. — Mas e as encenações em geral? Nada que lhe agradasse?

— Você quer dizer se vestir como a Cachinhos Dourados ou coisa do tipo?

Simplesmente faça

– Essa é a idéia geral, apesar de eu nunca ter considerado vestir uma peruca loira de tranças e um vestido xadrez com a finalidade de fazer sexo – falei.
Annie deu uma piscada.
– Você daria uma linda Cachinhos Dourados. Mas eu nunca havia pensado sobre a encenação. Você, o policial, e eu, a mulher que foi parada por excesso de velocidade? Você, o entregador de pizzas, e eu, a dona-de-casa frustrada? Você, o médico, e eu, a paciente?
– Você está soando como uma fanática por pornografia – falei. – Alguma dessas coisas a atrai?
– É mais como ser uma aficionada por clichês ou uma amadora ocasional na arte erótica, mas não, nada disso me excita – respondeu Annie. – Eu não acho isso repulsivo, no entanto. Apenas bobo. Não estou certa de que poderia me manter séria com você de bigode, botas de couro e um uniforme azul e depois começando a fazer "movimentos" comigo.
– E submissão? – perguntei. – Submissão leve. O tipo de coisa que tem a aprovação da *Cosmopolitan* e *Vogue*?
– Isso é algo que você queira? – perguntou Annie.
– Se você desejasse isso, eu o faria. Não tenho nada contra. Poderia até ser excitante. Mas pensar no assunto, apenas, não me excita muito.
– Isso não é para mim – falou Annie. – Eu não quero ser amarrada.
– Novamente, acho que eu só daria muitas risadas – eu disse. – Por exemplo, eu preferiria fazer cócegas em você enquanto você estivesse amarrada à cama a lhe impor algo.
Nós demos à pornografia mais alguns minutos e depois desistimos. Annie bocejou exageradamente enquanto nos aproximávamos, enquanto pulávamos as cenas na direção da zona do sexo.
– Uau – ela disse. – Não-estou-no-clima.
Eu acompanhei seu bocejo com o meu bocejo e tive que concordar.

Não espere pela química

Cutuquei seu braço de leve. Bocejei novamente. Meu bocejo provocou outro em Annie. Era como se estivéssemos numa trincheira de guerra, só que, em vez de granadas, nós atirávamos bocejos um no outro, nos empurrando não para uma melhora ou uma marcha para a vitória, mas para uma rendição mútua. Eu segurei Annie pelos braços desajeitadamente e nós caímos de lado na cama. Nós nos olhamos fixamente. Eu trouxe meus lábios para os dela, mas as faíscas não voaram. Num primeiro momento. Em tempo, porém, as coisas entre nós esquentaram: os beijos sem entusiasmo tornaram-se apaixonados, nossos braços e pernas se entrelaçaram, e nós nos movimentamos pela cama com uma animação moderada, finalmente trocando orgasmos.

– Ainda estou zonza de sono – falou Annie, deitada de costas olhando para o teto quando terminamos. – Mas eu tenho que dizer: quanto mais fazemos sexo, mais eu adoro. Eu acho que orgasmos diários deviam ser obrigatórios.

E então nós puxamos as cobertas sobre os ombros e mergulhamos no sono.

MEMÓRIAS SOBERBAS de Annie capturavam minha imaginação no trabalho. Algumas semanas antes eu entrevistara uma mulher para uma matéria sobre mães que gostam de fumar maconha. A mulher – uma mãe entusiasta da maconha – ligou para dizer que eu deixara meu gorro na casa dela.

– Eu vou levar para o restaurante onde trabalho – ela falou.
– Você pode pegar quando quiser.

Num dia gélido fui recuperar meu gorro, a primeira coisa que Annie havia tricotado para mim, um gorro robusto verde e branco com desenhos pretos no topo. Durante a caminhada, memórias de um encontro com Annie surgiram na minha mente.

Conforme eu já havia dito, na primeira vez que a vi, na sala do café da editora onde trabalhávamos, no coração de Filadélfia, eu engasguei. Ela exultava. Irradiava uma aura. Eu fiquei

Simplesmente faça

no emprego detestável por apenas quatro meses e não vi Annie muito mais. Porém uma tarde, quando estava para terminar meu período de experiência, eu estava do lado de fora matando o tempo num dia frio, dando uma volta. E de repente lá estava Annie, andando na mesma direção. Ela ia para uma loja na cidade comprar lã.
– Quer vir?
– Claro – eu falei.
Eu estava no meio de uma relação particularmente infeliz no momento. Nós passeamos e conversamos, e eu me lembro que entendi durante aquela caminhada que meu relacionamento era um desastre. Ali estava o tipo de mulher com a qual eu precisava estar, andando ao meu lado, com sua luva de lã roxa, sapatos e jeans pretos. Eu deixei a empresa e o relacionamento problemático foi desfeito logo em seguida. Liguei para uma amiga de Annie na editora para bisbilhotar para mim. Eu queria saber se Annie estava namorando.
– Sinto muito – falou a amiga. – Ela está com um cara da Inglaterra que acompanha músicos em shows ou algo parecido.
Ótimo, eu pensei. Ele é *rock-and-roll*. Ele é exótico. Ele tem aquele sotaque. Eu tenho vinte e quatro, morando na minha casa e trabalhando como temporário. Eu não esqueci Annie, mas segui desordenadamente tendo uma série de encontros altamente malsucedidos, bebendo muito, assistindo muito a *Twin Peaks* e meu programa favorito na televisão, *Get a Life*, com Chris Elliot como um jornaleiro de trinta anos de idade que mora em cima da garagem dos seus pais. Isso me chacoalhou.
E ainda chacoalha.
Durante aqueles anos confusos do início dos anos 1990, eu respondi a um anúncio do jornal da minha cidade, o *Daily Local News*, para a vaga de escritor de artigos autônomo. Eu mandei para a editora algumas matérias ridículas que havia feito, e ela me chamou mesmo assim.

Não espere pela química

– Eu lhe darei uma chance – ela falou. – Por que você não vem ao jornal para conversarmos sobre um trabalho.

No momento em que pisei na redação, percebi que eu pertencia àquele lugar. Eu gostei do som das pessoas teclando em seus computadores, a visão de livros e papéis empilhados nas mesas dos repórteres, o cheiro de tinta, os fragmentos de conversas inteligentes que aconteciam entre e sobre as baias. Eu continuei trabalhando meio período para uma empresa teatral enquanto escrevia artigos para o jornal. Então eles me deram um "desafio", uma matéria sobre comunidades rurais. Eu me matriculei para a graduação em jornalismo na Universidade de Minnesota, recebi uma ajuda de custo para os estudos e comecei a sonhar com alces, hóquei e neve. Foi quando minha amiga ligou.

– Eu encontrei por acaso com a Annie às 2h da manhã em um restaurante na cidade alguns dias atrás – ela contou. – Disse a ela que você ligou perguntando se ela estava saindo com alguém. Ela disse que não estava mais namorando o inglês. Ela adoraria sair com você.

– Maravilha! – falei com meu coração aos pulos. – Vou ligar para ela agora mesmo.

– Não adianta – disse minha amiga Sue. – Ela acabou de sair do emprego e foi para a África Oriental.

– África Oriental? – perguntei.

– Sim. Senegal, Serra Leão e outros lugares também. Ela e algumas amigas estão passeando por um mês.

Como eu disse: ela gosta de aventuras!

Algumas semanas depois ela voltou da África e nós tivemos nosso primeiro encontro. Alguns meses depois nós estávamos morando em apartamentos separados em Minneapolis – Annie estava pronta para mudar comigo para a "Terra dos 10.000 Lagos", mas não estava preparada ainda para dividir um apartamento comigo. Entre outras coisas, sua avó ficaria arrasada se sua única neta estivesse vivendo em pecado com um garoto qualquer.

Simplesmente faça

Nós acabamos pegando um apartamento juntos no ano seguinte, mas tínhamos duas linhas telefônicas – uma para a vovó ligar, e outra para as outras pessoas. Foi durante nossos dois anos de sepultamento no gelo de Minnesota que Annie tricotara o gorro. Agora, quase quinze anos depois, eu ainda o tinha, depois de uma curta passagem pela casa da mãe que fuma baseado.

Foi uma agradável caminhada de recordações e não saberia dizer ao certo se todo o sexo ajudou a buscá-las no meu arquivo de memórias. De qualquer forma, eu saudei as imagens e sensações daqueles anos juntos na Filadélfia e Minneapolis, movendo-me lentamente com elas como se ansiasse por calor, enquanto atravessava o frio gélido da tarde de janeiro.

Naquela noite, Annie poderia ter usado seu afeto.

Ela passara seu dia com as Bandeirantes.

Sorrisos de palhaço estranhos e alarmantes não saíam dos rostos da tropa estranha de líderes que comandavam um ginásio cheio de garotas confusas e pais nos animados jogos de bingo, que incluíam vários tipos de *cookies* feitos pelas Bandeirantes, Annie disse posteriormente. Annie fora Bandeirante quando criança, mas não durou muito, e ela ficou por apenas um período curto, até ser mandada embora. Ela invejava os Escoteiros de seus irmãos. Para eles, ser Escoteiro significava dormir em barracas, fazer fogueiras com galhos e folhas secas, aprender como lançar flechas usando arcos e passar finais de semana inteiros descendo os rios de canoa. Para Annie, ser Bandeirante significava fazer bolos, vender biscoitos, costurar travesseiros e aprender como remendar grosseiramente uma variedade de "artes". Se você perguntar a ela sobre as Bandeirantes, ela dirá que foi "trapaceada", mas acrescentará que, se as atividades das Bandeirantes fossem mais parecidas com as dos Escoteiros, ela teria se tornado uma defensora entusiasta. Agora, já adulta, as Bandeirantes retornaram à vida de Annie. Muitas das amigas de Joni do ensino fundamental eram Bandeirantes. Joni queria fazer parte, e Annie

Não espere pela química

viu uma oportunidade, que poderia ser resumida como: "Eu vou mudar isso de dentro!".

A primeira vez que ela falou sobre sua proposta para mim, eu senti uma combinação de carinho e medo: achei seu zelo por reforma extremamente gracioso, mas também suspeitava que ela pudesse caminhar para um fracasso. As Bandeirantes, afinal de contas, são uma organização grande. Com certeza, apesar dos melhores esforços de Annie, seu grupo continuava em grande parte fixo em trabalhos manuais e, é claro, nos famosos *cookies*. Suas tentativas de transformação eram recebidas com um dar de ombros sem compreensão. "Acampar?" A experiência trazia más recordações para Annie e a frustrava, uma combinação que não levou inexoravelmente para um apetite sexual desenfreado. Portanto, quando ela voltou para casa após o bingo extravagante, reportou a coisa toda como sendo "brochante".

– Vai ser difícil esta noite – ela falou, suspirando, enquanto encaminhávamos as meninas para o andar de cima para a rotina da noite: histórias, os comandos repetitivos ("escovar os dentes", "escovar os dentes", "escovar os dentes", "pentear os cabelos", "pentear os cabelos", "pentear os cabelos", "vestir os pijamas", "vestir os pijamas", "vestir os pijamas"), as briguinhas entre irmãs, por exemplo, de quem tem a escova de dentes mais bonita e coisas do tipo. Com todos os atos da peça terminados finalmente, fomos para a cama e, por um tempo, ignoramos o sexo rondando nossas cabeças. Ligamos nossos notebooks e vagamos na internet olhando notícias, o tempo, respondendo e-mails. Lemos revistas. Travávamos alguma conversa de tempos em tempos. Olhamos para o relógio. Em cerca de uma hora, o dia se passava.

Annie pôs de lado sua revista de ioga.

– Estou com sono. Sinto-me preguiçosa. Seria tão fácil apagar as luzes e rolar para o lado. De novo. Exatamente como naquela noite.

Simplesmente faça

— A noite em que você disse que orgasmos diários deveriam ser obrigatórios?
— Essa mesmo – ela disse. – Aquilo era conversa pós-sexo. Eu estava embriagada por sexo. Agora estou apenas derrubada.

Vinte minutos mais tarde, deitamos lado a lado, olhando para a luz das velas no teto. Começamos com selinhos suaves e beijos gentis, uma aritmética erótica básica que normalmente levava muito rapidamente a libidos velozes e consumação. Essa noite, no entanto, nossa libido paralisou. Nós quebramos as preliminares-padrão e falamos sobre uma coisa e outra para passar o tempo, nenhum de nós verbalmente reconhecendo a interrupção do encadeamento normal dos acontecimentos. Depois de cinco ou seis minutos eu novamente aproximei meus lábios de Annie. Nós nos acariciamos. Depois do que parecia ser muito tempo, mas que provavelmente foram quatro minutos, esses elementos finalmente reagiram na forma de desejo: faíscas apareceram, depois a fumaça. Logo meu robe estava aberto e nossas mãos estavam tateando no escuro, a lingerie de Annie foi jogada no tapete e nós estávamos, como se costuma dizer, "pré-ocupados". Alguns minutos e dois orgasmos depois, nós estávamos dormindo.

— BOA SORTE hoje à noite – disse a editora do caderno de alimentação enquanto eu deixava o escritório no final do dia seguinte. Seu humor tem classe, ela tem um sorriso malicioso e uma risada dissimulada. Muitos de nossos amigos estavam interessados em Annie e meu projeto; a editora de alimentos era uma das partes mais agradáveis. Outra colega de trabalho, a quem eu contara sobre o projeto na semana anterior, comentou que ela e o marido ficaram tão inspirados pela nossa façanha que eles aumentaram sua regularidade no sexo. Ela também me perguntou sobre "indicadores".

— Como – ela escreveu por e-mail – vocês estão fazendo noite após noite? O que vocês aprenderam?

Não espere pela química

Nós estávamos nessa por quase duas semanas consecutivas. O que eu aprendera? Antes de responder, ficou registrado que alguém estava me escrevendo para pedir conselho sobre sexo. Isso, sem dúvida, foi inédito. Antes de responder, eu saboreei essa sensação.

– Não espere pela "química" para levá-la ao sexo – eu finalmente escrevi. – É ótimo quando todos os elementos se combinam e de repente você está se divertindo. Mas se você confiar na química, fará sexo somente uma vez ou outra, se tiver sorte. Planeje o sexo. Entenda pela manhã que à noite você não vai gastar seu tempo assistindo tevê, surfando na internet ou falando ao telefone. Você irá transar. (Uma observação: durante essa fase de escalada do sexo entre minha colega e seu marido, ela ficou grávida do seu quarto filho.)

Um ponto que eu falhei em divulgar: se você está no final de duas semanas de sexo diário, pode precisar de um café *espresso* à noite. Quando eu me servi de uma pequena xícara de café quente em casa naquela noite, algo que eu nunca fizera antes, Annie levantou suas sobrancelhas. Ela alternou seu olhar entre a xícara de café e minha virilha.

– Oh, não se preocupe – eu falei, fixando meu olhar nos seus seios.

Depois de dar longos banhos nas meninas e colocá-las cada uma em seu quarto, Annie e eu estávamos nos preparando quando ouvimos o fatídico "clique" e Joni entrou em nosso quarto, perguntando se poderia dormir com Ginger. Em teoria, há algo de mágico e meigo em irmãs dormirem juntas na mesma cama à noite. Na prática, contudo, pelo menos na nossa experiência em casa, raramente dá certo. Elas cochicham, riem e brincam, mas não dormem. A "Dança das Irmãs Felizes" inevitavelmente termina em "Conflito da Gargalhada entre Irmãs."

Porém o pedido de Joni era tão manhoso, tão melado, que nós permitimos. Sim, éramos um casal com a intenção de cumprir

Simplesmente faça

uma missão totalmente desvinculada do mundo de bonecas de nossas filhas. Sim, nós tínhamos assuntos sérios de adultos para resolver. Mas continuávamos sendo pais, claro, os cuidadores de nossas próprias criaturinhas, e essas criaturinhas possuíam um enorme poder de persuasão. Nós dois sabíamos que permitir que elas ficassem juntas naquela hora da noite era o mesmo que andar na corda bamba. Nós percebemos que tal decisão tinha potencial para complicar o caminho até a satisfação de certos prazeres da carne. Não importava. As criaturinhas tinham seus arsenais de encantamento, e nós sucumbimos. E, minutos depois, podíamos ouvi-las gargalhando no quarto de Ginger.

Então ouvimos outro "clique", e Ginger entrou em nosso quarto – não tínhamos ainda trancado a porta para as aguardadas festividades pendentes – pedindo "pozinho de fada", pó de talco numa lata decorativa roxa que nós às vezes jogávamos sobre elas. Eu escoltei Ginger de volta ao seu quarto e lá estava Joni, fingindo dormir no quarto de Ginger.

– OK, isso não vai dar certo – falei para Joni. – Você tem que voltar para o seu quarto.

Ela ficou furiosa. Ela endureceu suas costas, dificultando que eu a carregasse. Ela chutou, bateu, resmungou, deu gritinhos. Eu coloquei o carcaju – como a maioria das criaturas mágicas, ela era capaz de "mudar de forma" – na sua própria cama e retornei para nosso quarto, mas eu podia ouvi-la soluçando em seu quarto. Annie e eu balançamos nossas cabeças e trocamos olhares de preocupação.

– Você lidou com elas o dia todo – falei. – Deixe comigo.

Eu fui para o quarto de Joni, sentei na beirada da sua cama e tentei confortá-la. Nada em particular, é claro, deixara-a tão decepcionada. Nós conversamos sobre uma variedade de coisas que nada tinham a ver com as fagulhas que puseram fogo na rotina de ir para a cama, o que era minha estratégia mais usada – "Apenas mude de assunto" – para lidar com garotas pequenas magoadas,

Não espere pela química

uma categoria da humanidade com a qual eu não tivera experiência antes de me tornar pai. Eu não tive irmãs e, como a maioria dos garotos, não gostava muito das meninas até que elas não fossem mais tão pequenas. Finalmente Joni se acalmou e eu pude retornar ao nosso santuário, com velas acesas e incenso.

– Eu não sei como os pais fazem sexo normalmente – falei. – Tanto trabalho, tanto tempo gasto em desempenhar as funções. É exaustivo.

Annie segurava um vídeo educativo sobre sexo que eu recebera como brinde no trabalho, o tipo de material de cunho publicitário que me mandavam com muita freqüência desde que eu começara a escrever sobre sexo.

– Essa noite? – ela disse.

Annie detestara a pornografia explícita, mas ela adorava isso: mulheres sem silicone e homens que não fossem ex-presidiários superdotados sexualmente. Alguns dos caras eram completamente esquisitos. Um deles deve ter servido de inspiração para o personagem do "amante" criado por Will Ferrell no *Saturday Night Live*. Esses caras com barbas densas realmente gritam no vídeo quando têm orgasmo. Nós sentamos na cama e assistimos, exercitando nosso lado cômico. No momento em que os créditos começaram a aparecer na tela, nós estávamos prontos para tirar a roupa. Porém se você está ligando a pornografia com nosso mútuo desejo por sexo, eu imploro que pare. O homem que gritava fez-nos rir, mas falhou em impulsionar nosso desejo sexual. Nós o fizemos por nós mesmos.

NA MANHÃ seguinte nos dirigimos à escola de teatro na região central de Denver, outra espécie dentro do gênero "atividade infantil" que floresceu no ecossistema familiar que criamos. Esse mundo pequenino continha coisas como trabalho e prazeres adultos, claro, mas, crescentemente, como plantas invasivas, as coisas que giravam em torno da edificação e do desenvolvimen-

Simplesmente faça

to das crianças ficavam cada vez maiores no ambiente familiar, enchendo a espécie adulta de distrações, desde simplesmente passear a uma verificação enorme de coisas. Até mesmo as festas infantis, pelo menos algumas delas, sugeriam nos convites que a presença dos pais seria o mais apropriado.

Nós poderíamos ter nos libertado de tudo isso, obviamente, como a maioria de nossos pais fizeram. No contexto da criação dos filhos, no entanto, um ar de culpa parecia prevalecer não apenas no pequeno ecossistema da nossa família, mas em muitas das outras famílias que nós conhecemos. Correntes de competitividade, também, giravam em torno de tudo. Aqui vai um exemplo: "Veja como ela bate palmas em 'Parabéns a você!'. Creio que ela seja um prodígio musical. Eu posso vê-la tocando um solo de violino com a Filarmônica de Nova York! É hora de colocá-la na aula de música! Se não começarmos agora, as crianças de pais mais atentos vão lotar as vagas da Filarmônica e nossa filha vai viver uma vida de insatisfação, e nós seremos os culpados!"

Parece ridículo? É ridículo, mas não há nenhum exagero nisso. Digamos que existam 80 milhões de famílias com crianças pequenas nos Estados Unidos. Se pelo menos um quarto dessas famílias formarem ecossistemas de famílias movidas à culpa e competitividade, então serão 20 milhões de famílias tendo discussões parecidas com a mencionada acima, e elas o fazem, digamos, quatro vezes na semana. O que significa que conversas como essa acontecem 4 bilhões de vezes por ano nos Estados Unidos, apesar de eu achar que o número seja muito maior. De qualquer maneira, você entende o meu ponto. A unidade familiar tornou-se, para muitos, a colméia da realização de feitos.

Para sermos honestos, amamos muito nossas crianças e esse amor também contribui para a evolução da colméia de feitos. Queremos o melhor para elas, ponto final. Então, como muitos dos pais que nos rodeiam, cercamos nosso ecossistema familiar com atividades, nós o floreamos com aulas, e o criamos com

Não espere pela química

acampamentos e competições atléticas – qualquer coisa conectada, em teoria, com a construção da auto-estima, confiança, poder cerebral, dons artísticos ou habilidade em um esporte. O teatro recreativo reunia pequenos grupos de crianças fazendo círculos em volta de seus professores de espírito livre. Ginger estava estudando teatro básico – com três anos! Escola de Arte Dramática de Yale, aí vai ela! Joni, que já participara de muitos teatros recreativos, estava matriculada em "circo acrobático". Os pais não eram convidados para a aula de Joni, então ficávamos com Ginger e mais uma dúzia de outros pais com seus filhos numa pequena sala com uma professora em ótima forma. Nós nos sentamos com as pernas "cruzadas como índios" em um círculo e nos apresentamos para os outros pais, algo que não me recordo de meus pais terem feito. Enquanto eu me sentava, sem querer me gabar, num modelo perfeito de pernas cruzadas, meus olhos imediatamente foram atraídos para uma das mães: maquiagem, cabelos compridos esculpidos no lugar, jeans azuis justos, seios pneumáticos. Os lábios? Brilhantes. "Será que ela está na pornografia?"

Enquanto as crianças andavam, a professora gostosa tentava persuadi-los a usar a imaginação para tornarem-se coisas diferentes – reis, elefantes, o que quisessem. Numa aula posterior, os pais eram encorajados a participar dessa atividade, e eu fiz o papel de uma bruxa. (Aqui entre nós, devo confessar que na verdade curti dar gargalhadas de bruxa, andar numa vassoura e mexer um caldeirão diante de uma plateia de crianças.) Nessa aula, enquanto as crianças engatinhavam fazendo sons de felinos e batiam seus braços como asas, eu furtivamente lançava olhares para os balões esticados que pressionavam a blusa de seda da atriz pornô, pegando um balanço ocasional e finalmente discernindo o contorno de um mamilo. Quando a mulher se levantou, eu obviamente estudei seu lado de trás (lembro-me da minha diversão em fingir examinar a casca de uma árvore enquanto de fato olhava maravilhado para um decote espetacular). Eu admirava

Simplesmente faça

quanto era agarrado o jeans azul, que parecia mais com uma segunda pele do que com uma vestimenta feita de algodão.

"Provavelmente ela não estava na indústria da pornografia", eu pensei. Não existem muitas produções pornográficas em Denver. "Uma acompanhante profissional. Não é para menos que ela não tem um *beeper*". Essa pergunta persistiu pelo resto da aula: "Em que área da indústria sexual ela está empregada?".

Mais tarde, Annie admitiu que seus pensamentos foram levados para o mesmo território. Apesar de que, no caso de Annie, não era a indústria do sexo, mas as genitálias. Enquanto estávamos todos sentados em círculo brincando de bater palmas, ela disse que não conseguia parar de pensar sobre o que os adultos estavam guardando por baixo de seus jeans e suéteres. Duas semanas de sexo e eu estava vendo atrizes pornôs. Para Annie, estranhos eram telas para arte genital. Se de alguma forma nós conseguíssemos chegar à semana 14, estaríamos vendo sexo em nuvens e geladeiras?

NÓS FOMOS direto do gênero "atividade infantil" para outra atividade familiar, compras para casa. Para a Costco. Um armazém de bebidas alcoólicas. Um mercado. Antes de nos submetermos a um suplício de compras, nós imagináramos um dia preenchido não com andanças por corredores sem janelas, e sim andanças por caminhos montanhosos, um tipo de atividade que se enquadrava dentro do gênero "atividade adulta", mas que normalmente envolvia as crianças, para seu grande desprazer. Ainda assim, o ângulo "aperfeiçoamento moral das crianças" não escapava de nossos empreendimentos em caminhadas; nós achávamos que as caminhadas de final de semana eram "nossa religião", como a versão da nossa família para a participação em um serviço espiritual, completo, com as crianças queixosas e os familiares enérgicos que não apenas gostavam de sentar em bancos de igreja e ouvir alguém falar

Não espere pela química

sobre um livro, mas também acreditavam que isso iria beneficiar as crianças nos anos vindouros.

Mas algo inexplicável nos arrancou da estrada a caminho das montanhas quando passamos pela península de lojas em formato de caixas. Alguma força perturbadora, uma magia negra, nos persuadiu a trocar as belezas selvagens por lojas deploráveis, uma decisão que as crianças comemoraram entusiasticamente.

Durante o caminho para casa, após algumas horas pilotando carrinhos imensos pelos corredores, devorando amostras do que quer que estivesse no nosso caminho – seguindo nosso lema "grátis é melhor" –, pegando caixas e sacolas, jarras e garrafas, esperando em filas intermináveis com crianças irritadas, eu comecei a fantasiar sobre os prazeres simples de nosso aconchegante refúgio sexual.

As brincadeiras em casa desenrolaram-se de maneira previsível – suavidade envolvendo leitura de livros, assistir a filmes, jogar jogos e ser inocente, e azedume envolvendo escovar os dentes e ir para a cama. Assim que as coisas das crianças acabaram, eu acionei o aquecedor do quarto, coloquei um short e uma camiseta e comecei a levantar pesos, fazer abdominais e peitorais enquanto Annie se ocupava de algo no andar de baixo.

– Você está ótimo – ela falou quando entrou no recanto.

– Essa é a idéia – grunhi enquanto levantava um peso de mão.

Eu deitei de costas e fiz setenta e cinco abdominais divididos em série de quinze. Ao final, meu abdômen parecia que havia sido injetado com ácido sulfúrico: estava coberto de suor, sem ar, minhas veias estavam pulando para fora do meu bíceps, antebraços e pescoço. Eu levantei e Annie me examinou.

– Eu gosto do corpo duro – ela disse.

– Eu não acho que tenha atingido o status de "corpo duro", mas estou tentando – respondi. Eu tomei uma chuveirada por um minuto para tirar o suor e depois enchemos a banheira com água bem quente, despejamos sal de banho efervescente na água

Simplesmente Faça

e deslizamos para dentro. Tínhamos garrafas de India Pale Ale; tínhamos velas; tínhamos óleos de patchouli, lavanda e ylang-ylang na água. Nós quase derretemos.

– Mais uma semana completa – falou Annie. Ela acariciou gentilmente meus quadris com seus pés. – Estou começando a pensar que a única coisa que impede os casais, ou pelo menos nós, de transarem toda noite é pura exaustão.

– Você se preocupa se o desejo não estiver lá? – perguntei.

– Não me preocupo, apesar de que fico curiosa sobre isso. Já houve noites em que eu não tinha vontade alguma de sexo; tudo o que queria era dormir. Mas, uma vez que começávamos, o desejo aparecia.

– Se você encara o cansaço, ele cai em pedaços – eu falei. – É uma ameaça falsa.

– Exaustão é uma ameaça falsa. Isso é sensacional – falou Annie. – Esse aprendizado por si só vale a experiência.

Antes de afundar na banheira, recuperei uma caixa de produtos de massagem que comprara um ano atrás para o aniversário de Annie, prometendo que "entraria de cabeça" na massagem com ela. A caixa permanecera fechada. O motivo? Novamente, a ameaça do cansaço. Eu planejava fazer massagens em Annie, mas meus ossos e depois minha cabeça pleiteavam exaustão e, em vez de fazer massagens em seu corpo cansado, eu lia e dormia. Incomodava-me agora que minha combinação de esquecimento, apatia e letargia negaram a Annie tantas merecidas massagens nas costas. Eu imaginava: se a massageasse mais rotineiramente, isso teria nos levado a sexo mais freqüente? Annie definitivamente adorava massagens; e, na maioria das vezes que eu as fazia nela, só estar tão à mão com sua nudez já me excitava; algumas vezes, pelo menos, isso tinha levado ao sexo.

Essa noite, depois do banho, ela se deitou de bruços na cama. Eu coloquei um CD que ela comprara durante a sema-

Não espere pela química

na chamado *Tantric Lounge*, que soava como música indiana, só que com sintetizadores e ritmos ocidentais. Depois despejei um pouco do óleo de canela do kit de massagem na palma da minha mão e comecei a acariciá-la. As polpas das minhas mãos procuravam por músculos tensos nas suas costas e pressionavam. Eu usei minhas mãos para pressionar suas panturrilhas e coxas, seus bíceps, ombros, nádegas e a sola dos pés.

– Massagear você me deixa excitado – disse a Annie depois que flutuamos de massagem para sexo e depois para o descanso. – Eu fiquei com muito tesão desde o minuto em que comecei a massagear suas costas. E você?

– Detesto discordar de você, DJ, mas quando estou ganhando uma massagem, não penso em sexo. Fico pensando no quanto eu adoro massagem – ela falou. – Acho que isso é coisa de homem.

– O quê?

– Homens associam muito mais rapidamente o toque com sexo. Por exemplo, quando está me massageando, você está tocando minha pele e, portanto, pensando em transformar a massagem em um "ato" – ela falou.

Eu dei de ombros.

– É tudo verdade – falei. – Você me pegou. Isso a incomoda?

– Nem um pouco – Annie respondeu. – E você sabe, de vez em quando a massagem vai se transformar em sexo. Só não conte com isso.

– A menos que a massagem aconteça de noite durante a maratona.

– Correto.

Capítulo 4

Cada vez mais íntimos

Do lado de fora do "big-bang" responsável por sua criação, as crianças não tem nada a ver com sexo, mas criá-las, sim, contribui para o declínio da vida sexual. Nós amarramos nossas vidas junto a elas pelos primeiros sete anos, construindo lentamente à nossa volta um ecossistema abundante de espécies juvenis felizes no gênero "atividade infantil", além do mundo vibrante de espécies do gênero "responsabilidade com crianças", tais como as sagas da hora de dormir, consultas médicas e o refreamento e manipulação de humores voláteis.

Todo esse gerenciamento familiar, combinado com trabalho e meia-idade, abarrotou nossas vidas como nunca com responsabilidades e compromissos. Quando éramos mais jovens, o tempo era elástico, em branco, todas as manhãs. "Como vamos preencher esse dia, querida?", eu poderia perguntar. "Já sei, vamos jogar gamão um pouco, depois vamos dar uma volta e ver as coisas", Annie poderia responder. O tempo era uma embarcação desocupada, aguardando nossa infusão de alegrias. Mas agora, a maneira como passamos a maior parte das horas era predeterminada assim que abríamos os olhos de manhã, e a maioria dessas horas eram dedicadas não à nossa própria satisfação, mas ao trabalho e criação dos filhos. Amávamos nossos filhos e não trocaríamos nosso mundo por uma vida sem eles. Porém não negamos que sacrificamos muitos dos prazeres adultos no altar da educação dos filhos.

Quando só lhe resta um pingo de tempo toda semana em que você está livre para ser egoísta, tem que ser seletivo. São 21h numa terça-feira e chegou a sua vez. Você tem talvez noventa minutos antes de cair no sono. Você pode jogar gamão, pode assistir a tevê, ler, conversar, transar. Não todos eles, claro. Tal-

Cada vez mais íntimos

vez dois. Provavelmente apenas um. E, dentro de uma escolha de atividades razoáveis, somente uma delas, para a maioria de nós, requer esforço físico, bem como certa, e às vezes traiçoeira, intimidade emocional: sexo.

Annie e eu abandonamos em grande parte esse prazer adulto durante a semana depois que tivemos filhos. Na verdade, sexo durante a semana estava em declínio até mesmo antes disso, uma vez que ambos tínhamos carreiras e estávamos cansados depois do trabalho. Mas agora fizéramos sexo por quatorze dias consecutivos, muitas vezes em dias de semana exaustivos. Como conseguimos?

Até agora, não trocamos muito do tempo com as crianças por nossas seções entre os lençóis. Em vez disso, dedicamos a maior parte do nosso "tempo livre" – os minutos entre o colocar as crianças na cama e nossa ida ao mundo dos sonhos – à ocupação com a carne. O que sacrificamos por sexo foram as noites sem programa: ler livros, ligar a tevê e ficar zapeando pelos canais, assistir a vídeos, surfar na internet. Antes da maratona, essas atividades freqüentemente marcavam a extensão dos nossos entretenimentos noturnos e, francamente, isso me servia muito bem. A exaustão chutava nossos traseiros todos os dias; toda noite desejávamos uma valsa suave para dormir.

A mudança de planos requerida pela "sexatona" exigia esforços. Depois da marcha diária de trabalho, ela era algumas vezes um estímulo para continuar avançando em vez de alegremente sucumbir. Mas os prazeres cintilantes da maratona superaram em muito os da rápida espiral em direção ao crepúsculo. O sexo realmente pode vencer a fadiga se lhe for dado uma chance. A questão com a qual eu me deparava assim que iniciamos a semana 3 era: e a monotonia? Dado o volume de sexo que nós já havíamos realizado enquanto avançávamos nessa aventura, eu imaginava Annie pensando: "Legal. Lá vem o pênis de novo. (Bocejo) Não havia me cansado dos seus seios exuberantes ou de sua doce autoridade, mas eu imaginava: "Será que me cansaria?".

Simplesmente faça

Jamais achei nada de tedioso nos elementos de sua anatomia, mas nunca os havia explorado com tanta regularidade.

Nós estávamos renovando nosso contrato, introduzindo novidades em nossa vida. Gratificações, nós decidimos, eram algo para administrar, e não eliminar. Reacendendo nossas chamas estaríamos fortalecendo nossos laços e, se a busca por sexo diário finalmente nos levasse a diminuir algumas das espécies do gênero "atividade infantil", então que fosse. Não há nada pior para as crianças que pais com uniões desgastadas e estabilidade abalada.

– Sabe o que vamos fazer? – perguntou Annie. – Vamos ficar cada vez mais íntimos.

Naquele dia nós contratamos uma *baby-sitter*, uma instrutora de ioga chamada Vicki, para olhar as crianças enquanto planejávamos sentar em um café para conversar sobre nosso progresso na maratona. Vagamos para fora de Stapleton, um lugar tão entupido de pais e crianças que o único restaurante "chique" tinha um espaço todo dedicado a crianças, cheio de brinquedos, colchões e livros com figuras. Divertia-se tentando apreciar um pedaço de salmão de vinte e quatro dólares pincelado com molho de limão e coco enquanto o pequeno Jimmy e seu irmão Caleb empurram caminhões pelo chão, até decidirem brincar de Homem Aranha. As famílias invadiam o único café da vizinhança – uma Starbucks, claro –, e nós queríamos algo distante desse mundo, um lugar que não fosse uma variação do nosso lar. Como exploradores em terras distantes, Annie e eu fomos até os bairros mais boêmios de Denver até avistarmos algo que parecesse com o lugar certo. Da rua, o St. Mark's Coffeehouse parecia aconchegante e animado. Assim que abrimos a porta da frente, percebemos que encontramos nosso lugar. O café era suntuoso e diferente, a música, totalmente eclética – com certeza não era o resultado de uma ordem corporativa –, e a aglomeração não podia ser mais interessante: um homem velho jogando xadrez com um jovem alternativo;

Cada vez mais íntimos

uma dupla de caras com corte moicano falando uma língua que eu não consegui decifrar, embora suspeitasse ser hebraico; mulheres de tranças e botas coturno.

Armados com notebooks, Annie e eu decidimos sentar em mesas separadas por um tempo e fazer algumas leituras sobre sexo para o projeto. Eu olhava para ela a sós, lendo, e tive uma ereção. Ela estava tão sexy. E graciosa. Esse é o estilo dela para mim, sexy graciosa. Eu mandei um e-mail para ela com minha observação, sentado a seis metros de distância, e eu vi seus olhos se iluminarem quando ela leu a mensagem.

– Estou derretendo – ela escreveu de volta.

– Eu também – respondi. – Mal posso esperar por mais tarde.

– Estou com você.

Annie e eu descobrimos cafés antes que a Starbucks conquistasse a América, no início dos anos 1990, quando morávamos em Minneapolis. Aquela é uma cidade que entende de diversão. Os armazéns de café *espresso* pareciam existir desde sempre e eram abarrotados de pessoas com *dreadlocks* nos cabelos, tatuagens e *piercings* – um estilo que é normal hoje, mas que parecia surreal quinze anos atrás. Nenhum de nós havia experimentado uma tal aculturação em cafés antes e imediatamente nos apegamos a isso, passando horas sentados um em frente ao outro em Muddy Waters, o café em frente à nossa casa, onde jogávamos gamão e tomávamos café. Quando fazem cinco graus negativos do lado de fora e a previsão para os cinco dias seguintes diz que as máximas não vão passar de zero, o que mais você vai fazer? Nós flertávamos com os cafés em Albuquerque, mas éramos amigos de uma porção de excêntricos bem-humorados que gostavam de festa. A vida noturna e as caminhadas no deserto ocupavam nosso tempo lá, e não os cafés.

Depois de cinco anos em Albuquerque nos mudamos para o sul da Flórida, onde era difícil encontrar café *espresso*, que dirá um local devotado a ele. Nessa época nossas vidas giravam em torno da pequena Joni. Em Washington, D.C., a procura por uma casa

Simplesmente faça

consumia a maior parte dos finais de semana. Em Baltimore, nos ancoramos na nossa casa, raramente sentindo a necessidade de trocar o seu charme pelos cafés da vizinhança.

– Como não pensamos nisso antes? – perguntou Annie naquele domingo, enquanto sentávamos entre os boêmios de Denver.

– Gastamos sete dólares com cafés e um *cookie* grande, pagamos a *baby-sitter* e tivemos três horas sozinhos, curtindo. Juntos. Se tivéssemos saído para jantar, teríamos gasto mais do que isso somente em drinques.

O motivo pelo qual isso não ocorrera antes, algo que eu não entendia na época, mas entendo agora: fazia tempo que não devotávamos tanto empenho um para com o outro, e esse envolvimento conjunto estava avançando para outras áreas da nossa vida juntos. Toda noite estávamos consumando nossa vida conjugal. Isso tinha conseqüências, e até então elas haviam sido das mais agradáveis.

NÓS FIZEMOS experiências naquela noite, depois que as garotas foram para a cama. Lençóis de cetim?

Não. Salada.

– Eu preciso continuar ágil – falei para Annie enquanto voltávamos para casa de um café. – Imagino se comer tão leve no jantar vai fazer o sexo muito mais fácil.

– Vale a pena tentar – sugeriu Annie. – As refeições grandes, eu acho, realmente diminuem o ritmo do mecanismo, para nós dois. Deixa-nos mais sonolentos. Você quer jantar salada hoje?

Então preparamos uma comida que eu jamais seria capaz de chamar de refeição. Um prato de folhas verdes com queijo e nozes torradas. Pão com azeite de oliva para molhar. Eu olhava o prato de macarrão com queijo das meninas enquanto mastigava minhas folhas. Eu as invejava, mas saí da mesa sentindo-me saciado, e surpreso.

– Eu me sinto como um maldito duende – falei. – Leve como uma pena. É uma sensação agradável.

Cada vez mais íntimos

– Claro – concordou Annie. – Você não está usando a energia para digerir um filé avantajado, uma batata assada e três cervejas. Seu corpo está feliz. Eu aposto como ele vai lhe agradecer mais tarde também.

Quando começamos a namorar, minha experiência culinária, para não dizer minha ambição culinária, não passava de macarrão instantâneo com queijo. Eu não hesitava em comer *fast food* de qualquer tipo. Tomava Coca-Cola como água. Mordiscava doces como uma vaca vagando num pasto em Vermont no mês de julho. Annie, por outro lado, fazia pão com o pé nas costas. Ela sonhava com cardápios complicados, que depois preparava. Sabia como cortar de maneira apropriada uma manga (algo que eu jamais havia experimentado até Annie me apresentar uma). Fazer uma porção de bolinhos era muito natural. E, quando se trata de sopas, era como Cézanne trabalhando numa tela. Ela era vegetariana desde o nono ano, e acreditava que comida e saúde (e agora, aparentemente, sexo também) estavam intimamente ligados. Estando próximo a Annie, eu rapidamente fiquei interessado em aprender como cortar uma cebola em cubos e amassar uma massa, e alegremente descobri os prazeres da cozinha. Cozinhar tornou-se um dos meus *hobbies* principais; era algo que Annie e eu estimávamos fazer juntos.

Annie estava usando uma anágua aquela noite. O *New York Times* daquela semana proclamara as anáguas a nova sensação sexy. Antes do nosso experimento, ela provavelmente não teria notado o artigo do *Times*, muito menos vestido uma com base no entusiasmo de um artigo.

– O *Times* tem razão – falei. – Anáguas são muito sensuais. Quem diria?

Depois de uma série de vinte minutos de levantamento de peso e uma chuveirada, coloquei meu robe de seda e comecei a remexer na sacola cheia de brindes da convenção, que mantínhamos escondida numa prateleira alta no nosso *closet*.

Simplesmente faça

— Pornografia? — Annie quis saber, sem nenhum entusiasmo.
— Uma dessas toalhinhas umedecidas. Dizem que aumenta a ereção. Eu quero experimentar. Manter as coisas interessantes.
— Interessantes? — falou Annie com a voz tingida de inquietação e preocupação. — Você está entediado?
— Nem um pouco. Apenas interessado em tentar algumas coisas que pegamos na convenção. Pelo menos durante a maratona. Ver se dá resultado.

Soterrada entre DVDs, revistas, frascos de lubrificante, camisinhas e muitas outras coisas, finalmente encontrei o pacote em forma de folha que continha um produto chamado "Mantenha o Pinto Duro". E li a lista de ingredientes.
— Cafeína — eu disse. — E pimenta! — pausei, relendo.
— Não sei, não — continuei. — Pimenta?
— Isso vai passar do seu pênis para minha vagina? — perguntou Annie, parecendo amedrontada.

Nós dois olhamos para o pacote.
— Que diabos! — falou Annie. — O que de pior poderia acontecer?
— Além de uma dor do outro mundo? — eu disse, rasgando o pacote e retirando a toalhinha umedecida branca e, sem cerimônia, esfreguei. Nós sentamos com as pernas cruzadas na cama, ambos admirando meu pênis. Eu não acredito que jamais nos juntáramos em volta do meu pênis antes, como fazem os micólogos numa viagem a campo para descobrir uma variedade rara e premiada de fungo.
— Coça — eu falei. Então, o pênis levemente intumescido começou a inchar e depois a ficar duro.
— É como assistir aos Kikos Marinhos crescerem — lembrou Annie. — Apenas adicione água.

Ela deitou-se de costas.
— Das duas, uma — ela falou. — Ou eu vou me divertir ou ter meus órgãos reprodutores ensaboados com pimenta.

Cada vez mais íntimos

Eu adentrei no castelo experimentalmente, com cautela, como um cavaleiro perdido incerto sobre as afiliações políticas da realeza reverenciada.
– Como está? – perguntei enquanto minha... espada... alcançava o final da... bainha (desculpe).
– Até agora tudo bem – relatou Annie. – Sem evidência de pimenta. Ainda.
Nós permanecemos cautelosos e estáveis por uns bons dez minutos, sem sinal de desconforto.
– Acho que podemos continuar – falou Annie. – Espere.
Ela virou-se perpendicularmente à cama, pendurando a cabeça acima da lateral da colcha. Eu beijei seu pescoço totalmente exposto. Finalmente nós caímos sobre nossas costas e suspiramos.
– Eu adorei a posição – falou Annie.
– Proporcionou uma boa movimentação. E adorei beijar seu pescoço.
Alguma coisa cutucou minha coluna. Procurei atrás e encontrei uma boneca Polly Pockets, uma das bonequinhas nas quais nossas filhas gastam horas vestindo roupas minúsculas.
– Ela parece uma atriz pornô – comentou Annie. – Quase sem roupa, pés minúsculos, peitos grandes e cabelo ainda maior.
– Falando em astros pornôs – falei, jogando a boneca de plástico para fora da cama e olhando para a minha ereção ainda intensa –, será que eles usam esses lencinhos?
– Parece que ainda está fazendo efeito – falou Annie, apontando, e depois entrando debaixo dos lençóis e puxando o edredom até o queixo.
– Está formigando, mas dormente – eu falei. – Parece de algum modo fora do meu controle.
Eu segui Annie para debaixo dos lençóis, olhando a cada minuto para inspecionar a ferocidade da ereção. Depois de mais ou menos dez minutos, começou a abrandar. Um minuto depois havia cessado.

Simplesmente faça

– Uau! – falei, olhando para Annie que, pensei, estaria ao menos um pouco acordada. Mas ela já estava dormindo.

"Mantenha o Pinto Duro", eu considerei um pouco antes de cair no sono, era interessante. Será que o sexo era melhor do que com um pênis sem pimenta e descafeinado? Não tenho certeza de que a relação sexual em si tenha sido melhor, mas a introdução da posição "cabeça para fora da cama" foi uma agradável surpresa. Resumindo, o sexo estava de alguma forma "animado", mas eu não tinha certeza de que "Mantenha o Pinto Duro" tinha algo a ver com isso.

NA MANHÃ seguinte eu caminhei penosamente para o escritório, tossindo e com o nariz escorrendo.
A editora de alimentos me perguntou:
– O que acontece se você fica doente?
Eu dei de ombros e disse:
– Acontece assim mesmo. Nós fazemos sexo, doentes ou não.
Ela falou:
– Você não pode passar por cima, não pode passar por baixo, tem de passar por ele – o verso de uma música infantil.

Seu resumo era inteligente. Não havia desvios para o sexo. Tínhamos de passar por ele. Isso poderia ter me entristecido, mas, em vez disso, eu me senti envaidecido. "Nem mesmo uma doença vai me deter", pensei. O que não quer dizer que eu me tornei arrogante. A essa altura da maratona, ao nos aproximarmos do dia 20, eu acreditava que o objetivo de cem dias era atingível. Eu estava totalmente coberto, mas grandes investimentos trazem preocupações.

O abraço, por exemplo. Não havia nada comprometedor, no início, em relação a um abraço que Annie me deu quando eu entrei pela porta depois do trabalho aquela noite. O aperto, entretanto, se aprofundou sem sinal algum de que iria diminuir, e eu comecei a supor que algo poderia estar acontecendo. Egoisticamente, pensei: "Espero que isso não estrague o sexo".

– Está tudo bem? – sussurrei.

Cada vez mais íntimos

Annie respondeu:
— Um terapeuta sexual recomenda abraçar seu parceiro com amor e sinceridade três vezes por dia. Ele diz que isso, apenas, pode melhorar a vida sexual e, conseqüentemente, o casamento. Bem-vindo ao primeiro dia da rotina de abraços.
— Abraçar é bom — disse, aliviado. — Sou a favor de abraços!

ABRAÇAR ESQUENTOU nossa união, mas foi útil de uma forma prática, pois era inverno no Colorado, portanto estava gelado.
Se você visitar Denver durante o inverno, shhh, não mencione o frio. As pessoas, de cima a baixo no Front Range (o flanco ocidental das montanhas Rochosas), se orgulham do tempo. Os publicitários com freqüência exploram o frio para incrementar os negócios: "Você merece curtir o excelente clima do Colorado em grande estilo! Venha à liquidação de móveis do pátio". As pessoas do Colorado não hesitam em falar o quanto é mais quente em Denver do que a maioria das pessoas pensa, sobre como pode fazer 21ºC em janeiro, e blablablá. Se você os ficar escutando por muito tempo, vai achar que Colorado é Santa Monica.

"É um segredo nosso" é uma das frases favoritas. Significa que "o resto do país associa Colorado com neve e esqui, mas em Denver a temperatura é, na verdade, balsâmica e clemente. Nós não precisamos de um mundo de pessoas se mudando para cá. A temperatura sublime é segredo nosso".

Não, a temperatura sublime é alucinação deles.

Até mesmo Annie algumas vezes exaltava a temperatura. Ocasionalmente, nossas opiniões divergentes provocavam discussões. Mas ambos entendíamos que nosso debate em andamento não era sobre temperaturas e luz do sol. Era sobre lugar. Eu caçava motivos para voltar com a família para o clã do lado leste e à claustrofobia feliz. Annie temia outra mudança, especialmente para uma região onde os preços das casas eram tão

Simplesmente faça

altos e o congestionamento era tão grande (você diz "congestionamento", e eu digo "claustrofobia feliz"). Ela tinha a liberdade do lado oeste próxima ao coração.

De qualquer forma, fazer sexo por cem dias durante o frio de Denver tinha suas vantagens. A chegada precoce do crepúsculo tornava mais fácil colocar as meninas na cama. O frio intenso nos aninhava na cama implorando para aquecermos um ao outro. O que vínhamos fazendo por quase três semanas.

Aquela noite, depois que uma calorosa aula de ioga me levou de cansado e irritado a enlevado e feliz, tomei banho, acendi velas e incenso e passei direto para as preliminares. Se esse não fosse o dia 17, duvido que tivéssemos a idéia de transar em cima de uma bola de exercício. Mas sabíamos que teríamos mais de oitenta sessões pela frente, e estávamos nos sentindo mais ousados sexualmente do que nunca.

– Que tal aqui? – eu disse, empurrando a bola para o centro do chão.

– Estou nessa – respondeu Annie, sentando na bola e abrindo as pernas.

Com o ângulo da minha ereção apontando o caminho, fui na sua direção, trabalhando para me encaixar nela.

– Espere! – pediu Annie assim que a penetrei. – Opa!

A bola rolou para o lado. Ambos sentimos prazer, nossas mãos primeiramente acenando para encontrar o equilíbrio, e depois tocando o chão para abrandar o golpe que ambos sabíamos estar chegando. Nós ficamos assim por alguns momentos, sem cair no chão, antes de conseguir endireitar a bola.

– Isso foi excitante! – falei.

– Será que há uma forma melhor?

– Podíamos tentar empurrá-la contra a lateral da cama – sugeri.

Voilà. A bola balançava seus quadris para cima e para baixo, me deslizando para dentro e para fora de sua quente utopia com força e ritmo. Foi uma loucura. Nós empurramos a bola de volta

Cada vez mais íntimos

para o seu lugar de descanso, um canto no quarto, e nos jogamos no edredom, ainda ofegantes com a explosão intensa.
– Temos que fazer isso novamente – falou Annie.
Deitamos silenciosamente por um tempo.
– O que você acha de anéis penianos? – Annie perguntou.
– Na verdade, eu não acho nada – falei, chocado. – Além do mais, eu não gosto de pensar ou, que Deus me proteja, até mesmo pronunciar essas duas palavras juntas.
– A maratona me levou à internet hoje, onde passei meia hora procurando anéis penianos para você. Eu quase comprei um, mas não sabia se você iria gostar, na verdade.
– Você sabe que na sacola de brindes tem um, não sabe?
– Ah, é mesmo! Que bom que não comprei um. Você vai experimentar?
Eu encolhi os ombros. Eu não gostava de falar sobre esse acessório. Eu não gostava de pensar nele. E, quando Annie disse as palavras – anéis penianos –, eles apareceram na minha mente como se estivessem ardendo em fogo.

– ESTOU ASSISTINDO a uma gata fazendo uma chupeta em um cara nesse momento.
Foi o que o cara do outro lado da linha disse, um empresário da indústria da pornografia que eu estava entrevistando para uma matéria sobre pornografia móvel. Às vezes eu realmente gostava do meu emprego. Eu conhecia umas figuras.
– Quem gosta de ver pornografia numa tela pequena? – perguntei.
– Homens que gostam de pornografia. É a pornografia no seu bolso.
Ele (e outros homens da indústria) argumentava que você não precisa de uma tevê, não precisa estar sentado em frente a um computador. Pode ter a pornografia com você onde quer que vá. Isso vai revolucionar a indústria pornográfica.

Simplesmente faça

— Pense no banheiro dos homens — disse o sujeito que assistia a masturbações orais. — Os caras podem ver pornografia no meio da tarde, no trabalho, no banheiro, e fazer suas coisas.

Quanto mais ele falava, mais eu acreditava nele. Eu reportei essa conversa para Annie naquela noite, incluindo o pedaço sobre o banheiro, e ela rechaçou:

— Então esse cara pensa que os homens vão entrar nos toaletes em banheiros públicos fedorentos, assistir a pornografia na tela do celular e gozar? Incrível, eu não imagino nenhuma mulher fazendo isso. Coisas como essa mostram como homens e mulheres são diferentes.

— Que fique registrado, eu não vou assistir a pornografia dentro do banheiro dos homens em um celular. Apenas para sua informação.

— Devidamente registrado. E abonado, claro.

— É claro. Porém, acho que devíamos dar uma olhada no notebook em alguns filmes adultos conhecidamente para casais. Nós não gostamos da pornografia violenta, mas devíamos dar uma chance para as coisas mais suaves.

— Tudo bem, eu acho. Não estou esperançosa, mas nunca se sabe.

Nós clicamos num *website* para o qual ganháramos um "passe livre" de um dia durante a Exposição de Entretenimento Adulto, um *site* que divulgava sua pornografia para casais. Dentro de minutos, entretanto, ficou claro que "animar" não estava no nosso futuro, pois o sexo encenado era maçante, um espetáculo interminável de carícias gentis que mais pareciam maus atores seguindo ordens de um diretor, fazendo sons que deveriam transmitir uma sensação de êxtase. Era o oposto da pornografia explícita, com sua violência excêntrica. Para Annie e eu, pelo menos, nenhum dos dois funcionava; era como ter que escolher entre um copo de álcool destilado e um trago de água.

Naquela noite, tomei banho e massageei meu corpo com um hidratante que cheirava a "musk", algo que já havia se tornado rotina desde o início da maratona. Eu presumia que Annie iria preferir uma pele macia a uma áspera, e acreditava que ela apreciaria o aroma descrito como "musk", pois os marqueteiros sempre associam esse aroma à masculinidade. (Eu ainda não sei ao certo qual o cheiro de "musk", mas Annie disse que, realmente, gostava dele.) Nós acabamos fazendo um tipo de sexo que raramente se encontra em vídeo. Fizemos de maneira lenta e cautelosa, mas carregada de intensidade e desejo (no lugar do torpor mesclado com demonstrações mais que dramáticas de "êxtase"). O sexo era um complemento apropriado ao dia. Começara a nevar de manhã, e a neve continuava caindo enquanto entrávamos na cama. A neve caindo acalmava e formava um manto. Ela dizia: "Vá para casa e faça sexo".

Depois do sexo apaixonado, Annie me presenteou com os resultados de um estudo que ela conduzira durante a tarde. Ela queria saber quantas vezes por ano, em média, um casal americano fazia amor. Depois de muito fuçar na internet, ela determinou que a resposta era provavelmente trinta e seis.

– A maioria das mulheres não gosta de fazer sexo durante seu período menstrual, então isso elimina uma semana do mês – ela falou. – E, mesmo se elas fizessem sexo durante o período, parece que a maioria das pessoas tem um final de semana do mês em que o sexo simplesmente não acontece, por vários motivos: por exaustão, doença, por estarem muito ocupados, por não estarem a fim. Com isso, são três finais de semana por mês. A maioria dos casais, eu acho, faz sexo no final de semana. E é normalmente numa sexta-feira ou num sábado.

– Três vezes por mês – ela continuou. – Trinta e seis vezes por ano. Quando terminarmos a maratona, nós teremos chegado a três anos de sexo no nosso currículo!

– Quanta pesquisa! – falei. Também remexi a internet procurando por respostas. – Muito bem, você chegou a algumas conclusões. Os estudos não dizem a mesma coisa, surpresa, surpresa.

Simplesmente faça

Um diz que a média dos casais na faixa dos quarenta anos é de uma vez e meia por semana. Isso está bem acima do seu número. Mas, em outro estudo – olhei no meu computador para pegar os dados –, 45% dos casais declaram que fazem sexo poucas vezes durante o mês, o que se encaixa no seu esquema. De uma forma ou de outra, os casais não estão fazendo muito sexo.

– Eu fico com o número de trinta e seis. As pessoas mentem nos estudos. Eu sei que há casais que estão juntos há muito tempo e que ainda fazem sexo constantemente.

– Como nós – eu retruquei. – Mas é sério? Você conhece casais assim? Quem?

Annie hesitou.

– Bem, eu já ouvi falar de casais assim – ela falou. – Acho que nas únicas vezes, nos últimos tempos, que amigas comentaram sobre suas vidas sexuais comigo, elas estavam se referindo à nossa maratona de sexo. E as que falaram disseram fazer sexo como nós. Costumava ser mais. Imagino se eles fazem sexo o suficiente.

– Então é possível que sejamos o único casal entre nossos amigos que está fazendo muito sexo?

– Sim! – falou Annie, e sua voz se acendeu de entusiasmo e satisfação.

A competitividade de Annie era algo que eu adorava nela, apesar de que adorar isso "nela" não era o mesmo que adorar competir "com ela". Eu não gosto de correr com Annie, por exemplo, porque inevitavelmente ela transforma minha preciosa caminhada numa corrida. Eu gosto de deixar a cabeça vagar durante minhas corridas; Annie usa um relógio e tenta bater seus melhores tempos. Quando corríamos juntos – o que é difícil com filhos, mas nós sempre conseguimos quando estamos em férias na praia com nossa família estendida – nós marchávamos lado a lado por um tempo. Eu admirava as ondas se formando e quebrando, as petulantes andorinhas-do-mar, os caranguejos imprevisíveis e o emaranhado de algas marinhas. Annie também, provavelmen-

Cada vez mais íntimos

te, fazia tudo isso. Mas a certa altura ela começava a se distanciar de mim. Aí a competitividade entrava em cena. Enquanto se distanciava cada vez mais, ela lançava pequenos olhares sobre os ombros para ver o quanto eu ficara para trás. Às vezes ela sorria.

NÓS ACORDAMOS com um novo marco: vinte dias seguidos de sexo. A tarde estava fria, mas era sexta-feira, portanto já trazia consigo a predisposição para isso também. A redação, como na maioria das sextas-feiras, tinha um ar mais leve do que o restante da semana, o que levava meus colegas a enviar seu apoio para a maratona. Eu recebia alguns e-mails maliciosos dos AA, também – por exemplo: "Seu final de semana vai ser fodido?".

Esses gozadores, eu pensava, vão para casa encontrar suas esposas e, em algum momento, muitos deles vão realizar o feito, e a antecipação disso pode explicar, em parte, a explosão de leviandade que acontece às sextas-feiras. Sim, não precisar trabalhar por dois dias é demais, além das viagens para esquiar, dos jantares, dormir até mais tarde. Porém há o sexo também.

Eu cheguei do trabalho em um lar feliz: todos, até mesmo a de três anos, entendem a vantagem de uma sexta-feira, o início de mais de cinqüenta horas de tempo com a família sem trabalhar. Para as crianças, isso significa ter mais atenção da mamãe e do papai. Para Annie e eu, significava tempo genuíno com a família, um afundar no gênero "atividade infantil" que, a despeito da minha descrição (precisa) de algo ocasionalmente angustiante e custoso, era imensamente gratificante e, com freqüência, simplesmente divertido (considere, por exemplo, meu papel de bruxa). Quando cheguei em casa, fizemos pizzas. Depois lemos para as crianças e jogamos um jogo com Joni assim que Ginger foi para a cama. Finalmente, Annie e eu estávamos a sós em nosso quarto, e eu levantei pesos e torturei meu abdômen por um tempo. Nós ligamos o aquecedor de ar e tomamos banho, depois remexemos na sacola de brindes e encontramos uma coisa para virilidade que

Simplesmente faça

dissolvia na língua. Tinha gosto de canela. Nós também recuperamos uma amostra de lubrificante e dois vídeos pornográficos.
— Afrodisíacos, lubrificante e pornografia — eu sugeri. — Tudo ao mesmo tempo.

A pornografia falhou miseravelmente, o que não foi de maneira alguma surpreendente, dada a antipatia de Annie por tal forma de entretenimento e meu crescente aborrecimento com ela. No primeiro vídeo, caras num ônibus seduzem supostas mulheres anônimas que entram para pedir dinheiro, e as coisas rapidamente se tornam explícitas. Se você tem filhas, assiste a esse tipo de coisa e pensa: "Oh, meu Deus, mantenha esses sociopatas longe dos meus anjinhos preciosos". O segundo vídeo apresentava muitas loiras, couro e chicotes. Não surtia efeito para nenhum de nós. Depois de alguns minutos nós desligamos.

— Eu sou totalmente indiferente e desconectada da pornografia — falou Annie.

Eu concordei com ela. A maior parte da minha vida eu prestei pouca atenção à pornografia, em parte porque a idéia em si de comprar essas coisas numa loja era embaraçosa o suficiente — e fuçar na seção "adulta" da videolocadora local, onde as mamães da vizinhança ("Oi, Sheila!") com seus filhos dão voltas para encontrar *Procurando Nemo* e *Vida de Inseto*, nem pensar. Somente quando a pornografia começou a se popularizar na internet é que eu realmente fui checar. O sexo diário com Annie não me deixou avesso à pornografia, mas fez esta parecer redundante e tremendamente exagerada. Eu não estava apenas fazendo todo dia com uma pessoa de verdade, mas também queria fazer todo dia com uma pessoa de verdade — Annie. Acrescentar pornografia à nossa chama era como jogar um lencinho Kleenex em uma fogueira ao ar livre: não faria diferença.

Não demorou muito nessa sexta-feira feliz, depois de nos vermos livres da pornografia, para que Annie e eu jogássemos

Cada vez mais íntimos

nossa própria lenha na fogueira. Será que o afrodisíaco de canela que dissolvi na minha língua funcionou? Eu não sabia ao certo. A ereção severa não cedia, a libido me inundava, o sexo era esplêndido. Mas eu não sabia precisar se o afrodisíaco tinha alguma coisa a ver com aquilo.

TODA A HISTÓRIA dos biscoitos das Bandeirantes era como um cassino para Joni. Como sua mãe, Joni era extremamente – de maneira quase patológica – competitiva. Ela começou a se interessar por jogos com cartas aos seis anos; aos sete, já estava implorando para jogar por dinheiro, o que, no seu caso, significava guardar sua mesada. Ela conheceu o jogo War e se afeiçoou a ele imediatamente, dirigindo-se miseravelmente para o mundo do domínio e da ditadura brutal. A compulsão de Joni por vencer ia muito além de jogar Uno e Sorry. Por onde quer que ande, ela joga "encontre o Fusca", que envolve encontrar Fuscas e contar pontos para determinar o vencedor. Se estivéssemos numa região rural, o jogo acrescentava o desafio: um ponto para esquilos e animais da fazenda, mais pontos, numa escala crescente, para raposas, coiotes, alces e assim por diante. Quando a minivan estava estacionada na garagem depois de retornar de algum lugar, ela se apressava em sair do carro e correr para a porta de trás e anunciar: "Sou a primeira a entrar em casa!". Depois do jantar, com freqüência ela corre para o quarto e pula dentro dos pijamas.

– Primeira a colocar os pijamas! – ela grita, enquanto desce as escadas correndo, um anúncio que sempre faz sua irmã mais nova cair no choro.

– Não é justo! – Ginger grita. – Joni ganhou um ponto!

Vender os biscoitos das Bandeirantes funciona assim: quanto mais você vende, maiores são as recompensas e maior é o convencimento diante de seus colegas. Joni desejava a vitória total – tanto o prêmio em dinheiro quanto o poder. O frio

Simplesmente faça

ártico deixou sua competitividade hibernando enquanto rodávamos pela vizinhança procurando uma vaga para estacionar o carro e começar a bater às portas. Mas, assim que começamos a jornada de vender de porta em porta, a competidora reapareceu como uma princesa do Amazonas. O instinto de matar da amazona se amplificou quando apresentei um novo jogo: nós tentaríamos "adivinhar" se alguém atenderia a porta ou não depois de tocarmos a campainha, e ganharíamos pontos para cada adivinhação correta. Joni ficou animada com a contagem, e cada vez mais desesperada para que os donos das casas pedissem muitas, muitas caixas de biscoitos.

Uma mulher abriu a porta e um poodle cinza invocado apareceu ao lado dela.

— Calma, calma — ela falou, dando tapinhas na cabeça do cão. Ele lançou-se para fora da soleira e correu na minha direção.

— Calma, calma — pedi, dando minha mão para o cachorro cheirar.

Nhac. Os caninos do poodle furaram minha pele.

— Droga! — gritei.

A mulher ficou assombrada e tentou levar o cachorro, que não tirava seu olhar satânico de mim, de volta para casa. Ela comprou uma grande quantidade de biscoitos porque se sentiu mal com o acontecido. Minha mão doía, mas eu garanto que Joni estava pensando: "Ponto!"

Nós batemos em muitas portas, vendemos uma porção de biscoitos e depois voltamos para casa. Logo depois, Vicky, a *baby-sitter*, chegou com Romeo, seu cachorro musculoso e gigantesco, que eu nunca vira antes.

Ao final do dia, liguei para minha mãe para perguntar sobre seu final de semana.

— Estou muito orgulhosa de você, querido — ela falou, a certa altura da conversa. — Orgulhosa de você conseguir fazer aquilo dia após dia após dia.

Cada vez mais íntimos

– Obrigado, mãe – respondi, desconfortável como sempre com esse assunto, que nunca passava despercebido em nenhuma conversa que tinha com minha família.

Aquela noite, depois que Annie e eu passamos algumas horas no café juntos (seguido de uma pizza com as crianças, um vídeo, leitura de livros e, finalmente, cama), o sexo, novamente, precisou de algum trabalho. Annie disse que queria "vegetar" em frente a um vídeo, "qualquer vídeo".

– Alguma coisa com duas horas de duração. Algo com que eu possa me desligar e cair no sono. E acordar só amanhã. Desculpe.

Desta vez, eu estava mais inclinado a uma transa, e o comentário doeu.

– Vamos lá – pedi. – É divertido!
– Nem sempre.

Ai.

– Bem – falei, então por que estamos fazendo isso?
– Porque nossa vida sexual já está melhorando. E eu me sinto próxima a você. E essa coisa toda, eu acho, vai dar certo.
– Mas você parece estar ficando entediada.
– Nunca disse que seria fácil todas as noites da semana. Eu imaginava que algumas noites seriam ótimas e outras não. Mas nos dedicarmos ao projeto como um todo nos ensinaria coisas. E está ensinando.
– Então você quer transar hoje.

Ela esperou, depois sorriu.

– Sim. Eu quero. Logo. Não agora.

Eu voltei para o meu livro, um guia de posições do Kama Sutra. Depois de uma hora de leitura, salpicada de conversas ocasionais, cheguei mais perto e acariciei a coxa de Annie. A ereção parcial que eu vinha tendo por cerca de uma hora antes do anúncio da "vegetação" de Annie, em antecipação às festividades da noite – e que havia retrocedido depois da

Simplesmente faça

"vegetação" –, vagarosamente retornara. Nós nos beijamos sentados e eu coloquei Annie na posição horizontal, pressionando meus lábios sobre os dela até que Annie falou:
– Ei, estou entrando no clima!
Então comemorei:
– Urra! – E logo nós havíamos terminado o capítulo da noite, deitados na cama e conversando.
– Nós fizemos muito essa semana – comentei. – Pornografia. Lubrificante. Afrodisíacos. Bola de exercício. Foi um exagero, você não acha?
Annie revelou que estivera tensa o dia todo, preocupada se não ficaríamos entediados com nossas aventuras noturnas.
– Tem sido maravilhoso! – ela falou. – Mas nós não estamos nem a um quarto do caminho, e eu não acho que possamos levar dessa forma todas as noites, com relação aos brinquedos e outras coisas. Eu sei que já conversamos sobre isto, mas agora está me incomodando. Vou entediar você?
– Engraçado. Eu tive a mesma preocupação. Foi uma coisa quando fizemos um par de rapidinhas durante a primeira semana, quando transamos enquanto estávamos exaustos, enquanto o desejo não aparecia. Mas o que acontece quando esse tipo de episódio começa a emperrar? Uma vez, três vezes, seja quantas forem. No entanto, se três se transformarem em uma dúzia, e daí em diante, se isso apenas se multiplicar, nós perderíamos o entusiasmo pelo sexo?
– Estou pensando no longo prazo também. – Ou seja, e se nos forçarmos a ir adiante, mas, ao final, ficarmos tão cansados um do outro que nosso relacionamento estará na verdade num patamar mais baixo do que quando começamos, cem dias antes?
– Isso seria um desastre.
– Bem, DJ, eu não acho que isso vá acontecer. Eu posso lhe garantir agora, pelo menos, que não estou entediada com você ou com o sexo. Na verdade, estou bastante animada com tudo isso.

Cada vez mais íntimos

Uma longa pausa se seguiu. Annie limpou a garganta. Ela gentilmente acariciou meu braço, ergueu os ombros e levantou as mãos levemente com as palmas para cima, um gesto que simultaneamente queria dizer "estou esperando" e "que diabos?".
– O que? – perguntei, sem saber o que fazer.
Annie rolou os olhos.
– Agora você deve me dizer que, você sabe, já que não está cansada de mim, eu não estou cansado de você.
– Claro! – quase gritei. – Eu não estou cansado! Não! Por exemplo, meu pênis vibra quando eu simplesmente capto uma parte do seu decote.
– Muito bem – Annie disse sorrindo.
– De qualquer forma – continuei depois de alguns minutos –, essa coisa toda, esses lubrificantes, pornografia e tudo mais, isso realmente não importa. Nós obviamente não precisamos disso para continuar. Na verdade, não precisamos de muito. Tudo o que precisamos é um do outro, ao que parece. Muito legal, não?
Silêncio.
Ela estava sentada com as costas retas, mas parecia estar dormindo. Apesar de ela estar falando apenas momentos antes, mas isso não me espantou. Annie poderia dormir andando de bicicleta. Eu apaguei a luz.

Capítulo 5

Metralhadora nasal

Onde era o lar? Nós vínhamos debatendo essa questão desde o nosso primeiro encontro. Fazer sexo por vinte e um dias consecutivos não respondeu a essa indagação, mas nos obrigou a prestar mais atenção em pelo menos um cômodo na residência onde jantávamos, guardávamos nossas coisas e dormíamos. Com três semanas de maratona, o quarto bagunçado emergira como uma estrela. Nós havíamos transformado o quarto um pouco antes do pontapé inicial e mantivemos a aparência e o clima dele desde então. Sentada na cama e observando a visão de limpeza, ordem e aconchego, Annie perguntou:
– Por que não fizemos isso antes?
– Estivemos numa espécie de limbo aqui. Tudo bem.
– Não apenas aqui em Denver. No geral, eu quero dizer. Quantos quartos você acha que tivemos esses anos todos?
Boa pergunta. Annie começou a contar.
– OK, nós tivemos quartos separados nos nossos primeiros apartamentos em Minneapolis. Depois dividimos um quarto, ainda em Minneapolis. Então chegamos ao terceiro, em Minnesota. Depois tivemos aquele apartamento sujo no Novo México do qual fomos expulsos por ter o Berinjela [um gato]. Depois disso tivemos o apartamento naquele complexo "The Lakes", atrás de Hooters, Long John Silver, Pizza Hut e Jiffy Lube. Teve a casa geminada que compramos, depois a casa que levou todas as nossas economias.
Ela fez uma pausa.
– Até agora chegamos a sete. Também tem a casa da Flórida que alugamos, com suas lagartixas e as infestações de carrapato, o apartamento em Washington e Baltimore. São dez. E depois o apartamento em Denver. E, agora, esta casa.

Metralhadora nasal

São doze quartos, e nós nunca tivemos com nenhum o cuidado que estamos dedicando a este.

– Tenho que admitir, está realmente cada vez melhor – eu disse. – Estou surpreso de como conseguimos mantê-lo tão... em ordem. Mas, claro, é outro subproduto da maratona. É um recanto sexual, e nós vamos conseguir deixá-lo deste jeito.

Quando as crianças foram para a cama e nós terminamos o jantar, lavamos a louça e terminamos nossas responsabilidades, o recanto shui nos convidou para a luxúria, para o relaxamento, para o toque. Nós ligávamos nosso aquecedor, que mais parecia um radiador, todas as noites, fazendo com que o quarto normalmente frio ficasse aconchegante o suficiente para a nudez, sem precisarmos entrar debaixo dos cobertores. Eu me arrastaria em calafrios por mais um inverno em Denver, mas meus dentes não rangiam quando estávamos no nosso refúgio. Assim como no café, o refúgio sexual tornou-se um santuário. Nós não tínhamos certeza quanto a Denver. Sabíamos que um dia deixaríamos a casa alugada. Mas o quarto? Isso era diferente. Ele era nossa segurança. E essa era uma lição que a maratona já havia nos ensinado, algo que juramos manter por muito tempo ainda, mesmo depois de cessarmos o sexo diário.

A ambientação natural do nosso refúgio, no entanto, era a noite. Pela manhã, uma vez acordados, estávamos de pé e fora dele, no andar de baixo, imersos em aprontar as crianças e depois sair para o trabalho, para as atividades das crianças ou para qualquer outra coisa. Nesse domingo gelado, descobrimos uma nova espécie no gênero "atividade infantil" e fomos à Exposição Nacional de Animais da Fazenda, um evento anual em Denver que traz animais da fazenda do país todo para a cidade por algumas semanas no final de janeiro. Isso me lembrou quanto estava distante do lar da minha meninice. Nós sentamos na arquibancada e assistimos a cavalos enormes puxando carroças com pilhas de sacos de areia pelo chão sujo. Caminhamos para cima e para baixo pelos corre-

Simplesmente faça

dores com estandes vendendo coisas do oeste americano – chapéus de *cowboy*, cintos de couro, coletes com franja, cavalinhos de brinquedo, propaganda do estado anunciando feijões, laticínios, gado e tantas coisas mais do Colorado. Homens empanturrados mascando tabaco atrás dos lábios. O cheiro de estrume invadia o ar.

– Este evento é o oposto da exposição de Las Vegas – comentou Annie enquanto passávamos por mulheres vendendo coletes bordados com a bandeira americana e homens com chapéus de *cowboy*, bonés de caminhoneiro e barriga de cerveja. – Ninguém parece querer esse estilo de vida por um tempo para depois mudar para outra coisa.

– Com certeza – concordei, enquanto um homem com botas de *cowboy*, uma jaqueta jeans com pespontos de lã de carneiro e um chapéu de *cowboy* cinza andava a passos lentos, mascando um pedaço de feno. – Aposto que a maioria dessas pessoas não se muda para outras regiões do país de tempos em tempos para tentar a sorte.

– Ou seja, como nós.

– Exatamente.

– Não, eu acho que essas pessoas são elas mesmas até o final da barra de suas calças Wrangler – completou Annie.

Apesar de muitos deles obviamente não estarem em casa, geograficamente falando, a maioria enchia os corredores com suas cordas, esporas, cavalos, picapes americanas monstruosas e suas ferramentas para tosquear ovelhas. O sexo se intrometeu no nosso passeio pelo mundo do rancho:

– Fico pensando se esse pessoal faz tanto sexo quanto o pessoal da pornografia – sussurrou Annie procurando disfarçar, andando de mãos dadas, enquanto as meninas brincavam num contêiner gigante com feijões secos para pôneis e subiam num trepa-trepa, implorando por batatas fritas, que compramos e espalhamos num jornal, mergulhando-as em poças de ketchup e mostarda que fizemos enquanto assistíamos aos vaqueiros.

Metralhadora nasal

Annie descansava suas mãos na minha coxa enquanto comíamos. As garotas corriam a dois metros de distância para ver uma vitrina grande de cavalos de plástico e bonecas vaqueiras que estavam à venda. Annie apertou minha coxa. E piscou. Ela é ótima para piscar. Eu adoro quando ela o faz. Coloquei meus braços em volta da sua cintura e puxei-a para perto.

– Eia, potranca – falei.

Naquela noite, pela primeira vez desde que nos mudamos para o Colorado, tomamos banho juntos, o que ficou marcado com uma introdução patética. Aqui temos um banheiro brilhante descrito com entusiasmo pelo pessoal da imobiliária como um banheiro de "cinco peças", o que significava um assento, duas pias, uma banheira separada e um chuveiro. O boxe do chuveiro ocupava tanto espaço quanto um *closet* decente no qual se pode andar. Tinha até um banco – nós nunca tivéramos um chuveiro com assento antes –, que obviamente poderia ajudar em qualquer posição de sexo no chuveiro. Não obstante, eu tomava banho sozinho, e Annie também. Até aquela noite. Nós nos ensaboamos, deslizamos nossas mãos por nossos corpos escorregadios e adentramos cuidadosamente na zona do sexo.

– Hummm – falou Annie, beijando-me levemente. – Isso é bom. Nós não transávamos no chuveiro há muito tempo.

– E este é um bom chuveiro. O melhor dos doze. Tem até um banco.

Eu corri minhas mãos pelas suas costas. Levantei as mãos e coloquei-as em concha no seu rosto, apertando sua face levemente entre meus dedos enquanto ela me beijava no pescoço e acariciava minha crescente dureza. Ela estava envolta no vapor da água quente e sorria enquanto curvava seu pescoço e convidava a água a massagear seu rosto, alisando seus longos cabelos que caíam em cascata. Então, abruptamente, eu me desvencilhei, ficando em pé como uma tábua de passar roupa, alarmando Annie. Ela não se movia.

Simplesmente faça

— Que diabos? — ela falou. — O que você está fazendo?
— Desculpe querida, mas é, você sabe, essa coisa com o meu nariz.
— Oh, céus, você vai fazer aquela coisa que faz no chuveiro? Agora?
— É — eu disse. — De repente, tenho que fazer.
A porta do chuveiro se abriu. Ela se foi.
O clima excessivamente árido do Colorado transformara o interior do meu nariz de um viveiro feliz em um Vale do Diabo. Cascavéis e escorpiões fariam qualquer coisa para fazer um ninho nas minhas narinas. Todas as manhãs eu gastava cerca de dez minutos no vapor, aspirando umidade para dentro das minhas vias nasais dessecadas e sensibilizadas, para depois expelir o que havia se acumulado do deserto no dia e noite anteriores. Às vezes o acúmulo de crosta tornava-se repentinamente doloroso e escavá-lo tornava-se urgente.
— Sexy — falou Annie quando eu saí do chuveiro. — Não é à toa que nunca tomamos banho juntos.
— Desculpe — murmurei, apressando-me para entrar na cama e deslizar para dentro das cobertas enquanto o quarto dançava com a luz de velas e a fumaça do incenso. Esse episódio infeliz aponta para um possível problema no nosso relacionamento, uma complicação centrada diretamente na minha pequenina cabeça. Se esse encontro no chuveiro tivesse acontecido anteriormente no nosso relacionamento, não teria nunca me ocorrido — estaria fora de cogitação — assoar meu nariz tendo Annie, nua e tão sensual, ao meu lado. Você deve estar pensando: "Seu idiota! O que você estava pensando?" Fui me tornando confortável demais com nossa relação; eu tinha como certos o amor e a adoração de Annie por mim; eu não parei para considerar as conseqüências da liberação da minha metralhadora nasal.
Se a situação fosse inversa — se Annie tivesse feito essa besteira —, eu teria reagido com repulsa. Foi como ela respondeu.

Metralhadora nasal

Como ela conseguiu dormir comigo depois disso eu não sei. Eu, pelo menos, notei sua reação, sua retirada em pânico do boxe do chuveiro, e aquilo ficou comigo. "Não faça isso novamente", eu disse a mim mesmo. Imbecil.

Depois de nós dois termos nos aquecido em nossos casulos, eu emergi e sintonizei pelo notebook nossa estação de rádio favorita, a WFMU, uma estação considerada quase como um fetiche por seus fãs, uma estação de Nova York com uma grande variedade de DJs e programas ecléticos. Então nos sentamos um em frente ao outro, nos beijando e abraçando, ambos nus.

– Por que você não se deita de bruços? – perguntei, como uma oferta de paz.

Annie olhou para mim cautelosa.

– É um bom começo – ela falou.

Coloquei óleo de semente de uva em minhas mãos e comecei massageando. Explorei suas costas com as palmas das mãos, pressionando com mais peso do que parecia sensato, mas ela reagia com entusiasmo, então continuei. Ela depois se sentou, despejou um punhado de lubrificante nas mãos e fez um sinal para que eu me deitasse.

– Ótimo – falei, sorrindo largamente. – Desconsiderando tudo o que houve no chuveiro.

– Desconsiderando muito.

Annie continuou, e continuou, e continuou, e eu deitei de costas e me deleitei em puro prazer, apesar da música, que mudou de algo... musical... para um som de um taco batendo na lateral de uma mesa.

Bangue!

Clique!

Taque!

Apesar da raquete, eu poderia ter gozado, mas decidi que não contaria como sexo. Até agora tivéramos relação toda noite, e eu não mudaria as regras unilateralmente no início da semana 4.

Simplesmente faça

— Ótima cavalgada — falou Annie. — E surpreendente, depois do desastre do chuveiro.

— Creio que a massagem tenha ajudado, a despeito da sua reivindicação de que massagem e sexo, em geral, não estão intimamente ligados.

— Nesse caso, é possível — concordou Annie.

Nós ficamos acordados mais um pouco, lendo. Como sempre, Annie dormiu com um livro no colo. Eu coloquei o livro no chão, e Annie acordou.

— Hã, eu dormi? — ela perguntou, esfregando os olhos.

— Sim, querida.

Eu apaguei as luzes.

NO DIA SEGUINTE, segunda-feira, dia 22, eu não conseguia nem mesmo ouvir o rádio voltando do trabalho. O ruído interferia com minha meditação sobre meu fracasso em identificar Denver como um lar. Para onde fomos levados? Minha melhor resposta era "Não faço a menor idéia". Essa abordagem em relação à vida pode ser libertadora e romântica especialmente quando se tem vinte e cinco anos de idade. Aos quarenta, com dois filhos, era desorientador e nada animador.

Um pouco mais cedo, no escritório, escrevi para Annie: "É como ter o cérebro embaçado". Eu me arrastei até em casa pelo inverno desolador de Denver e imediatamente tomei ginseng com pó de raiz de maca, esperando que, juntos, os afrodisíacos despertassem e reavivassem meu espírito desorientado.

Eu não estava acostumado a depressões. Como meu pai, uma das pessoas mais animadas que eu já conhecera, tenho a tendência a recuar de coisas que decepcionam e me agarrar a tudo o que dá prazer. Porém nosso período em Denver foi acompanhado de nuvens. O sexo estava melhorando as coisas, mas não levantava (he he) uma parede invencível. Algumas vezes era difícil manifestar um vivo entusiasmo para Annie e as crianças. Eu não cobria o

Metralhadora nasal

mundo delas de névoa, mas elas percebiam a mudança ocasional de humor. Nessa segunda-feira à noite, as crianças pareciam um tanto desajustadas. Joni e Ginger estavam brigando com uma ferocidade fora do comum sobre as regras de um jogo que elas mesmas inventaram. O azedume delas, combinado ao meu próprio, colocou Annie um pouco para baixo também, enquanto ela estava em frente ao fogão fazendo espaguete e molho para a família.

Durante o jantar, as crianças se envolveram em novas discussões sobre coisas absurdamente insignificantes (como quem tinha o guardanapo mais colorido). Eu mal falava, enquanto Annie tentava arduamente transformar a refeição em algo pacífico e prazeroso. Eu reconhecia o esforço que Annie pusera naquele jantar, portanto não hesitei em trabalhar na limpeza da louça. Eu o fazia, de todo modo, sempre que Annie cozinhava (o que acontecia todos os dias da semana e muitos finais de semana também), mas algumas vezes levava um tempo até que eu pegasse a esponja e começasse a esfregar.

– Relaxe – eu disse a ela. Annie jogou-se no sofá e leu um livro para as meninas enquanto eu lavava. Depois li para Joni um pouco de *Harry Potter*, e Annie presenteou Ginger com Dr. Seuss. Nós marchamos para o quarto, sentindo-nos zonzos.

– Estou muito cansado – falei enquanto subia na cama, mais uma vez procurando na gaveta do criado-mudo pela reserva de Viagra. – Senhor, eu vou desmoronar.

E foi exatamente o que fiz no instante em que entrei debaixo dos lençóis. Deixei minha cabeça cair no travesseiro e fiquei olhando para o teto. Foi a melhor sensação que experimentei o dia todo. Annie rapidamente me seguiu, deitando-se ao meu lado, fitando o teto. Nós nos deixamos levar por conversas sem importância e fofocas sobre nossos AA por uma boa meia hora. E então Annie falou:

– Eu sei que você está desanimado, querido. Eu posso levantar seu astral. Eu acho.

Simplesmente faça

Ela me beijou nos lábios e depois foi descendo pelo meu peito nu, beijando-me por todo o caminho. Fogos de artifício não explodiram no momento que ela começou a beijar, porém formigamentos novos começaram a zunir em diferentes partes do meu corpo. Ela voltou para cima e nos beijamos na boca novamente por mais tempo.

– Obrigado – sussurrei. – Foi um dia miserável. Deitar na cama foi a melhor parte, e agora está ficando melhor ainda.

Nós nos beijamos e, finalmente, a ereção começou com determinação, tornando-se, de alguma forma, algo muito urgente. E logo após estávamos unidos brincando alegremente. A certa altura, Annie ficou de lado enquanto eu continuei em cima, com as pernas abertas sobre a parte superior de suas coxas.

– Sexo lateral – falei. – Uma posição nova.

– Sim. É legal. Você parece... menor.

– Menor? – repeti. Dado o contexto, esse não era um bom adjetivo.

– No bom sentido – ela falou, percebendo meu espanto. – No bom sentido, querido. Continue fazendo como está fazendo.

A DROGA do sexo continuou tendo efeito à noite e pelo dia seguinte todo, despachando qualquer resquício do fastio que me assombrara na tarde anterior. Com meu humor efervescendo, tomei um banho depois que as crianças dormiram, me massageando com uma barra de sabonete hidratante, comprada por Annie, que poderia ser chamada mais precisamente de "sabonete cintilante". Ao terminar o banho eu brilhava como um alienígena, refletindo luz como um duende da floresta voando entre macieiras encantadas. Eu entrei no quarto e sacudi o corpo em frente à Annie.

– Estou cintilante.

– Que transformação – falou Annie, rindo. – O Homem Brilho.

Metralhadora nasal

Enquanto conversávamos, deitamos em lados opostos da cama. Pressionamos nossos pés sola contra sola, balançando nossas pernas para a frente e para trás em harmonia.
– Massagem nos pés? – perguntei.
Enquanto eu pressionava seus pés, e ela gemia, me ocorreu o seguinte: Billy massageava seus pés também.
– Então – perguntei a ela – massagens nos pés estão relacionadas a sexo para você?
– Oh, com certeza – ela murmurou, seus olhos se fecharam, sua boca se curvou num sorriso.
– Interessante – disse, alarmado. – Você sabe, Billy massageia seus pés o tempo todo. E eu vou ter que falar sem rodeios: ele é um dos homens de melhor aparência que eu já conheci, embora isso não deva ser entendido da maneira errada.
– Não se preocupe.
– Então você fica excitada quando Billy massageia seus pés?
– Você quer dizer além da massagem por si só? Porque eu adoro massagem.
– O fato de ser Billy fazendo a massagem. Como isso influencia as coisas?
– Bem, como nós havíamos discutido antes, massagens não levam a fantasias sexuais. Massagens levam a um prazer não sexual. Mas eu não sou cega. Billy não é exatamente Ernest Borgine. E se Ernest Borgine estivesse fazendo massagem nos meus pés, isso poderia me deprimir um pouco.
– Então você gosta que seja Billy?
– Sim, mas, como eu disse, não fico deitada pensando em fazer sexo com ele enquanto massageia meus pés.
– Mas outras vezes...
– Não. Nem outras vezes. Eu não sonho em fazer sexo com o cara enquanto ele massageia meus pés, e eu não penso em fazer sexo com ele quando ele está dando aula, e eu não fantasio nada com ele enquanto lavo a louça.

Simplesmente faça

– Ótimo.
– Mas eu certamente noto que ele é bonito.
Essa conversa não teria acontecido semanas antes. E, se acontecesse, eu acho que o ciúme teria me atingido. Porém, hoje à noite, pelo menos, as ondulações da ansiedade tornaram-se apáticas e eu deixei tudo para lá.

NESTE DIA de aniversário de sexo – número 25 – eu fui trabalhar e Annie traçava planos de visita de amigos para as crianças. Ela queria fazer duas aulas consecutivas de ioga para registrar tal marca. Enquanto ela se alongava, eu voltei do trabalho, peguei as crianças na escola e as trouxe para casa, onde as coisas foram se desenrolando num cenário rápido e, de certa forma, tranquilo. Jantar, sem problemas. Histórias, elas gostaram. Joni ficou surpresa ao saber que sua mãe faria três horas inteiras de ioga. Três horas, eu arrisco dizer, parecem como pelo menos uma semana para a maioria das crianças pequenas.

Eu coloquei as meninas na cama, apaguei as luzes e migrei para o quarto, onde comecei a duelar contra um dilema que me confrontava desde que deixei a redação. Meu chefe mandara um e-mail dizendo que teríamos nossa primeira reunião anual da equipe no dia seguinte. Eu planejava ficar em casa, não apenas para comemorar a marca de um quarto da maratona, mas também para descansar. O sexo noite após noite certamente me rejuvenescia e energizava, mas também roubava sono, porque Annie e eu acabávamos ficando acordados até mais tarde que o normal. A contemplação dessa situação repentina – a escolha entre a reunião da equipe ou o dia planejado para a comemoração e recuperação – me drenava, entregando-me a um lugar familiar: aquela angústia em relação ao "lar".

Annie voltou da aula de ioga com a pele vermelha do calor, mas, logo que chegou ao quarto, a esperança por intimidade clareou.

– Que bom que teve uma boa aula de ioga – falei. – Eu tenho

Metralhadora nasal

que ir trabalhar amanhã. Tem uma reunião à qual devo comparecer. Mas me sinto acabado, estou exausto e para baixo.
– Triste novamente, hein? – ela falou enquanto tirava suas roupas de ioga. – Você não está conseguindo se livrar disso, não é? Este não é você. Eu não estou acostumada. Você está para baixo por causa da reunião ou é alguma outra coisa?
– O de sempre. Eu gostaria de poder voltar para Baltimore hoje.
Annie sentou-se na beira da cama enquanto eu falava. Seus olhos me diziam que isso a preocupava.
– É tão estranho para mim – ela disse. – Eu lhe garanto, não sou louca pela nossa vizinhança, mas, para mim, pelo menos, faz muito bem estar no oeste.
Eu balancei a cabeça mal me certificando de seu comentário. Ela foi para o chuveiro nas pontas dos pés. Eu cozinhava em autopiedade. "Eu desisto. Ela venceu. Ela pode ter seu adorado oeste. Acho que vou ter que viver minha única vida em algum lugar no meio do nada". Esse mergulho no ego persistiu depois que ela retornou ao quarto, quando eu primeiro a ignorei e depois declarei com grande sarcasmo que eu ficaria "muito satisfeito" em "passar o resto da minha vida" em um "lugar que tem muitos dos atributos da Mongólia, incluindo a falta de árvores e um clima implacável e ressecado".
– Isso é loucura – respondeu Annie. – Eu já cuidei de crianças o suficiente por hoje. Quando você retornar para a terra dos adultos, me avise.
Vou poupá-lo do restante do meu embaraçoso mau-humor, a recomposição dos fatos de meia hora gasta na cama chafurdando em angústia, os dejetos de reflexões que tomaram conta da minha cabeça enquanto eu tomava banho. Vamos apenas dizer que isso durou algum tempo, até que Annie entrou no quarto novamente, deitou na cama e começou a falar comigo, que é o que adultos aptos fazem um com o outro. Além disso, Santa Annie falou "Sinto muito" para mim, o que era não ape-

Simplesmente faça

nas desnecessário, mas, na verdade, impróprio. Desculpas são "devidas". Desculpas que não servem para satisfazer algum tipo de débito não são desculpas de forma alguma, mas um sinal desorientado. Se alguém lhe perguntasse as horas e você respondesse "Pingüins moram no hemisfério sul", essa observação, por exemplo, seria outro sinal verbal desorientado.

Portanto ela disse que sentia muito, e eu voltei aos meus sentidos e disse a ela que não era necessário se desculpar, que eu devia desculpas, o que então ofereci.

– Eu gostaria que a América não fosse tão grande – falou Annie, uma frase que ela adotara há uma década e usava de mês em mês. – Por que o oeste não pode ser somente a uma hora do leste?

– Eu adoraria isso. Então o oeste seria como a província de Lancaster, em Pensilvânia, o que me colocaria mais próximo da minha família, e eu não teria nenhuma restrição em viver no oeste.

Essa conversa se espalhou por mais algum tempo – até as 23h30, para ser preciso, o que nos dava apenas trinta minutos para fazer sexo antes do dia seguinte oficialmente chegar. Com a discussão ficando para trás e o tempo à nossa frente diminuindo rapidamente, enfim fomos em frente.

PELA MANHÃ, depois de decidir faltar à reunião de equipe, Annie e eu levamos as meninas para suas diferentes escolas. Depois eu visitei o estúdio de ioga com Annie, que teve a idéia de que, nesse dia, poderíamos praticar ioga juntos, ao mesmo tempo. Se a decisão fosse inteiramente minha, eu provavelmente teria escolhido fazer algo diferente de ioga. Por exemplo, encontrar um bom peixe com batatas chips em algum lugar, lavar a fritura com uma cerveja Guinness ou três e, então, ir para casa e fazer sexo ligeiramente embriagado.

No entanto, percebi que as desculpas da noite anterior não foram suficientes para pagar o débito que devia a Annie. De

Metralhadora nasal

fato, suas desculpas desnecessárias e precipitadas fizeram-me sentir como se eu devesse ainda mais – talvez não o dobro, mas certamente muito mais do que o simples "sinto muito" que eu joguei para dentro do ringue. Isso pode ter sido inteligente por parte de Annie. Não obstante, concordei com a ioga sem oferecer alternativas. Eu consenti imediatamente, então lá estávamos nós, suando em uma sala com um monte de pessoas da vizinhança. Noventa minutos depois, entendi a sabedoria da escolha de Annie: sentia-me vigoroso. Sentia-me ágil. Sentia-me muito excitado.

Felizmente, a ioga havia excitado Annie também. Ao entrar na casa vazia, nós quase corremos pelas escadas. Cada um de nós tomou banho (tomar banho juntos teria feito muito sentido, mas eu havia maculado aquela experiência erótica) e, então, nós nos abraçamos entre os lençóis, no refúgio sexual brilhando com a luz do sol. Logo estávamos deitados lado a lado, ofegantes.

– Ótima maneira de começar o dia – falei. – Ioga e sexo.

– Parece que passei o dia em um spa – completou Annie.

Havíamos planejado fazer algo como dar uma volta. Em vez disso, nós nos aninhamos na cama e acordamos algumas horas depois. Não tirávamos uma soneca juntos há muito tempo, possivelmente desde que deixamos Baltimore, dois anos antes. Nós nos deliciamos – uma terça-feira à tarde, sozinhos em casa, sexo e uma soneca, passando o tempo sem fazer nada, uma variação do tema "dar uma volta para ver as coisas".

PODERÍAMOS TER ficado a maior parte do tempo em nossa casa durante a maratona, não fazendo sexo em outro lugar além do nosso quarto e do hotel em Vegas? Pode ser. Mas, graças ao *insight* de Annie antes do início da maratona, nós planejáramos saídas ocasionais nos finais de semana para, como Annie diria, "manter as coisas interessantes". Novos lugares, até mesmo meros quartos de hotel, sempre melhoravam nossa vida sexual.

Simplesmente faça

De fato, os cursos de nossa vida haviam sido determinados, em parte, pelo sexo que tivemos numas férias. Nós estávamos passando por um inverno em Minneapolis no início dos anos 1990 enquanto eu fazia a graduação e Annie trabalhava para a Universidade de Minnesota. Na "Terra dos 10.000 Lagos" o inverno engloba o mês de abril e pode até mesmo ameaçar maio.

Nós precisávamos de sol e calor, então Annie planejou uma viagem em abril para o Novo México, o que parecia razoavelmente quente, bem como, para os padrões americanos, exótico. O avião aterrissou tarde da noite e nós acordamos com um brilhante sol do deserto e montanhas cobertas de neve.

Passamos os dias seguintes esquiando, tomando margaritas e lagartixando ao sol. Em cada um dos quartos de motel de estilo mexicano tivemos excelente sexo, sessões entre os lençóis que foram enérgicas, animadas e longas. Sexo assim não era desconhecido por nós em Minnesota, mas não acontecia dia após dia como aconteceu no Novo México. O que despertava cinco dias de sexo especialmente efervescente, de amor memorável? A elevação? O sol? O esqui e a tequila? Nós não sabíamos. Porém, meses depois, quando decidimos fugir de Minnesota, Annie disse:

– Poderíamos apontar nosso carro para o sul, pisar o acelerador e não pararmos até chegar ao Novo México, sabia?

– Fechado.

Não é exagero dizer que o sexo nos levou ao Novo México, onde começamos nossas carreiras, fizemos grandes amigos, estivemos em contato com a natureza como jamais antes e concebemos uma filha.

O sexo não tinha precisamente nada a ver com nossa mudança para Denver. Entretanto, o final de semana que estava por vir tinha ligação direta com nossas diversões carnais. Pouco tempo depois que a ioga encantara Annie (encantar seria uma palavra muito forte para descrever o efeito da ioga em mim, mas eu fe-

Metralhadora nasal

charia com "surpresa agradável"), ela encontrara o ashram, com os swamis e a meditação e, mais importante, a cabana na montanha. Nós dois vibrávamos com espaços pequenos com paredes rústicas, pouca insolação e chãos frios. Gostamos de nos sentir como se estivéssemos num ambiente diferente, quando, na verdade, estamos vivendo como a maioria das pessoas nos Estados Unidos vivia há apenas cem anos. Assim como nosso alarde do lema de que "grátis é melhor", nós valorizávamos as cabanas e, na verdade, raramente encontramos um "quarto para alugar" do qual não gostamos. A mera contemplação de um quarto nas montanhas, sem contar o sexo que faríamos num quarto provavelmente aconchegante (e, sim, a ioga), excitava meu cérebro.

Ginger não ia à pré-escola nas sextas-feiras, então, enquanto eu trabalhava nas matérias do escritório, Annie passava o dia jogando jogos infantis, administrando tarefas, preparando refeições, lanches e coisas do tipo. Também desenhava planos relacionados ao nosso final de semana nas montanhas, uma estratégia simples e maliciosa. Ela levou Ginger ao mercado e comprou uns biscoitos waffle chamados Eggo. Eu admito que parece irrelevante. No entanto, você deve compreender que porcarias, como os tais waffles Eggo, não fazem parte da nossa rotina em casa. Waffles? É claro. Nós os fazemos inteiramente naturais, com grãos integrais, semente de linhaça, leite e manteiga orgânicos e sem hormônios e ovos produzidos na granja, e os mergulhamos num xarope de maple original vindo da Nova Inglaterra ou Canadá. Mas, para nossas crianças, esses doces feitos com muito trabalho e amor não se comparam aos waffles Eggo, que são produzidos em massa pelo que imagino serem máquinas reluzentes em Battle Creek, Michigan, e têm estado presentes no freezer de minha mãe em West Chester, em Pensilvânia, desde 1971.

Joni, em particular, adora os Eggos, apesar de Ginger não falhar em suas demonstrações de devoção ao produto. Um ponto

Simplesmente faça

a ser salientado é que waffles Eggo nunca habitaram o freezer de Annie e Doug Brown. Agora, repentinamente, eles estavam ali. Sua presença, Annie esperava, agradaria tanto as crianças que elas se esqueceriam da nossa ausência durante o final de semana que estava por vir. Nós sairíamos no sábado de manhã e voltaríamos no domingo à noite, e as garotas ficariam em casa com a babá que conseguimos graças a uma amiga de Annie. Estávamos preocupados, não pela competência da babá, mas pela reação possivelmente negativa das meninas por ficarem sozinhas 24 horas não com os avós ou uma tia, mas com uma estranha.

Depois da busca pelos Eggos de ouro, Annie foi com Ginger até a biblioteca enquanto eu estava no trabalho. Poucas coisas deixavam Ginger tão contente quanto algumas horas na biblioteca, sentando-se no colo de um dos pais ouvindo histórias. Algumas vezes, também, ela encontrava uma prateleira cheia de livros infantis e nos mandava embora – na verdade, gritava: "Vá! Eu quero ler!". É claro que Ginger não fazia idéia de como se lê. Ela olhava as figuras, entretanto. Annie aproveitou-se da excomunhão de Ginger para procurar, e encontrar, um livro de citações. Pouco tempo depois, enquanto entrava num restaurante vietnamita no centro de Denver, meu telefone sinalizou uma mensagem.

Roce meus lábios; se as colinas um dia se secarem,
Mude seu curso, para onde as fontes de prazer vão estar.

A mensagem de texto, versos de um poema de Shakespeare, foi a minha primeira. Preencheu o meu almoço.

– Eu me sinto inteligente, tecnologicamente falando – disse Annie naquela noite, na cama, depois de colocar as crianças para dormir (e alertá-las de que haveria uma surpresa de manhã além da apresentação da babá do final de semana). – E literalmente falando. Você sabe o que estava pensando? É possível que seja a

Metralhadora nasal

primeira vez que uma citação tenha sido usada numa mensagem de texto. E estou certa de que foi a primeira vez que alguém a usou numa mensagem de texto inaugural.

– Você está sendo competitiva novamente, não está? – eu disse, grunhindo entre séries de agachamentos e flexões.
– Essa sou eu. Ela sorriu e ficou vermelha.
– Adoro isso. Quero dizer, Deus do Céu, você fica animada com mensagens de texto!
– É verdade. Eu fico animada com essas coisas. Não consigo evitar.
– Eu sei. Você não consegue evitar. O que explica por que isso é a sua cara.

– QUAL É a grande surpresa? – perguntaram Joni e Ginger logo que acordaram. Annie abriu o freezer, tirou a caixa amarela e as duas engasgaram.
– Oh meu Deus, EGGOS! – gritou Joni.
– Mama, posso comer um Eggo... não, dois Eggos...agora? – gritava de alegria Ginger.

Nós não compramos o xarope que contém alta concentração de frutose, aromatizante e outras coisas – o favorito das garotas – porque, como todos os pais, temos nossos limites. Mas isso não importava. As garotas se acabaram em seus waffles Eggos, absortas, ao que parecia, às pendências de mamãe e papai. O afastamento delas desse evento, que assumimos que iria no mínimo desorientar seu mundo pequeno, parecia ainda mais manifesto alguns segundos depois que a babá chegou. A mulher sorridente imediatamente se acomodou no chão, no nível das garotas – e começou a envolvê-las com jogos e histórias. Nós entregamos às meninas os presentes que Annie escolhera no início da semana – algumas bonecas Polly Pockets, alguns livros –, as enchemos de beijos e abraços, depois acenamos freneticamente enquanto saíamos pela porta.

Simplesmente faça

– Até logo, garotas!
– Nós a amamos!
– Voltaremos num piscar de olhos!
– Vocês vão se divertir muito!

Elas se afastaram da babá brevemente para acompanhar nossa saída – alguns acenos fracos, alguns "tchaus" distantes – e depois estávamos na minivan, acelerando para o oeste e para o norte em direção às montanhas Rochosas.

– Os Eggos foram brilhantes – disse a Annie.
– Parece que funcionou, de verdade – falou Annie. – Algo funcionou. Elas não deram a menor bola para a nossa saída no final de semana.

Eu balancei a cabeça solenemente.

– Isso tem potencial para um toque de decepção – sugeri. – Mas o contrário – nossa saída ter provocado nas garotas ataques de choro – é muito pior. Eu acredito que, dadas as circunstâncias, nós saímos ganhando.

Depois de alguns momentos o episódio todo – a total indiferença – ficou eclipsado pela conversa que persistiu até chegarmos a Boulder, onde entramos em um supermercado para comprar água com gás para a cabana do ashram. Com exceção dos pais que têm babás em período integral, ou para aqueles que moram perto de uma rede familiar, o tempo durante o dia para conversas entre casais é excessivamente curto. Considerando que Annie e eu gostávamos bastante um do outro, nós não bobeávamos quando tais oportunidades apareciam. Então eu dirigia enquanto Annie tricotava um cachecol cinza e fofocávamos sobre nossos amigos AA, planejávamos a viagem do verão, esquiar no Colorado e coisas do tipo.

EM BREVE, A NATUREZA alpina nos envolvia – galhos de pinheiro pendendo com a neve, seixos enormes, paisagens da divisão continental. Logo depois estacionamos na entrada do

Metralhadora nasal

ashram de ioga, um conjunto de prédios rústicos espalhados pela floresta com pessoas que certamente faziam parte da comunidade permanente do ashram – homens com cabelos longos puxados para o alto da cabeça num coque – quebrando gelo em trilhas entre as cabanas com longos bastões de metal. Paramos nos escritório e uma jovem e feliz *hippie* que ouvia música com a cítara entregou nossas chaves, mostrou como encontrar a cabana e nos incentivou a ir ao templo à noite, acrescentando que calças jeans e roupas de ioga não eram permitidas. Em uma parede atrás dela, um sinal avisava: "Não são permitidos fumar e bebidas alcoólicas no Shoshoni".

– Oh-oh – disse Annie enquanto entrávamos na cabana. – Tudo o que eu trouxe foram calças jeans e roupas de ioga. E eu quero ir ao templo hoje à noite.

Nós desembrulhamos nossa garrafa de Shiraz-Cabernet da Califórnia logo após entrarmos na cabana gelada e diminuta. Nas paredes havia pôsteres de deuses hindus, incluindo um do deus elefante Ganesh atrás da cama. Uma tora de madeira estendia-se pelo comprimento do telhado. Eu liguei o aquecedor imediatamente e fomos ao escritório perguntar à *hippie* sobre a política do jeans.

– Nós queremos ir ao templo hoje à noite, mas eu não tenho a roupa apropriada – Annie falou. – Significa que não podemos ir?

– Isso acontece o tempo todo – falou a mulher do outro lado da mesa. Ela apontou para uma caixa cheia de saias-padrão de um tecido leve, do tipo que as mulheres usam nos shows do Graceful Dead. – Você pode usar uma dessas.

Annie pegou uma saia azul que parecia uma tapeçaria, e voltamos para a cabana agora mais confortável, porém ainda fria. Tiramos as roupas e nos enrolamos nos lençóis enquanto os homens do lado de fora cortavam gelo. Rangendo os dentes, nós puxamos os cobertores até o pescoço e entrelaçamos nossos braços quentes.

Simplesmente faça

– Estou muito feliz por estarmos num ashram – falei.
– Você até gosta de dizer "ashram".
– É verdade – falei. – O que você quer fazer?
– O mesmo que você – ela falou, chegando mais perto e me dando um abraço apertado.
Ela trouxe seus lábios até os meus e tudo começou a se aquecer.

MENOS DE uma hora depois nos agasalhamos e andamos pela neve e gelo até um anexo para a aula de ioga. Cerca de vinte pessoas enchiam a sala modesta, incluindo um cara branco com cabelos enfeitados com enormes *dreadlocks* como pítons de pelúcia pendendo de sua cabeça e outro homem colossal com a cabeça raspada e um bigode finíssimo que parecia um vilão de história em quadrinhos. Annie me contou que ele a olhava de soslaio enquanto ela estava fazendo a aula de ioga. Típico vilão.

Era muito gostoso alongar, mas nós já estávamos habituados ao calor opressivo do nosso estúdio de ioga. O calor de sauna lá livrava os ossos do frio do inverno e relaxava nossos músculos e ligamentos. A sala do ashram era fria, mas eu trouxera comigo meu moletom pré-histórico com cinco bolsos, para o caso de a sala de ioga ser muito gelada para usar shorts. ("Ei, companheiro! Bom vê-lo novamente!") A aula de ioga mais parecia uma meditação com a permanência por mais tempo em algumas posturas do que uma procissão de inclinações, entrelaçamentos e torções. Em resumo, eu não comparava com aquilo que estávamos fazendo em Stapleton, apesar de que, suspeito, os aficionados por ioga, os defensores verdadeiros da autenticidade da ioga, iriam argumentar que a ioga do ashram era muito superior.

Após a aula, voltamos correndo para a cabana na escuridão e trocamos as roupas por outras que não fossem de ioga e jeans, e andamos através do vento uivante a temperaturas de um dígito

Metralhadora nasal

para o templo. O programa dizia simplesmente "Meditação". Esperávamos uma sala modesta com pessoas sentadas silenciosamente em colchonetes.

Abrimos a porta. Velas cintilavam por todo o lugar, e fumaça de incenso flutuava pelo espaço grande construído com toras enormes. Estátuas gigantescas adornadas com grinaldas e rodeadas por santuários cheios de máquinas fotográficas Polaroid, conchas e, estranhamente, barras de chocolate Butterfinger (entre outras coisas) predominavam na parte da frente do salão. Muitas fotografias de iogues indianos foram colocadas indistintamente. As pessoas realmente sentavam-se em colchonetes, mas, em vez de silêncio, um grupo de trabalhadores do ashram entoava canções vestidos com mantos brancos e laranja, tocando instrumentos nada comuns, como o harmônio e o ukelele. Era muito alto.

Annie e eu encontramos colchonetes e olhávamos a cena maravilhados, até que um rapaz alto, magro, de barba, vestido com um manto foi para a frente da sala, ajoelhou-se, curvou-se e depois sentou com as pernas cruzadas, fechando os olhos. A música parou. Ele abriu os olhos e sorriu, depois falou um pouco sobre o "ego". Ele disse que nós teríamos que colocar de lado nossos egos naquela noite e dançar. Dançar? Eu gosto de dançar, mas somente se for num lugar escuro e em completo anonimato. Para Annie, é ainda pior: ela não sabe dançar – sua mente e seu corpo não se fundem com a música com o propósito de colaborar (isto é: "Você, música, fornece o ritmo e eu – Annie – comandarei meus membros para seguir seu passo, e nós nos divertiremos juntos. Capiche?"). Nós dançamos uma vez no nosso casamento, e somente porque as pessoas nos intimaram para o meio da pista de dança. Nós nos abraçamos e nos movemos – chamar aquilo de "dança" seria demais – com uma música arranjada por Tommy Dorsey e cantada por Frank Sinatra em 1940, "The Sky Fell Down". Foi nossa única concessão à pressão familiar, mas, apesar de nossas apreensões, foi um dos destaques do casamento.

Simplesmente faça

No entanto, eu estava preparado para aquela situação. Dançar não passava pela minha cabeça numa noite de meditação. Eu comecei a implorar por um pouco de silêncio.

Então uma moça com um ninho de cachos nos cabelos, com o rosto corado e um sorriso de felicidade, apareceu, segurando na mão esquerda uma bandeja com velas e, na mão direita, um sininho. Ela se aproximou da bancada com estátuas e altares e começou a se mover lentamente, oferecendo a bandeja para os deuses e tocando o sino. Colocou a bandeja de lado, pegou uma escova de crina de cavalo, dançando enquanto acenava com a escova diante dos deuses. Fez o mesmo com um guarda-chuva vermelho, um leque de pavão e um lenço. Depois, deu a bandeja para alguém da platéia distribuindo o restante dos acessórios para as outras pessoas, todos se movendo ao som da música, acenando seus objetos para os deuses enquanto arrastavam os pés numa dança de um lado para o outro. "Oh, meu Deus", eu pensei. "Um desses *hippies* vai me dar uma daquelas coisas. E as pessoas vão querer que eu dance para um monte de estátuas".

Sem que eu a tenha invocado, a imagem de Andy Kaufman saltitava em meu cérebro. Eu o vi pegando o guarda-chuva vermelho, brincando e dançando como um lunático, soltando-se no ambiente alegre, onde o vento frio balançava o templo juntamente com toda aquela esquisitice. Uma mulher me ofereceu a escova de crina de cavalo, enquanto as pessoas de manto gritavam um cântico à Deusa Shiva. Eu, então, encorporei Andy Kaufman. Ergui-me audaciosamente à frente, fiquei de pé diante da estátua de Ganesh, o deus elefante, e balancei os quadris. Levantei as duas mãos movimentando-as para frente e para trás levemente. Fechei meus olhos e vi Andy Kaufman com seus olhos de corça arregalados e cabelos despenteados. Eu o via segurando a escova não de forma vacilante e covarde, mas varrendo o ar com ela, agitando os braços e rolando os olhos para trás da cabeça com um delírio devocional.

Metralhadora nasal

Com a imagem rodando cinematograficamente pelo meu cérebro, senti meus braços sobre minha cabeça movimentarem-se cada vez mais rápido e com mais força. Senti meus quadris desenhando círculos largos e cada vez com mais velocidade, minha cabeça girava metricamente em torno do pescoço e caía para frente e para trás em arco. Eu rodopiei. Fiquei de frente para Ganesh e acenei com a escova diante de seu rosto, agora me movimentando no ritmo do cântico à Deusa Shiva. Inclinava-me levemente na frente do salão, visitando os deuses e agitando a escova como um pintor enlouquecido, decorando o ar com movimentos angulares e acenos largos, ziguezagues, círculos rápidos e tapas no ar.

Toda essa cena teatral pode ter sido inspirada por Andy Kaufman, mas devo acrescentar que não estava fazendo de gozação. Achei toda a cerimônia hindu, e eu espero não estar ofendendo nenhum hindu, muito energética. Senti-me alegremente liberado diante da fileira de deuses, movimentando a escova e movendo os quadris. Em qualquer outro contexto (de fato, em qualquer situação que envolva dança, exceto na escuridão ou no completo anonimato), eu acho que uma amarga autoconsciência teria inundado meu ser, mas aqui, entre os sinceros e gentis hindus, eu não sentia nada além de, para colocar de forma dramática, verdadeiro júbilo.

Quando cheguei ao final da linha, pela primeira vez em dez minutos, percebi o restante da sala. Eu estava sozinho na frente. Um calafrio percorreu a minha espinha, mas então olhei para a platéia e vi Annie, rindo silenciosamente no seu colchonete. Dançando, me movimentei em sua direção e o risinho cessou. O medo cresceu em seus olhos; seu rosto ficou paralisado. Eu podia quase ouvi-la implorar em pensamento: "Por favor, DJ! Não me dê essa escova! Pelo amor de Deus! Eu não sei dançar!".

Eu não sou um homem cruel e amo minha esposa com grande paixão. Não obstante, enquanto ia na direção de Annie,

Simplesmente Faça

"Aquela que Teme a Dança Sobre Todas as Coisas", entendi o que deveria fazer, que obviamente era dar a Annie a escova, obrigando-a a levantar e "dançar" diante dos deuses. Minha determinação não surgiu de uma brutalidade inata. Na verdade, imaginava que ela, ao final, apreciaria participar da cerimônia incomum, apesar de também entender que sua apreciação só viria depois de passado algum tempo, que poderia ser o dia seguinte ou o ano seguinte. Não obstante, Annie era a discípula de ioga, ela era o motor principal por trás do evento da noite, e ela simplesmente não poderia escapar daquela maravilha caleidoscópica sem fazer parte do principal.

Portanto, com os cantos de minha boca levantados quase até as orelhas, eu dei a ela a escova.

– Faça bom proveito! – sussurrei.

Abençoada seja sua alma não-dançarina, ela flutuou à frente do salão na sua saia cigana e eu senti uma emoção que vem somente do amor enquanto a observava tentando encaixar-se com os demais entusiastas, muitos dos quais haviam me seguido à frente enquanto eu terminava meu rompante maluco. Os devotos continuavam cantando, seguindo seu ritmo. E Annie moveu-se ao mesmo tempo. Mas havia nela um acompanhamento harmonioso de movimentos e mantra? Nada. Annie sacudia seu corpo independente da música. Ela gentilmente abanava a escova na direção dos deuses. Mudava o peso de seu corpo de uma perna para a outra. Não sorria nem franzia o rosto, mas mantinha uma neutralidade pura: uma linha reta de Mona Lisa nos lábios; os olhos inexpressíveis como o mármore; as sobrancelhas vincadas traindo o grande esforço que ela investia em projetar indiferença. A música parou enquanto Annie "dançava". Todos os participantes retornaram aos seus colchonetes, e o rapaz magricelo apareceu novamente.

– Bom trabalho! – sussurrei e pressionei sua coxa.

– Muito obrigada! – ela sussurrou de volta, sorrindo largamente.

Metralhadora nasal

Felizmente, como eu havia imaginado, a entrega da escova não deixara Annie zangada, mas, ao contrário, deu-lhe um pouco de entusiasmo. O homem barbado de manto nos convidou a repetir em silêncio um cântico hindu e depois parou de falar. Todos nos sentamos em silêncio por um longo tempo, ouvindo o vento uivante balançar as árvores e estremecer as paredes do templo. Então o homem no comando ficou em pé, e estava terminado. Alguém abriu a pesada porta para a saída, um ar ártico invadiu o templo e nós marchamos para a escuridão da noite que havia se tornado ainda mais fria e jantamos na área comunitária de refeições. Algumas das pessoas que moravam em Shoshoni serviram lasanha vegetariana, salada verde, salada de grãos, pão com alho e torta de limão, e tudo estava excelente. As pessoas se aglomeravam na sala de jantar, um ajuntamento de pessoas estranhas e de aparência nada comum. *Hippies*, o vilão careca, aposentados. Uma mulher que sentou à minha frente revelou ser da Sibéria.
– A Sibéria. A Sibéria verdadeira.
Ela deve ter se sentido em casa.
Corremos pelo frio cortante para a nossa cabana quentinha, onde imediatamente abrimos a garrafa de vinho, enchemos os copos até a borda, folheamos revistas e nos afagamos. Nós não fizemos amor porque já havíamos feito na cabana enquanto os homens laminavam gelo do lado de fora.
– Então você sentiu-se bem com a dança? – perguntei.
– Ela teve seus momentos. Quero dizer, estou certa de que na verdade não dancei, mas estou contente que você tenha me feito ir até a frente, mesmo que, naquela hora... Digamos que não era uma alta prioridade.
– Eu sabia que você não faria aquilo sozinha. Mas pensei que você iria gostar uma vez que estivesse lá. Além do mais, não tinha certeza de como os deuses hindus reagiriam, sem contar os ashramitas, com uma convidada que não participasse da maneira apropriada.

Simplesmente faça

– Bem pensado. Talvez um dos deuses jogasse uma maldição na maratona – ela tomou um gole do vinho e falou. – Aquilo foi fantástico. Tudo. Tão colorido. E barulhento. Definitivamente não é o tipo de cerimônia religiosa com a qual eu fui criada. Annie foi criada nos preceitos da Igreja Episcopal. Quando criança, eu freqüentava uma igreja presbiteriana rural ocasionalmente – provavelmente, em média, de seis a sete vezes ao ano. A maior influência que tive foram os dois anos que passei na Westtown School, uma escola particular de religiosos quaker próxima à minha casa. Eu praticamente repetira o quarto ano, meus pais estavam preocupados comigo, então fizeram uso de suas economias – eu não cresci abastado – e me mandaram por dois anos para uma escola preparatória da elite, na qual sentávamos em "reunião" todas as terças-feiras à tarde. A igreja quaker que eu participava tinha bancos de igreja, arranjados em círculo e em rampa como os assentos dos estádios. Não havia padre ou pregador, nenhum patriarca ou matriarca para conduzir o "rebanho". Em vez disso, as pessoas levantavam-se e falavam sempre que sentiam vontade. A cerimônia, na maior parte do tempo, era silenciosa, e não um cerimonial familiar a muitos garotos de dez anos de idade. E não acho que muitos de nós, enquanto sentávamos em paz, meditávamos no Eclesiastes ou mesmo, digamos, em qualquer coisa que não fosse, no meu caso, garotas, motocicletas, televisão e estrelas de rock. Entretanto, até mesmo demorar-me nesses pensamentos tornava-se maçante rapidamente, e, num primeiro momento, eu respeitava essa incursão semanal ficando quieto. Ao final do meu período em Westtown, aprendi a gostar da solidão.

E, agora, eu respeitava pelo menos uma cerimônia hindu.

– Sem dúvida, não foi entediante – falei para Annie.

– De maneira alguma. Também, uma estátua com um metro e oitenta de altura de um elefante usando um colar de

Metralhadora nasal

flores? Um Buda sorridente? Paz, amor e abnegação? Como não gostar? Embora eu tenha de admitir que estava desconfiada no início.

Organizações de qualquer tipo normalmente irritavam Annie. No terceiro ano ela parou de cantar "Jingle Bells" porque a achava muito "repetitiva". Parou de repetir o Juramento de Lealdade no quinto ano, pois soubera que pessoas na Alemanha nazista haviam sido forçadas a recitar juramentos patrióticos.

– Eu estava totalmente envolvida pela cerimônia hindu – ela disse. – Na verdade, estou muito interessada em tudo isso: ioga, a alimentação, a comunidade, o templo.

– Sei o que você quer dizer. Eu era o Sr. Las Vegas depois daquela viagem, mas agora sou o Sr. Ashram. Gosto mais daqui do que de Las Vegas, o que definitivamente me surpreende. Eu certamente vou querer voltar.

– Eu também. E estou com você em relação a Las Vegas. Mas devo confessar uma coisa: eu ainda tenho meus problemas com a meditação.

– Então, imagino que você não tenha meditado realmente? – perguntei.

– Se meditar significa sentar lá e pensar em absolutamente nada, a resposta é não.

– Você já meditou realmente?

– Eu já tentei, mas falho sempre. Não consigo pensar em nada.

Nós nos aconchegamos em nosso quarto quente, tomando vinho em copos de plástico e ouvindo o mundo frio lá fora assobiar, grunhir, chacoalhar. Falamos sobre as garotas, imaginamos como estavam se dando com a babá e admitimos que sentíamos saudades delas, apesar de estarmos longe há apenas dez horas aproximadamente. A "saudade", no entanto, não deve ser confundida com sentir uma grande necessidade de tê-las conosco naquele instante. Nós estávamos contentes, no momento, de sermos adultos em um lugar que girava em torno

Simplesmente faça

de interesses adultos, ao contrário dos interesses que envolvem zoológicos, festas de aniversário e giz de cera.
– Estou tão feliz agora – sussurrou Annie.
– Eu também.
Eu podia ouvir a respiração de Annie ficar mais profunda enquanto ela afundava no sono. Sentei na cama no escuro e tentei meditar – não pensar –, mas os pensamentos venceram. Eles se recusavam a me deixar. "Você já está em casa" – eles persistiam. "Isso é o lar. Annie é seu lar. Joni e Ginger são seu lar. O que é o lar? Amor."

Capítulo 6

Uivos do passado

Acordamos numa cabana nas montanhas frias, sem filhos à vista, e, hesito em confessar, não seria exagero descrever o sentimento como "eufórico". Isso talvez tivesse menos a ver com a ausência das crianças do que com o fato de podermos dormir até mais tarde e despertar sem a necessidade de preparar vários desjejuns e em seguida sair correndo para jogar futebol. Nós não estávamos preparados para passar essas horas indo de uma atividade a outra.

Fortes rajadas de vento fizeram a neve cair do telhado, e ela espiralava e girava como o fantasma de um dervixe. Nós observávamos as árvores verdejantes escuras inclinando-se ao lado das montanhas que nos cercavam. Tudo estava ondulado e remexido, e nós teríamos ido direto para o café-da-manhã, depois para uma palestra de um swami e em seguida para uma série de exercícios de respiração, entre outras coisas. Mas não fizemos nada disso. Ao contrário, ficamos na nossa cabana quente e fizemos sexo.

– Vamos tentar aquele lubrificante interessante que pegamos na exposição – sugeriu Annie, levantando da cama e galopando pelo chão para pegar a *nécessaire* da qual tirou uma embalagem de lubrificante que alegava propriedade de "estimular o clitóris". Logos após aplicá-lo e assim que começamos a nos beijar, Annie comentou que os fabricantes do lubrificante haviam confundido "estimular" com "inflamar". Eu considerei opinar que inflamar era provavelmente estimular, que os termos não são mutuamente exclusivos, mas rapidamente concluí que tal observação teria o forte potencial de irritar Annie severamente.

– Espere um minuto, amor – ela falou fechando os olhos. – Acho que está ficando melhor. Espere. – Trinta segundos mais. – Aaah, bom – disse ela – A dor se foi. Não tenho certeza se isso é estimulante, mas pelo menos não está doendo.

Simplesmente faça

— Lubrificante inferior — murmurei enquanto encaixava meu corpo no dela confortavelmente. As rótulas dos meus joelhos pressionavam a parte de trás dos joelhos dela, minhas mãos pairavam em seus quadris, enquanto minha cintura servia de apoio ao seu *derrière*. Eu corri minha mão pelo seu quadril, fui descendo até a coxa e subi para sua caixa torácica. Pressionei meu corpo contra o dela e ela pressionou de volta, um sinal, senti, de que eu era bem-vindo a, você sabe, me encaixar. Hesitei por um momento, pois a posição da colher, assim como a do abraço, parece ser apreciada com fervor especial pelas mulheres, apesar de não estar sugerindo aqui que a maioria dos homens, ou muitos deles, sejam contrários a tal posição. Mas a posição da colher parece ser o tipo de coisa que as mulheres, e por experiência eu sabia que isso incluía Annie, apreciavam com mais coragem que os homens: um longo abraço e uma colher épica.

De tempos em tempos, Annie e eu discutíamos isso com o passar dos anos, esse deslocamento entre homens e mulheres quando se trata da posição da colher, de abraçar, e as diversas variações do tema. Nunca ridicularizei essas formas de contato, mas elas não vêm naturalmente para mim. Annie, por outro lado, gostava de tudo o que envolvia o pressionar dos corpos juntos por períodos estendidos de tempo sem mesmo uma pitada de sexo. Entre muitos homens, especialmente quando estão em grupos, a própria palavra "abraçar" é usada como um golpe de judô. Eu não acho que haja mistério algum aqui: os homens gostam de disputar verbalmente quando estão juntos. No lugar de dizer: "Ei, eu gostei da sua roupa", um cara poderia gritar para seu amigo quando se encontram num bar: "Ei, babaca. Que camisa rosa é essa? Vai se matricular para a aula de balé?". A parte saudável da gozação com freqüência gira em torno de afeminar o outro, e é nesse contexto que "abraçar" é utilizado como um movimento-surpresa, o que significa jogar o outro no chão pelas costas.

Uivos do passado

Por isso acho que é justo atribuir uma predisposição contra abraços e a posição da colher a uma cultura masculina principalmente, apesar de suspeitar que as coisas mudem quando os homens estão sozinhos com suas esposas e namoradas. Eu nunca fui um oponente dessas posições no geral, portanto a transformação não foi tão dramática quando eu deixei o "Mundo Masculino" por Annie. Ainda assim, não me imagino defendendo os abraços quando estou entre os homens, mas estava sempre preparado para proclamar seus benefícios quando estivesse com Annie.

Essa noite na cabana ashram, eu não queria ser acusado de apressar o que Annie poderia estar saboreando como uma massagem emocional, para o que ela poderia julgar como "apenas" sexo. Nós já havíamos feito a posição da colher antes, e Annie nunca me alertara ("Ei! O que você está fazendo? Pensei que estávamos nos abraçando"), mas, novamente, eu sempre dera à colher sua parte antes de seguir adiante. Então, apesar do que acredito ser um convite para despachar a colher, eu persistia nela por mais alguns minutos antes de partir para a ação, e então, de repente, estávamos fazendo sexo.

Foi uma diversão excelente, os dois quase inteiramente cobertos pelos lençóis e cobertores enquanto fazíamos, brincalhões e sorridentes, obviamente sentindo um toque de vertigem com nossa solidão e nossa cabana atmosférica no ashram. Finalmente, ficamos aquecidos o suficiente para continuar a sessão acima dos lençóis, não nos importando com o quarto gélido. A certa altura eu perguntei a Annie se ela estaria interessada em ficar por cima, mas voltada para o outro lado, uma posição que eu introduzia formalmente por causa da vista, mas uma que Annie nunca sugeriu e que não parecia lhe despertar entusiasmo. Apesar de durante nossos anos juntos termos sido arremessados para muito sexo, provavelmente mais que mil sessões, esse volume saudável de sexo não levou a muita discussão sobre as preferências sexuais um do outro. Nós fazíamos sexo,

Simplesmente faça

nós gostávamos de sexo, mas falhávamos em falar sobre ele. Com um mês de sexo diário, contudo, isso havia se transformado em parte da rotina de nossa vida, sendo que a hesitação que havia me impedido de verbalmente explorar o sexo caíra por terra. Eu achava que a posição não era das favoritas para Annie, mas não tinha certeza. Então perguntei.

– Não é a minha predileta – confirmou ela. – Faz com que eu me sinta exposta demais. Talvez seja porque todo o traseiro fica à mostra.

– Mas eu adoro o seu traseiro – falei.

– Eu não.

Isso era constante em Annie.

– Estou gordinha – eu a ouvira repetir todos esses anos.

Ela não estava. Annie não era roliça, atarracada ou rubenesca. Tampouco era esquelética. Era perfeita. Porém na sua mente... gordinha.

– Você quer se parecer com aquelas modelos fantasmagóricas? – eu perguntava a ela. – Carne e osso? Definitivamente não é a minha preferência.

– Não, eu não quero ficar como elas, não exatamente – ela dizia. – Mas talvez algo entre meu estado atual e o delas. Por que isso é tão difícil?

– Então esse é o problema com aquela posição. Por que não disse antes?

– Não é tão importante – falou Annie. Nós estávamos sentados de pernas cruzadas, um em frente ao outro. – Eu não detesto a posição, e nós não a fazemos com tanta freqüência. É só que, na lista de posições, ela não está no topo.

– Na verdade é a sua menos favorita – eu disse.

Ela assentiu.

– Tudo o que me faz pensar sobre meu peso me deixa insegura – ela continuou. – E insegurança e fazer amor não se dão bem.

Uivos do passado

Pensei por alguns instantes sobre o que ela disse.
– Você sabe o que me perturba? Desempenho. Se penso que não estou me saindo bem na cama, isso me deixa inseguro, o que confunde meu desempenho, o que me deixa mais preocupado ainda, o que perturba ainda mais meu desempenho. Um ciclo vicioso.
– Eu nunca notei seu desempenho variando tanto assim, para ser honesta – declarou Annie. – Não vejo tantos altos e baixos... por assim dizer.
– Bem, isso é bom saber – falei. – Francamente, eu acho que é tudo coisa da minha cabeça. Muita insegurança aqui – bati na minha testa com os nós dos dedos.
Annie se apressou na minha direção. Nós nos aproximamos num beijo demorado.
– Você não tem nada com o que se preocupar – ela sussurrou.
– Você também não!
Entramos embaixo dos lençóis novamente para nos aquecermos e para ficarmos um pouco mais juntos antes de nos lançarmos na montanha de volta para casa.
– Eu gostei da nossa conversa – disse Annie. – É bom sermos abertos sobre esse tipo de coisa.
– Talvez tenha sido toda essa coisa espiritual. Ou em parte. – falei. – É claro, é possível que o fato de nos abrirmos não tenha nada a ver com o ashram, mas tem a ver com fazer sexo todo dia por um mês.
– De qualquer forma, vamos continuar sendo honestos um com o outro em tudo. Não apenas no sexo – sugeriu Annie. – Talvez não revelemos a verdade tanto quanto deveríamos, sabia? Talvez fiquemos calados demais sobre as coisas.
Finalmente nós fizemos as malas, lavamos as evidências do vinho, compramos um CD dos ashramitas Shoshoni tocando o tipo de música que eles tocaram no templo e pegamos a estrada, de volta pela paisagem de janeiro, por uma estrada coberta de neve e gelo, descendo as montanhas íngremes.

Simplesmente faça

LOGO APÓS o horário do almoço, abrimos a porta de casa e lá estavam elas, as meninas e a babá, sentadas no chão jogando Candyland.

– Oi garotas! – nós quase gritamos.

A babá levantou-se imediatamente, nos cumprimentando com um sorriso e claramente preparada para nos dar detalhes dos pontos altos (e baixos) do final de semana. Mas as garotas? Elas olharam para cima por um momento, oferecendo pouco mais do que um "oi" coletivo antes de voltar ao jogo.

Annie e eu trocamos olhares que poderiam ser interpretados como confusos, apesar de que um bom observador poderia argumentar que uma avaliação mais criteriosa daria ênfase a uma mistura de alívio, desapontamento e frustração. Nós imagináramos algo mais frenético: uma volta ao lar carregada de folia juvenil; ou, pelo menos, uma volta marcada pelo que é amplamente conhecido como um suspiro de alívio.

– Acho que os Eggos funcionaram – disse eu.

– Elas realmente gostam desses Eggos – falou a babá.

Quando ela saiu, nós nos abraçamos às meninas no sofá e recordamos as horas que elas passaram com a babá. Esse exercício poderia ser confundido com uma caça pela corroboração independente do relato da babá, mas a verdade era que nós queríamos uma desculpa para ouvir a voz delas.

Naquela noite, depois de passar o dia em casa com as meninas, concordamos que o final de semana bem-sucedido com a babá abria, como um terapeuta de casais poderia colocar, "novas janelas de oportunidade" para o casamento. O desapontamento e frustração que coloriram nossa reação inicial à resposta das crianças à nossa volta se dispersaram, deixando alívio, sim, mas também acrescentando algo que se poderia chamar de ambição.

– Isso significa que podemos sair em finais de semana sem depender da visita de familiares para olhar as crianças – disse Annie. – Fantástico.

Uivos do passado

Nós havíamos nos afastado de qualquer coisa que lembrasse a excitação do final de semana no ashram; havíamos nos engajado repentinamente no nosso mundo estranho como viciados numa loja de doces. Esse tipo de coisa, nós sabíamos, era um bálsamo para o relacionamento. Mas quando se é dependente da família para ficar com as crianças à noite, e a família mais próxima estava a dois dias de distância de carro, isso limita o campo de possibilidades. O que tem sido nossa vida no Colorado. E, se não fosse pela maratona, nunca teríamos recorrido a uma babá.

– Vamos fazer isso novamente – disse Annie, logo depois que apagamos as luzes e nos viramos para nossos lados.

– Temos aquela viagem ao hotel chegando – respondi.

– Ótimo – afirmou Annie.

HORAS DEPOIS, enquanto eu estava sentado na minha mesa no centro da cidade em Denver, minha mente ficava voltando ao final de semana na cabana, ao templo hindu com suas cores vibrantes, à dança e à música. Aos vários amigos que me perguntaram sobre o ashram, respondi brejeiramente:

– Acho que sou hindu.

– Com um gosto particular pelos ensinamentos tântricos – gracejou um amigo AA por e-mail.

Minha frase "acho que sou hindu" foi falada numa brincadeira, mas não com sarcasmo. Seria demais dizer que dois dias mudaram minha vida, mas também seria perfeitamente razoável dizer que me influenciavam. As pessoas que viviam no ashram, aqueles que o visitavam regularmente em busca de inspiração e paz, recebiam algo valoroso e importante, algo poderoso, por meio de sua conexão com o templo. Annie e eu entramos em contato com essa eletricidade por menos de vinte e quatro horas, e agora queríamos mais.

– Você está pensando no final de semana? – escreveu-me por e-mail Annie no meio do dia.

– Estou. Acho que sou hindu – escrevi de volta.

Simplesmente faça

EM BREVE estava pegando meu casaco e minhas chaves e fazendo a ladainha de adeus e acenos que repetia todos os dias ao sair do escritório, no labirinto de mesas e hierarquias onde eu habitava em algum lugar da periferia. E então – puff – encontrava no centro de um mundo totalmente diferente, um mundo de duendes mágicos e feiticeiras cativantes. Esse era um lugar muito mais tátil – um fogão quente, livros, leitura em voz alta, mãos ensaboadas de lavar a louça, crianças beijando a testa – que o ambiente antisséptico ao qual eu acabara de dar adeus. Eu achava o mundo das fadas muito mais satisfatório do que a alternativa-padrão – o escritório –, porém isso não queria dizer que eu desgostasse do trabalho; apenas preferia a família ao escritório. Além do mais, a preferência não é influenciada pela idéia de que a vida das fadas é fácil e que o trabalho no escritório é difícil – que trabalho é trabalho e tudo o mais... não é.

Os pedacinhos de vida se espremiam em antes e depois que o dia de trabalho era preenchido com exigências exaustivas, com tarefas estenuantes, e essa primeira noite depois de um dia de trabalho após o pouso repleto de coisas exóticas no ashram não foi diferente. Jantar. Pratos. Colocar as crianças na cama. E o restante. Depois o banho: Annie primeiro. Terminei minha rápida chuveirada e espalhei generosamente porções de loção sobre meu corpo, uma India Pale Ale gelada estava suando no criado-mudo ao meu lado, e Annie, usando um encantador *slip* preto, segurava uma cerveja em suas mãos. Nós nos beijamos e, momentos depois, havíamos entramos naquele outro mundo, o mais maravilhoso: o Túnel do Amor, o Carnaval, o passeio na montanha-russa de pétalas de rosa. Ali, mais uma vez, nos deixamos ficar por um tempo.

– Nossa – Annie disse depois que retornamos à terra. – Ardente. Maravilhoso.

– Apenas sexo bom e direto, não?

– Sim.

Uivos do passado

Se Annie pudesse observar como meu cérebro trabalhava, ela veria algo como um homem musculoso depois de uma sessão de levantamento de peso: apertando os punhos e flexionando os bíceps; olhando no espelho para os músculos acima dos ombros, com o abdômen definido e as panturrilhas de romã. Perguntei a Annie se ela se sentia orgulhosa depois de um bom sexo.
– Eu não sei... É mais complicado para as mulheres – ela repondeu. – É uma boa pergunta. Eu quero pensar sobre o assunto. Vou te responder por e-mail.
Feliz e orgulhoso, com as luzes acesas do meu lado, virei para o meu lado e puxei Annie para perto de mim, abraçando-a por trás.

RECEBI o e-mail no meio da tarde.
"Eu nunca havia pensado muito sobre orgulho, e como isso está relacionado ao bom sexo", começava a mensagem. "Uma memória: eu estava em Filadélfia, provavelmente com vinte e dois anos de idade, tinha acabado de sair de uma doceria e estava pensando em algo que havia me feito sorrir quando um jovem me olhou. Fiquei vermelha; ele olhou para mim e cantou: 'I can see clearly now the rain is gone'. E então foi embora. Foi um daqueles momentos em que um estranho toca a sua vida para sempre. Eu fui do sentimento de anonimato para o sentir-me sexy em alguns segundos. E outra vez foi em Minneapolis, quando um homem uivou para mim: 'Baixiiiiiiiiinha e gostosa. É assim que eu gosto!'
"Eu fiquei primeiramente envergonhada e secretamente feliz. Nunca havia pensado estar sendo notada no sentido sexual, e estava claro que era exatamente assim que aquele cara estava me vendo. Eu guardo esses dois comentários anônimos há décadas, relembrando-os quando eu preciso dar um empurrão em minha auto-estima, aqueles dias terríveis durante a menstruação em que você se sente inchada como um pufe, ou naquele início de gravidez em que ninguém sabe que você está grávida,

mas todos pensam que está um pouco gordinha. São esses dias em que relembro os uivos do passado para me sentir melhor." E havia mais.

"Orgulho durante o sexo. É mais ou menos como fazer um trabalho bem feito. Quando vejo o olhar de satisfação em seu rosto depois do orgasmo, às vezes penso: 'Nossa, eu sou boa'. Ou: 'Quem sabia que era assim fácil?'. Mas orgulho é diferente para as mulheres porque eu acho que a mecânica do homem é muito mais simples. É como adição *versus* cálculo. Um biscoito que você pega de uma embalagem fechada *versus* uma receita delicada com ingredientes naturais. Já foi dito antes, muitas vezes, e é verdade – os homens têm mais facilidade para gozar que as mulheres. Nós somos complicadas aqui em baixo.

"Mas é apenas quando você me nota ou me diz que sou bonita ou diz 'Aquilo que você fez com suas unhas me transportou para outra esfera'. É assim que eu sinto orgulho. Quando, uau, consigo provocar meu marido somente com o olhar, ou fazendo algo simples com as unhas. Mas o orgasmo em si? Não, isso é simples demais para que eu sinta orgulho.

"E também houve uma vez em que estava treinando montar a tenda dos fazendeiros na garagem para me aprontar para meu primeiro dia vendendo massa em Boulder. Eu estava com dificuldade para montar a tenda e não queria ajuda de ninguém – não que estivesse ficando com raiva ou coisa do tipo, mas porque eu sabia que não teria ajuda de ninguém às 6h30 da manhã do dia seguinte. Mais tarde, você me disse que estava ficando excitado em me ver montar a tenda. Isso é orgulho. Eu estava com uma camiseta velha e uma calça jeans que me caía mal e não tinha feito nada para melhorar minha aparência, e você ficou excitado? Meu pensamento naquela hora: 'Ponto para mim!'"

Escrevi em resposta pensando comigo enquanto digitava no teclado: "Essa troca de e-mails nunca aconteceria antes da maratona".

Uivos do passado

"Você está certíssima sobre o que disse a respeito do biscoito. Não há dúvida de que a mecânica do orgasmo feminino é muito mais complicada do que a dos homens. E eu achei mesmo você sexy levantando aquela tenda do chão!"

FEVEREIRO COMEÇOU com a palavra "pipi" ecoando em minha mente.

Acordei.

Pipi?

Notei que Ginger estava ao nosso lado na cama; ela havia se deitado no meio da noite. Trancávamos a porta durante o ato, mas sempre destrancávamos depois, principalmente por causa das peregrinações noturnas de Ginger. Nós a deixávamos ficar porque entendíamos que algum dia ela cessaria essas viagens no meio da noite, assim como Joni fizera, e, então, a menos que tivéssemos outro filho, não ouviríamos novamente a respiração de um pequenino ao nosso lado na cama até nos tornarmos avós, com muita sorte. Obviamente teríamos que esperar até a velhice para, quando estivermos deitados na cama com um pequenino de três anos de idade dizendo "pipi", demorarmos a perceber o que está acontecendo.

Olhei para baixo, para a poça quente de xixi de criança espalhando-se pelos lençóis.

Pulei da cama e peguei Ginger, que estava ensopada. Ela arregalou os olhos chorando, acordando Annie, que levantou e tirou os lençóis da cama. Despi o pijama de Ginger com seu corpo tremendo, coloquei-a na banheira quente e a limpei. Tudo isso podia parecer simples, mas não, você teria que estar ali para entender. Gritos, seus braços e pernas se agitando, água para todo lado: essa não é a maneira mais adequada de começar o dia. Então Annie correu para baixo e teve o seu momento "oh-oh". Joni estava lá embaixo arrumando forminhas de muffins em uma bandeja.

– Oh, céus! – Annie sussurrou para mim quando eu desci as escadas, alguns minutos depois dela. – Os muffins! Eu me esqueci completamente. Ela vai ficar muito chateada se eu não fizer os muffins. Mas não temos muito tempo!

Annie rotineiramente assava muffins feitos em casa para a classe de Joni. Ela não gostava dos lanches industrializados que a escola servia às crianças, então, pelo menos uma vez por semana, pensava ela, eles teriam algo saudável e, ainda assim, doce. Claramente aquilo era um exercício para o orgulho de Annie. Ela tinha meia hora para fazer e assar vinte e cinco muffins e depois esfriá-los o suficiente para colocá-los em um recipiente para a escola. Surpreendentemente, conseguiu, e também fez o almoço de Joni, enquanto deixava na lancheira um bilhete "Eu te amo", vestia-se, pegava roupas para as crianças e reunia papéis para uma reunião no início da manhã com seu chefe, com quem iria se encontrar no escritório.

– Nossa – disse eu, enquanto ela entrava na minivan com Joni. – O que você acabou de fazer foi inacreditável.

– Eu sei! – respondeu ela, piscando para mim.

Meus AA começaram a entrar em contato com mais constância, curiosos sobre o meu progresso. Uma semana? Nada demais. Três semanas? Não é tanto assim. Mas um mês? Um cara, um jornalista hilário de Chicago que havia escrito para muitas publicações no Novo México por muitos anos, perguntou: "Você já está inflamado? Queimando?".

Outro amigo me mandou um e-mail: "Você merece um prêmio; puxa vida, por janeiro inteiro!".

Essas reações faziam maravilhas ao meu ego. Por trás da minha opinião sobre mim mesmo, no entanto, havia um entendimento mais fundamentado do último mês de sexo. Era um feito, claro. E, como a maioria dos feitos, difícil. Tentar nos espremer entre trabalho e crianças estava ficando cansativo. Veja como exemplo a noite que se seguiu à manhã do pipi.

Preparei o jantar das meninas enquanto Annie fazia a aula de ioga, sua segunda aula da semana (ela normalmente conseguia

Uivos do passado

fazer três aulas na semana, incluindo sábados e domingos, e eu provavelmente fazia uma média de duas). Ginger queria uma vitamina de sobremesa com "um monte" de morangos, então eu tirei os morangos da geladeira, coloquei "um monte" de morangos, iogurte e suco de laranja dentro do liquidificador e bati. Servi seu copo de vitamina, virei as costas e depois de alguns segundos ela começou a gritar. Eu me voltei e vi a segunda poça de líquido do dia, só que dessa vez o líquido era rosa e se espalhava no tapete bege. A voz na minha cabeça gritava "Droga!", mas eu me mantive calmo com Ginger; meu sangue, porém, corria rapidamente, meu pulso batia acelerado e eu estava furioso porque Annie não estava em casa para me ajudar. Joni colaborava, pegando toalhas de papel e secando a sujeira. Eu consolava Ginger. Ela estava histérica, completamente fora de si.

Depois de muita brincadeira com os animais de pelúcia de Ginger – uma brincadeira com o Encantamento de Ginger, em que eu dava vida a seu pingüim travesseiro e à raposa peluda com vozes e movimentos – e três ou quatro livrinhos de história, apaguei a luz do quarto de Ginger e fui para o de Joni, onde li vinte minutos de Harry Potter antes de apagar as luzes dela também. Quando Annie voltou, eu estava na função de cuidar de filhos havia mais de duas horas sem descanso – não que seja um tempo notável, mas certamente não é uma forma relaxante de terminar um longo dia de trabalho. Eram mais ou menos 20h30, e nada me daria tanto prazer quanto ir para a cama. Não quero dizer fazer sexo e depois dormir, mas apenas cair na cama, apagar as luzes e fechar os olhos. A caixa de Viagra? Apareceu. Se eu tivesse aberto a gaveta e uma luz dourada brilhante estivesse iluminando o pacote, enchendo o quarto com um brilho ofuscante, não ficaria surpreso.

– Nós tivemos uma noite e tanto – relatei, dando detalhes a Annie sobre a vitamina derrubada e as lágrimas. Eu não estava mais com raiva dela – o espasmo de ciúmes chegou e foi embora

Simplesmente faça

em alguns minutos depois do desastre com a bebida – mas eu também não estava uivando de libido. Estava usando o pijama "sexy" e o robe Thruston Howell III de que Annie gostava. Annie colocou uma lingerie nova que havia comprado numa liquidação da Target por 3,98 dólares, e se deitou ao meu lado na cama.
– Tenho uma pergunta para você – falou ela.
– Diga – respondi, preparando-me para uma pergunta sobre, digamos, planos para o final de semana ou uma troca de marca de café.
– Você quer uma chupeta?
– Gosto desse esforço para fazermos cada vez melhor – falei.
O formigamento pré-orgasmo começou quase que imediatamente. Em outras palavras, me segurei. Apenas fiquei ali – o maior tempo que consegui, e então me libertei da situação.
– É a sua vez – falei.
Eu peguei um tubo de massagem para os pés da *nécessaire* do banheiro, coloquei em minhas mãos e comecei a empurrar seus dedões, pressionando os nós dos meus dedos na sola dos pés de Annie e apertando seu calcanhar.
– Sim – ela repetiu várias vezes. – SIM.
– Bola do amor? – sugeri.
– Com certeza – respondeu Annie, e empurrou a bola de exercício contra a cama e subiu no topo. Então nós nos balançamos. A certa altura eu a levei rapidamente para fora da bola para que ela ficasse apoiada na ponta da cama.
– Isso funciona – falei enquanto completávamos o ato.
Mais tarde, trocamos observações sobre a nova posição.
– Ela me proporcionou ótimos ângulos – comentei. – Acesso total. Foi como a posição VIP.
– Levamos quatorze anos de sexo para descobrir isso? – Annie falou. – Não acredito que nunca fizemos sexo na beira da cama. Por que não?
– A maratona é demais – afirmei.

Uivos do passado

– AS MULHERES não andam por aí olhando para PINTOS o dia todo!

A mulher cuja voz estava gritando na minha secretária eletrônica detestou minha matéria sobre pornografia móvel. Ela não podia acreditar que tal coisa existia. Não podia acreditar que as pessoas pagariam para ter pornografia nos seus celulares. No entanto, durante a mensagem extremamente longa e desconexa, ela deve ter dito a palavra "pinto" – e repetido a palavra "pau" – vinte vezes. Ela se demorava nas palavras; articulava-as com grande prazer. Eu vibrava com mensagens assim, e, quando você é repórter em um jornal, recebe algumas de tempos em tempos. Recebe ligações dizendo que entendeu algo errado (detestáveis); recebe ligações de pessoas que definitivamente adoram cada palavra da sua matéria (adoráveis); e recebe as excêntricas. Eu saboreava as excêntricas. Elas davam solavancos de esquisitice.

Animado por minha valsa matinal com uma mensagem excêntrica, pulei para dentro do carro e segui para o norte em direção a Boulder a fim de encontrar com um naturopata que, para a matéria na qual estava trabalhando, iria me dizer tudo sobre ervas que aumentam a libido. Boulder tinha uma atmosfera quase cinematográfica quando finalmente pude ver a cidade parecida como uma pequena flor, coberta por nuvens e névoa e encostada nas torres Flatirons, uma formação rochosa que se parece com máquinas de passar antigas na posição vertical, apontadas para o ar. De longe, parecia uma visão do Senhor dos Anéis, um condado de feiticeiros, hobbits e casas com telhado de sapé. Entrei na vila coberta por neve e me dirigi ao complexo de escritórios – não é necessário dizer que não havia dragões ou espadas adornadas com jóias – no lugar onde o neuropata tinha seu consultório. O médico – que, dada a sua especialização, poderia se passar por, digamos, um druida – era alto, um sujeito de meia-idade que iniciou nossa conversa atacando verbalmente a dieta americana.

Simplesmente faça

– É a raiz da maioria dos nossos problemas – ele murmurou em tom de censura.

Contei a ele que tive a idéia da matéria sobre suplementos herbais quando estava em Las Vegas, na Exposição de Entretenimento Adulto, e vi pessoas oferecendo produtos o tempo todo. Ele malhou a pornografia também, e então começamos a falar sobre sexo, ervas e "disfunções de ereção". Ele me explicou que o esperma é rico em zinco e que, se você planeja ejacular muito, precisa manter seus níveis de zinco elevados.

Esse homem, pensei, poderia ser útil para o meu projeto pessoal. Então contei a ele o que estava fazendo e ele ficou animado.

– Que oportunidade para pesquisadores! – disse. – Isso é, por acaso, parte de algum estudo?

– Não – respondi. – Nenhum estudo. Somente eu e Annie.

– Que pena – ele falou. – É uma boa idéia, entretanto. Penso que poderia ser de grande ajuda.

– Nós esperamos que sim.

Ele me incentivou a marcar uma consulta com um especialista em medicina chinesa:

– Eles sabem tudo sobre ervas medicinais para virilidade masculina.

Também me aconselhou a marcar uma consulta para checar o "nível de zinco" – uma agora e outra para quando terminássemos o projeto. Disse a ele que faria as duas, mas não fiz nenhuma, pois não tinha o tempo e o dinheiro necessários para a medicina chinesa ou para o teste do zinco. O assunto do zinco, entretanto, ficou na minha mente. Naquela noite, um esforço adicional e incomum da minha parte foi preciso para manter a velha máquina funcionando. Será que meu zinco se esgotara? Será que os comentários do naturopata mexeram com a minha cabeça, introduzindo uma preocupação importuna com relação a níveis de zinco, uma dúvida silenciosa e invisível viajando direto do meu cérebro para meus genitais?

Uivos do passado

– Está tudo bem hoje, querido? – perguntou Annie, enquanto eu lutava para reunir desejo suficiente para consumar a noite. Meus beijos estavam estranhos e meus movimentos, desajeitados. Estava fora de ritmo.
– Sei lá – falei. – Tudo parece estar fora do compasso. Não estou sentindo tesão.
– Interessante – disse Annie. – Esta noite eu é que estou mais animada.
– Fico contente com isso – falei. – Está sem tédio?
– Nem um pouco. Mas você parece terrivelmente entediado. Vamos mudar isso.

Nós voltamos a nos beijar, mas Annie complementou os beijos com carinhos e movimentos excitantes, assim como um jeito de beijar que poderia se dizer que tinha mais convicção. Levou tempo, uns dez minutos, mas ela conseguiu abrir meu apetite, e finalmente conseguimos.

– Uau – falou Annie. – Algumas vezes isso dá trabalho.

Antes de mergulhar no sono, considerei nossa última marca: completáramos o dia 33, um terço do caminho!

No dia seguinte, comprei um frasco de suplemento de zinco.

A SEXTA-FEIRA COMEÇOU logo após a meia-noite, aos gritos. Corremos para o quarto de Ginger: suas luzes estavam acesas, e ela havia tirado as calças do pijama. Estava aos berros, inconsolável, deitada de barriga para cima, chutando, o rosto cheio de lágrimas e o travesseiro úmido. Ela tivera um pesadelo – uma raridade no Mundo de Ginger. Nós cantamos e a embalamos para que tornasse a dormir, depois voltamos para a cama. Acordamos de manhã exaustos. Prevendo fadiga severa devido à noite de sexo, fui dar um passeio até a TJ Maxx no horário do almoço, que fica a pouca distância do meu escritório. Cerca de um ano antes, Annie e eu descobrimos que um quadradinho de chocolate era tudo o que precisávamos como sobremesa na maioria das noites, e duran-

Simplesmente faça

te nossa primeira semana de sexo nós notamos que pequenas doses de chocolate forneciam um excelente benefício adicional para acordar nossos cérebros sibilantes à noite. Logo após descobrirmos os prazeres do chocolate à noite, eu também descobri que o TJ Maxx também tinha um cortejo eclético e às vezes fabuloso de doces, incluindo, ocasionalmente, as barras de chocolate primorosas que eram vendidas por 5,99 dólares no Whole Foods, mas a 1,99 no TJ Maxx. Enquanto procurava por chocolate, encontrei cuecas boxer vermelhas bordadas com o coelho da Playboy. Comprei-as para usar no Dia dos Namorados. Se não fosse pela maratona, o mero pensamento de comprar cuecas boxer Playboy, sem contar o ato de realmente comprá-las, nunca teria passado pela minha cabeça. Também comprei uma caixa antiga com doces para os presentes das meninas para o Dia dos Namorados.[9]

Durante todo esse tempo – no carro, na caminhada ao TJ Maxx, mais tarde fazendo pesquisa na biblioteca pública para um projeto sobre pornografia que eu estava iniciando para o *Post* –, eu estava praticando um exercício que hesitava revelar por medo de ser ridicularizado não apenas por amigos homens, mas também pela comunidade feminina no geral. Deixe-me estipular aqui que esse exercício – assim como o levantamento de peso, a loção de musk, os pijamas sem bolsos, as corridas matinais ocasionais, o robe Thruston Howell III, o copo enorme de suco de laranja que eu tomava todas as manhãs (a doutora havia dito que eu precisava de citro para o "equilíbrio" de Annie) e minhas crescentes mensagens para Annie – nascia de um desejo de agradar minha esposa, essa mulher que teve a idéia de fazer sexo comigo por cem dias consecutivos. E então, por Annie, eu vinha fazendo Kegels, exercícios que dão força a vários músculos ao redor dos órgãos sexuais.

---

9 - Dia dos Namorados: nos Estados Unidos, essa é uma data em que se presenteiam também os amigos. As crianças participam igualmente desse dia, presenteando umas às outras com doces ou cartões. (N. T.)

Uivos do passado

Annie já os praticava havia anos. Eu nunca considerara fazer Kegels – parecia algo para o mundo "das mulheres" somente, como absorventes e delineadores para os olhos –, até que li alguns livros que diziam que os homens deveriam fazer esse tipo de exercício porque aumenta a força da ereção e permite aos homens segurar sua ejaculação por períodos cada vez mais longos. O fato de nós dois estarmos fazendo-o, especialmente à luz da maratona, era algo para comemorar. É claro que eu não disse a ninguém que o estava fazendo, a não ser a Annie, que respondeu: "Eu adoro os exercícios Kegels! Que bom para você!" – o que, devo acrescentar, não foi uma resposta que exatamente fortaleceu meu senso de masculinidade.

A certa altura, durante a tarde de exercícios Kegels, considerei como meu pênis se tornara central para a minha vida durante os últimos trinta e três dias. Eu me encontrava pensando em meu pênis a toda hora: "Como você está agora, amigo? Você é a estrela, amigo. Fique firme. Você consegue". Esta noite, pensei, deve ser um bom teste para a libido e seu único ator coadjuvante – o pênis. Nós íamos encontrar em um restaurante cubano *nouveau*, o crítico de restaurantes do *Post*, Tucker Shaw, um cara que passara o ano todo fotografando tudo o que comia e depois publicou um livro. Portanto hoje seria a segunda noite depois da "sexatona" que exigiria de nós sexo depois de jantar e bebidas. Se o equipamento hidráulico já estava começando a engasgar sem bebidas e grandes refeições, depois de me sentar na cama com Annie por longos períodos fazendo a engrenagem funcionar nos interlúdios eróticos, como ele iria reagir após um compromisso atendido às pressas, tarde da noite, desafiado por coquetéis e selado com comida?

Annie me deixou de queixo caído quando apareceu no topo da escada da nossa casa, com as pernas cobertas por uma meia-calça desenhada, um vestido preto revelador acentuando seu decote, os cabelos exuberantes e lábios suculentos. As garotas saracoteavam

Simplesmente faça

em volta da mãe, dizendo a ela que cheirava bem e que estava bonita, que gostaram do seu cabelo, isso e aquilo. Elas fizeram elogios também ao meu casaco esportivo. Alguns minutos depois a *baby-sitter* tocou a campainha e nós saímos, tagarelando enquanto eu dirigia, e então Annie passou seu braço pelo meu enquanto nos apressávamos pelas calçadas frias do centro da cidade para o restaurante. Nada podia me deixar mais orgulhoso.

"Vejam! Ela é minha!"

A comida não tinha muita graça, mas os *mojitos*[10] estavam fantásticos. Annie estava risonha, maliciosa e devastadoramente sexy, e imediatamente fez amizade com Tucker; tudo isso somado me levou a uma maior urgência. Eu até achei bonitinho quando ela derrubou meu *mojito* na mesa – Annie e eu adorávamos pedir coquetéis em restaurantes ou bares, mas não fazíamos muito em casa.

Eu falhei em seguir meu conselheiro interior, que agitava seus dedos avisando sobre como "refeições substanciais" "não conduzem" à "consumação de certos atos físicos". Blablablá. Pedi uma entrada. Pedi um prato grande de proteína – um pedaço de peixe – acompanhado de uma pilha de carboidratos. Comi sobremesa. Eu provavelmente teria pedido as mesmas coisas se Tucker não estivesse conosco – minha fome raptara meus escrúpulos –, mas o fato de estarmos com Tucker selara o acordo. Tucker, ou, melhor dizendo, o *Denver Post*, estava pagando o jantar. Essa era uma oportunidade para alavancar completamente a essência do lema "grátis é melhor". Eu não estava disposto a deixar passar uma caloria.

A *baby-sitter*, uma das nossas instrutoras de ioga, foi para casa sozinha. Annie e eu tomamos banho e nos deitamos por volta das 23h30, cerca de uma hora depois do horário que normalmente dormimos. A comida pesava no meu estômago: dois

---

10 - *Mojito*: bebida tradicional cubana à base de rum. (N. T.)

Uivos do passado

mojitos entorpeceram minha libido. Fomos direto para o sexo: nada oral, nenhum beijinho ou preliminares, apenas um bocado de lubrificante. Badabim. Dez minutos depois, badabum.
– Maratona do sexo – disse uma Annie grogue um pouco antes de cair para a terra dos sonhos. – Às vezes você faz só por fazer.
Ela tinha razão.

NA NOITE seguinte, reagi favoravelmente à visão da lingerie sexy de Annie, das suas unhas dos pés pintadas de vermelho e suas coxas macias e brancas como mármore. Enquanto o estímulo visual marchava por meu cérebro, um auditivo também chegou. Ouvi um sussurro, como no show a que Annie e eu estávamos assistindo no DVD.
– Que barulho é esse? – perguntei.
Annie tirou "Dois Dedos e Um Polegar" debaixo do seu robe e sorriu:
– Estou pronta!
Com os dois totalmente estimulados, conspiramos para consumir a sessão número 35.
Isso está ficando uma loucura, pensei depois que terminamos. Eu estava planejando guardar o Viagra que minha médica me dera até que realmente precisasse dele, mas agora queria apenas aumentar o lance.

Capítulo 7

Um jogo chamado Scat

– Você está agindo como um louco – declarou Annie.

Exatamente às 19h11 da noite seguinte, eu finalmente pressionei o pequeno comprimido azul, retirando-o da embalagem, e o engoli. Quando as garotas já estavam na cama, cerca de uma hora depois, uma sensação de ressecamento e estrangulamento fez minha garganta palpitar, enquanto meus olhos e minha atenção movimentavam-se rapidamente como um beija-flor num jardim de flores. Senti-me como se tivesse acabado de tomar muitos cafés *espressos*. No chuveiro, o Senhor Lorde experimentou a energia de choques de raios e logo emergiu como um misterioso novo membro que trabalhava independentemente do meu cérebro. Quando entrei no quarto, Annie estava usando uma lingerie francesa sexy, e, quando ela se inclinou para pegar algo, meu novo companheiro Membro Autônomo moveu-se diretamente na direção dela. O "amour" teve início. Não me lembro de ter me sentido compulsivo com relação ao sexo – foi mais uma possessão que um desejo. Vinte minutos de obscuridade depois, estava tudo terminado, e eu, prostrado: um motor movido a combustão gasto, um cão satisfeito.

Annie apontou na direção de Autônomo.
– O que você pensa? Ele vai se acalmar?
Olhei para baixo.
– Terrivelmente... teso, não acha? – falei.
– Sim, e não está nem mesmo começando a baixar.

Eu me apoiei em meus cotovelos e esperei um minuto. Três. Seis. O Autônomo se submeteria finalmente ao meu desejo e iria dormir? Essa possessão precisaria de algum tipo de exorcismo formal – cânticos, água benta, um xamã – antes de se dissipar? Depois de dez minutos, comecei a me preocupar: "Você

Um jogo chamado Scat

vai se lembrar da sala do pronto-socorro, o garoto com o braço quebrado, um homem ao lado dele que representa tudo o que é podre na América". Depois de mais ou menos a marca de quinze minutos, entretanto, o Autônomo cambaleou e caiu, depois mergulhou no sono e eu o segui.

NO DIA seguinte, no trabalho, contei a um dos meus colegas sobre minha experiência com o Viagra, e ele perguntou:
– Você está preocupado em se tornar viciado?
Eu não estava, mas depois considerei a idéia. O medicamento tocara em algo primordial dentro de mim. Ele sintonizou o homem das cavernas há muito perdido na moita do meu cérebro de 40 anos. Esse sujeito controlador ficou mais forte do que havia sido na minha juventude, eu acho, mas ele não chegava assim tão excitado, como fora, digamos, aos 16 ou 20 anos. Eu gostei do insensato rugidor. Apreciei o modo como ele apareceu, rindo e pronto para o ataque logo que engoli o comprimido. Não estou certo sobre ficar viciado, mas eu poderia me acostumar a tê-lo por perto; afinal, o comprimido fazia a conexão de maneira muito rápida.

Annie gostou da versão do Homem das Cavernas cheio de energia, mas havia limites. Duas noites seguidas, por exemplo, seria demais. Portanto depois do trabalho, enquanto as crianças brincavam com suas bonecas Polly Pockets e vestiam roupas no porão, Annie disse que estava "contente" que a encarnação da noite anterior do Homem das Cavernas não faria uma reaparição.

– Certo? – ela quis confirmar.
– Sem Viagra hoje à noite – respondi. (Para ser educado, cochichei para o Homem das Cavernas: "Desculpe, companheiro".) – Por que "contente"?
– É porque estou acabada – falou. – Derrubada. Eu estou maluca por sexo, mas não tenho certeza de que consigo encarar, você sabe, a batida.

Simplesmente faça

– Então houve uma notável diferença? – perguntei.
– Sim – disse ela, solenemente. – Você estava especialmente vigoroso. Foi divertido, mas não é o tipo de energia que eu quero experimentar toda noite. Algumas vezes, devagar e com calma é melhor.

Agradeci pela informação. Se Annie tivesse dito "Céus, eu quero que você tome Viagra toda noite!" não seria preciso um psiquiatra ou um estudioso em línguas para interpretar o significado de "Viagra é melhor que você".

– Ei, essa é uma boa novidade – falei. – Devagar e com calma é melhor.
– Nós nunca falamos sobre isso antes? – Annie perguntou.
– Não que eu me lembre.
– Você concorda comigo?
– Não.

Uma pausa. Uma cabeça erguida.

– Sério?
– Não me leve a mal, eu gosto de fazer devagar, especialmente quando estou derrubado – falei. – Mas gosto mais quando vamos realmente ao ponto. Quando estamos nos exercitando.
– Interessante – disse Annie. – Por quê?
– É como ser varrido – respondi. – Eu me deixo levar quando estamos tendo uma diversão selvagem. Eu gosto.
– Sei o que você quer dizer. Eu gosto desse clima também. Mas ainda prefiro o devagar com calma.
– Sua vez – falei. – Por quê?

Annie pensou alguns minutos.

– Sinto-me mais próxima de você quando é assim. Sinto-me conectada. Gosto das sessões super-excitadas, mas falta a conexão. Às vezes parece que estamos pegando caminhos diferentes quando é selvagem. Como se estivéssemos perdidos em sentimentos maravilhosos, mas sem sentir um ao outro: nossos corpos, nossa respiração, nossos olhos.

Um jogo chamado Scat

Sem dúvida, esse era um bom argumento.
– É verdade – falei. – Eu sentiria falta das noites calmas se parássemos com elas.
– Nós dois gostamos das mesmas coisas, eu acho, só que no todo enfatizamos abordagens diferentes. Eu não gostaria de perder o sexo energético, mas, na balança, pendo um pouco mais para o sexo calmo. Com você é o contrário.
– Exato.
– E, falando nisso, há uma coisa que eu adoro e eu acho que você apenas gosta. Ioga.
– Eu estou na fase "agradavelmente surpreso" – disse.

Annie deu um beijo de boa-noite nas meninas e depois eu as entretive com um velho personagem, a bruxa má (tinha ensaiado o papel), que algumas vezes é substituída por meu personagem mais comum, o "gigante". Na penúltima cena do dramático "curta-metragem", a bruxa finalmente pega as pobres e inocentes crianças e coloca-as dentro do forno grande e feio. Gargalhadas.

Depois que as crianças dormem, Annie está de volta, eu trabalhei meus músculos infláveis na medida do possível, e nós pulamos para dentro da banheira provocante lotada de aromatizantes, cortesia de Annie – água de rosas, óleo de semente de uva, sais efervescentes, patchuli, ylang-ylang e sais Epsom. As velas tremulam. Um incenso perfuma o ar.

E então... toc, toc.
– Quem é?
– Ginger.
– Essa é a brincadeira do toc-toc? – perguntei.
Pausa.
– Como é a brincadeira do toc-toc?
– Entre, Ginger – disse Annie.
– Posso dormir no quarto de Joni?

Nós dissemos que não e ela foi embora, mas então Joni apareceu na porta do banheiro dizendo que Ginger estava sendo "boba" e que ela não conseguia dormir. Obviamente Ginger havia desconsiderado completamente nosso "não". Suspiro. Nós continuamos na banheira, e, quando saímos do banho, as duas dormiam profundamente no quarto de Joni. Aquela era uma boa notícia; porém, más notícias surgiram logo após subirmos na cama. Eu não estava excitado. Annie tinha colocado sua lingerie francesa chique. Não adiantou. Eu olhei para baixo. Nada.

– Talvez eu deva tomar o Viagra novamente?
– Você não vai querer ficar dependente dessa coisa.
– Interessante – afirmei. – Esse tópico, dependência do Viagra, já apareceu hoje no início do dia.
– Você esteve falando sobre Viagra?
– Contei a Frank que o experimentei, e ele perguntou se poderia causar dependência.
– O que você disse?
– Disse que achava que as pessoas poderiam se viciar, sim.
– Como você?
– Que nada – respondi. – Eu gosto do Viagra, mas não quero depender dele, pelo menos não agora. Mas, se o equipamento começar a falhar (um dia, daqui há muito tempo), é bom saber que há uma alternativa. É só tomar um comprimido.

Annie acariciou o interior das minhas coxas enquanto nos sentávamos com as pernas cruzadas na cama um frente ao outro. E logo aquela sensação familiar de excitação borbulhante – "Eu quero transar" – emergiu. Annie deslizou para a beira da cama e massageou a sola dos meus pés por um tempo. Depois começou a me beijar no tornozelo, subindo até a panturrilha, os joelhos...

NO DIA SEGUINTE, uma terça-feira, eu quis investigar algumas das *sex shops* locais para as matérias nas quais estava trabalhando. Visitei três delas, todas próximas umas das outras. O objetivo era uma pesquisa profissional, mas a série de

Um jogo chamado Scat

visitas não deixava de ter seu interesse pessoal. Em Las Vegas, conheci uma variedade de brinquedos sexuais, e Annie comprara um. Eu, também, saí da convenção com um brinquedo sexual, o qual mencionei de passagem no capítulo anterior. Devo culpar meu lema "Grátis é melhor". O brinquedo fazia parte da pilha de brindes que trouxemos para casa. Eu o pegara, o enfiara na sacola e vinha tentando esquecê-lo, mas, toda vez que remexia na sacola de diversões sexuais, ele me tentava: "Estou aqui! Você tem que ver do que sou capaz! Dê-me uma chance!" Resisti um pouco, mas finalmente dei de ombros e cedi, prendendo o acessório à minha masculinidade, uma noite durante a maratona, enquanto transava com Annie. Não vou descrever o evento em questão; para ser sincero, é muito embaraçoso – não o ato sexual em si, mas o fato de que usei esse acessório durante o ato sexual. Você não deve estar louco por detalhes; eu me abstenho de fornecê-los – então vamos deixar como está. Experimentei a coisa uma vez e gostei o suficiente para usar de novo, mas acreditava que o havia perdido. Então visitei as *sex shops* para conduzir a pesquisa jornalística; porém, além disso, eu queria repor o acessório que pensei ter perdido.

Na terceira *sex shop*, uma que abastecia a comunidade fetichista local com roupas de couro que enchiam o andar do *showroom*, aproximei-me de um *punk* alto e bem magro que estava atrás do balcão e perguntei se ele tinha o acessório que eu estava procurando. Ele ergueu os ombros, depois gritou para um outro funcionário do outro lado da loja, um rapaz esquelético com cabelo moicano e *piercings* por todo o rosto:

– Nós temos anéis penianos com vibrador?
– Anéis penianos com vibrador? – gritou o outro. – Um momento.

A palavra *fogo* ecoou pelo meu cérebro; as labaredas lambiam meus pensamentos, chamuscando para sempre as paredes de

189

galerias, câmaras, túneis e ante-salas. Um demônio com chifres e tridente, sentado em algum lugar num trono de pedra, ria.

– Desculpe – o vendedor gritou depois de vasculhar algumas prateleiras. – Não temos anéis penianos com vibrador.

O rapaz a quem eu perguntara primeiro ergueu os ombros novamente.

– Sinto muito, cara. Acho que não temos anéis penianos com vibrador.

– Tá legal – sussurrei, incapaz de erguer os olhos do chão.

Quando finalmente me recompus, inspecionei os clientes, procurando por olhares desaprovadores, mas ninguém parecia perturbado pelo Teatro do Anel Peniano. Ao final, falei baixinho com um dos funcionários sobre o acessório. Como a loja não vendia os anéis com vibrador, ele recomendou uma versão mais tradicional do acessório. Eu o comprei e acabei usando-o várias vezes durante minha aventura com Annie.

Também comprei um par de meias sete-oitavos com corações bordados para presentear Annie no Dia dos Namorados. Eu as havia proposto durante uma conversa anterior sobre a maratona. Annie concordara, mas eu ainda não havia visto as pernas de Annie cobertas pela sensualidade de meias que terminam nas coxas. Por que essas meias são tão sensuais? Não tenho idéia. Antes da maratona, eu nunca surpreendera Annie com o par porque temia que ela as consideraria o máximo da breguice, e nós nunca falávamos realmente sobre sexo. Apenas fazíamos.

Armado com meu novo acessório e as meias para Annie, atravessei a rua e entrei em um café agradável que fazia um *espresso* italiano elaborado. Sentei num sofá e beberiquei meu excelente *espresso* com energia renovada e otimismo. Liguei para meu irmão enquanto voltava para casa; ele tinha uma colméia familiar tão voltada para crianças quanto a nossa – futebol, escoteiros, escola, caratê e outras coisas mais – e, é claro, perguntou sobre a maratona:

Um jogo chamado Scat

– Você ainda está em pé?
– Essa foi boa, mano – respondi. – Sim, estou em pé. Não tenho outra saída.
– Ainda está curtindo?
– Estou. Achava que talvez enjoasse disso tudo depois de um tempo, mas não enjoei.
– Bom saber – disse ele. – Acho que eu nunca ficaria enjoado disso.
– Pense nisso como uma "notícia útil".
– Você está nesse ramo. Deve saber como fazer.

Naquela noite, depois do habitual desfile de responsabilidades pós-trabalho (uma trajetória que se torna significante quando as portas de duas meninas estão fechadas), Annie estendeu seus braços para me puxar do sofá.

– Siga-me – disse ela.

No quarto, Annie fechou e trancou a porta e me pediu para fechar os olhos. Quando os abri novamente ela estava nua. Seus pêlos púbicos, exceto uma fina faixa, tinham sumido. Ela passara parte do dia no centro da cidade fazendo uma depilação brasileira.

Oh. Meu. Deus. Muito sensual.

– Senti muita dor – disse ela. – Creio que ter outra mulher com luvas de látex segurando minha vulva e puxando meus lábios vaginais foi a coisa mais humilhante pela qual já passei. E ainda dei a ela uma gorjeta!

– Nossa, amor – falei. – Nossa.

– Foi quase como dar à luz, apesar de que dar à luz sem anestesia dá uma sensação de poder. Isso definitivamente não foi uma experiência enaltecedora.

– Uau – exclamei, observando sua nudez surpreendente, quase como uma cerâmica.

– Perguntei à depiladora se eu teria algum ganho com tudo aquilo. E ela respondeu: "Você não sabe os benefícios, querida?". Disse-me que o sexo ficaria melhor sem todos aqueles pêlos.

Simplesmente faça

– Mal posso esperar para descobrir – falei. – Devo reconhecer: venho levantando pesos, correndo, me lambuzando com musk e mais, mas nada disso chega perto de ter seus pelos púbicos removidos com cera quente. Estou admirado.
– Obrigada, querido!
Depois eu presenteei Annie com a história sobre a procura pelo acessório no *sex shop*. Annie gargalhava.
– Eu queria tanto estar lá. E o engraçado é que sei onde está o seu anel peniano com vibrador. Eu o coloquei em local seguro, escondido lá em cima onde está a sacola com os brindes da exposição, assim as crianças não o achariam.
– Então eu poderia ter sido poupado da vergonha que senti no *sex shop*?
Ela riu.
– Sim. De agora em diante vou prestar mais atenção e informá-lo onde está seu anel peniano. Talvez sua cota de humilhação com o anel peniano foi o cosmos equilibrando minha dor e humilhação com um episódio seu.
– Seja como for – afirmei, olhando para sua nudez. – Eu não acho que dor e humilhação estão na programação desta noite.
Annie ergueu as sobrancelhas, e logo estávamos os dois nus e transando.
– A sensibilidade é muito maior – disse Annie depois que a última corrente de orgasmo passou. – É incrível!
– É mesmo – falei, e logo um orgasmo cresceu em mim, levando-me com ela.
– É inverno, está frio, está triste – disse Annie. – Temos que continuar rindo. Bastam sexo e diversão. Antes que você note, já é primavera.

É ENGRAÇADA a diversão. Pode ser a invasora menos apreciada no sexo. Até mesmo a raiva, em alguns casos, desova aparentemente no quarto durante a diversão dos casais (pelo menos

Um jogo chamado Scat

é o que parece acontecer de vez em quando nos filmes). Mas o riso? Isso algumas vezes estraga o clima. No entanto, humor é sexy. Pegue o exemplo de Hollywood. Annie acha que Will Ferrell é muito mais sexy que Brad Pitt. Não são os olhos grandes e redondos ou os cabelos que a excitam, mas seu senso de humor. Eu acho Tina Fey incomparavelmente sexy. Ela é uma mulher bonita, mas é seu humor cortante (mais o seu olhar travesso) que a faz tão sensual, pelo menos para mim.

Eu sempre fiz Annie rir – conto histórias engraçadas, diz ela – e isso ajuda a explicar a intensidade de sua atração por mim: tudo o que eu tinha que fazer era provocar alguns risinhos e ela seria minha. Quem diria?

Annie não é cômica do tipo animadora de festas ou uma contadora de piadas; é mais do tipo que faz gracejos e observações espirituosos, um humor malicioso. Ela tem calor, mas o calor sem combustível rapidamente torna-se frio, pelo menos para mim. Ela tem o potencial, no entanto – o humor, a vivacidade, a alegria –, para manter sua chama sensual. Sua graciosidade também me faz rir. Como na ocasião em que minha família a ensinou a jogar nosso jogo favorito de cartas, chamado Scat. Eu cresci jogando esse jogo, principalmente durante as férias na praia. De seis a dez de nossa família sentavam-se em volta da mesa para jogar durante horas, valendo dinheiro. O objetivo é fazer o "Scat", que envolve ter uma combinação de cartas nas mãos. Nós explicamos as regras para Annie certa noite e começamos o jogo. No meio do jogo, ela sorriu, seus olhos brilharam – um lampejo com aquele ar familiar de triunfo competitivo – e ela deitou as cartas na mesa, mostrando-as com certo estilo dramático que dizia "Não tem pra ninguém".

– Scat! – murmurou, levantando a cabeça e colocando as sobrancelhas para cima, como se Scat fosse a coisa mais fácil do mundo. O problema, é claro, é que de forma alguma ela tinha um Scat. Sua mão, na realidade, era pobre. Lá estava

Simplesmente faça

ela, definitivamente radiante e com seu espírito competitivo de coroa, trono e cetro. Ela olhava pela mesa, vibrando consigo, uma rainha comandando sua corte.

Todos nós rimos.

– Desculpe, querida. – disse minha mãe com um sorriso largo. – Isso não é Scat.

– O rosto de Annie desintegrou-se. Ela ficou em pânico.

– É sim – disse Annie. – Veja.

Nós olhamos. Balançamos as cabeças.

– Desculpe, querida – repetiu minha mãe. – Não é Scat.

Isso aconteceu no início do nosso namoro e até hoje, sempre que jogamos Scat, alguém imita os trejeitos de Annie e sua voz e diz "Scat!". E todos nós rimos.

Como Annie, eu não estou imune às gozações acidentais. Annie fica particularmente orgulhosa de uma história que antigos colegas da *Tribuna de Albuquerque* (que sua alma descanse em paz; foi meu primeiro emprego de período integral em um jornal) contaram para ela. Eu recebi um formulário no trabalho e anunciei "Que porcaria é essa? Isso vai para o lixo". E arremessei o papel na lixeira. Os colegas que viram o arremesso me aconselharam a pegar o papel de volta. "Você vai precisar daquele documento. É importante. Tem a ver com o seu imposto de renda."

– Que seja – retruquei.

Eu o peguei de volta e o trouxe para Annie. Meus amigos contaram a ela, algumas noites depois, que eu havia jogado o documento do IR no lixo, e ela riu tanto que quase teve uma convulsão. Isso ajuda a explicar por que Annie administra o orçamento da família.

Outra clássica: estávamos morando em nossa pequena casa no sul da Flórida e Annie estava no oitavo mês de gravidez. Ela havia ganhado cerca de vinte e dois quilos. Sofria com o calor massacrante do sul da Flórida, andava com dificuldade

Um jogo chamado Scat

e seu rosto estava sempre vermelho. Parecia sempre aérea. E começara a roncar.

– Você sabe que está roncando, não é? – disse eu uma manhã, enquanto estávamos os dois deitados na cama.

– Sério? – falou Annie. – Que embaraçoso. Espero que eu não o esteja acordando.

– Ah, não se preocupe – respondi. – Não é sua culpa. Pessoas gordas roncam.

Pausa.

Pessoas gordas roncam. Eu acabara de chamar minha esposa de "gorda", ela, que deixara o lugar que amava e se mudara para a outra extremidade do país comigo ainda grávida, que passou por dias difíceis de um centro comercial desanimador a outro, que passou tardes de finais de semana na minha praia adorada mesmo não gostando muito de areia, mar ou sol. Felizmente para mim, meu comentário rapidamente tornou-se mais um de uma longa coleção de "foras inofensivos do DJ". Annie ainda invoca essa fala de meses em meses.

"Pessoas gordas roncam".

Suspeito que, se não fosse por essa estrutura de humor, a maratona nunca teria acontecido. Nós estávamos transando por cem dias consecutivos porque pensávamos que isso seria um combustível. Sim, achávamos que isso poderia melhorar nossa vida amorosa. Mas, se ao final você concluir que "o combustível é a essência dessa maratona", eu discutiria com você. Estávamos entediados com Denver, sozinhos, arrastando-nos em nossos empregos, sendo absorvidos pela meia-idade. Desejávamos dar algumas risadas e pensávamos que uma aventura maluca como aquela poderia gerar um montão delas. O Teatro do Anel Peniano, sem dúvida, vai permanecer como parte do nosso repertório de humor por um longo tempo.

Como hoje à noite, por exemplo, esta quarta-feira depois do trabalho: as crianças no porão brincando com suas bonecas,

Simplesmente faça

Annie fritando algo na cozinha, a casa com aroma de gengibre ao alho. Eu pendurava meu casaco num gancho em um espaço pequeno entre a cozinha e a garagem onde colocávamos nossas jaquetas, botas, gorros e coisas do tipo.

– Você esteve hoje com seus amigos na sua loja favorita? – perguntou Annie piscando para mim.

– Nunca mais – eu falei, levantando meu dedo indicador de forma dramática, como um professor de faculdade defendendo um ponto de vista. – Não sou o tipo de cara que freqüenta *sex shops*, sinto lhe informar.

Minutos depois as meninas subiram as escadas correndo e gritando:

– Papai, papai – e me abraçaram. Como sempre, esse era um dos pontos altos do meu dia.

– Ei, pessoinhas – falei, baixando para ficar no nível delas. – Como estão?

Elas me deram a resposta de todos os dias:

– Tudo bem.

O que às vezes não era o caso. Até que durante o jantar eu tivesse a chance de perguntar com mais detalhes sobre o dia delas na escola, uma atividade que eu aguardava com alegria por causa das novidades e comentários sobre seus amigos, quando então eu saberia melhor como havia sido o dia delas. Esse gosto pela conversa infantil pode parecer absurdo, mas, se você têm crianças pequenas e nunca ouve muitos comentários, tente obter alguns. É divertido!

Tudo isso começou com Joni, quando ela passou a freqüentar a pré-escola em Baltimore. Naquele tempo, meu emprego era externo e o trabalho de Annie era tomar conta de Joni. Nós sentíamos falta das fofocas do trabalho com as quais estávamos acostumados, e alguns meses depois que Joni entrou na escola nós nos vimos atormentando a pequena sobre o que havia se passado na sua turma de três anos de idade.

Um jogo chamado Scat

Uma amostra da conversa:

Papai: Como estava a Nickie hoje?
Joni: Nickie? Ela levou um sanduíche de pasta de amendoim hoje, mas ela não podia porque Madison é alérgico, então ela teve que jogar o sanduíche fora e a mãe dela teve que levar outra coisa para o lanche.
Papai: O quê? Essa é boa! Vamos lá, mais detalhes. Primeiro, volte à cena. O que ela estava vestindo? O sanduíche estava numa embalagem de plástico? O que – o que *exatamente* – a professora disse quando ela viu o sanduíche? E como – de novo, *exatamente* – Madison reagiu?

Joni inevitavelmente respondia a todas as minhas perguntas. Três anos depois eu participava das fofocas do escritório, e Annie também, mas nós definitivamente vibrávamos com tudo o que tirávamos das crianças, todo tipo de comentário. E, agora que Ginger estava na pré-escola, a diversão era em dobro.

Esta noite, em volta da cozinha, soubemos o seguinte de Joni: ela teve uma discussão com uma de suas melhores amigas sobre algo que envolvia a incapacidade da amiga em participar de um jogo durante o recreio (elas discutiam dia sim, dia não). Um garoto "superchato" tropeçou nela no pátio e uma garota passou boa parte da tarde fingindo que era um cachorro. Isto foi o que soubemos de Ginger: uma amiga caiu e chorou. Outra amiga próxima não sabia dançar balé (Ginger demonstrou para nós como sua amiga dançava e depois demonstrou a sua versão, mais aprimorada), e Ginger e a amiga que caiu cochicharam uma com a outra durante o horário da soneca.

Depois do jantar, eu lavava os pratos enquanto Annie convencia as crianças a colocarem seus pijamas. Livros foram lidos. Os lençóis foram colocados sobre os ombros. Beijos na testa. E, por fim, Annie e eu estávamos em nosso quarto. Depois de

Simplesmente faça

tomar banho, eu vesti o robe do homem chique e o pijama, e Annie veio para a cama em sua lingerie Huit, um conjunto de sutiã e calcinha francês que eu comprara em uma butique sofisticada em Pensilvânia, minha cidade natal, semanas antes da maratona, enquanto fazia uma visita durante o feriado. O conjunto custara cerca de 150 dólares. Eu nunca pagaria tal quantia numa lingerie, mas devo dizer que Annie ficou especialmente arrasadora nela. Mas breve, é claro, esses ornamentos não estavam mais abraçados ao corpo de Annie. No lugar deles, estava eu.

Mais tarde, enquanto ela colocava novamente suas roupas – calças de pijama e uma camiseta sem mangas –, olhou para baixo para checar a depilação brasileira.

– Eu adorei – ela falou. – Apesar de que isso tem potencial para ser uma esquisitice de adolescente.

– Antes de ver o resultado de sua depilação, eu tinha dúvidas quanto a ela. Porém, depois de ter uma experiência "concreta" com ela, a preocupação se foi. Não é esquisitice. É apenas mais uma coisa que, por algum motivo, vem a ser sensual. Como as meias sete-oitavos.

– Batom e brincos. Sapatos de salto alto – completou Annie.

– Músculos – falei. – Nós poderíamos fazer uma lista de coisas que fazemos com o objetivo de atrair, nenhum dos quais seria natural. Portanto, por esse ângulo, a depilação brasileira é uma variação do tema do delineador.

Ela riu.

– Bom trabalho. Justificativa brilhante para a depilação brasileira.

– Tenho que admitir, entretanto: é muito melhor que o delineador.

ERA TAMBÉM muito melhor que a epifania que me acometeu brevemente depois de acordar na manhã seguinte. Hoje seria a sessão 40. Eu estava com quarenta anos, portanto essa noite a "dança

Um jogo chamado Scat

do amor" seria a minha "sessão de aniversário", que aconteceria umas boas doze horas mais tarde. Primeiro, porém, eu tinha um dia de trabalho para cumprir. Quando voltava para casa, dei uma passadinha pela ioga. Fui o único aluno que apareceu, então a instrutora sugeriu que fizéssemos a ioga em "parceria". Eu não tinha idéia do que isso significava, mas assenti à maneira dos estudantes velejadores novatos no decque com um capitão que grita: "Pise na transversal enquanto recolhemos a vela, e observem a velocidade".

Rapidamente, eu aprendi que a ioga com parceiro significava que iríamos massagear as costas um do outro e depois executar paradas de mão complicadas em que nossos corpos se entrelaçavam. Eu nunca havia me entrelaçado com ninguém na minha curta experiência com a ioga, muito menos levantado numa parada de mão, porém, não fique tão impressionado com essa parada de mão: a posição envolve a instrutora de ioga e eu apoiados um no outro; caso contrário, eu teria mantido a posição por dois segundos, possivelmente, antes de desabar no chão. Enquanto trançávamos nossas coxas, troncos e braços suados ocorreu-me que algo além de um bom e saudável alongamento estaria em jogo. Nenhum de nós usava muitas roupas, luz de velas coloria a sala, nós nos tocamos por períodos relativamente longos de tempo, e eu não estava acostumado a tocar de maneira tão explícita outras mulheres que não Annie.

Obedientemente reportei minha aventura na ioga a Annie.

– Não se preocupe. Eu não fiquei excitado ou coisa do tipo.

– Eu não disse que você ficou – retrucou Annie. – Foi apenas toque.

– Certo. Foi muito mais que apenas um tapa nas costas, mas, ainda assim, apenas toque.

– Você sentiu algo?

– Sexual? Que nada. Mas, devo dizer, estou mais a fim de transar neste momento. Talvez todo aquele toque tenha me lembrado do que nos aguarda hoje.

Simplesmente faça

Toque, no sentido não-sexual, apareceu anos atrás no nosso relacionamento como um ritual, como recitar o rosário, uma atividade em que nós conscientemente procurávamos nos lembrar da nossa existência como casal: não apenas dois seres humanos separados passando pela vida em diferentes trajetórias, mas duas partes de um todo. Era freqüente nos movimentarmos apressadamente por dias esquecidos, de certa forma, de que éramos um casal, tendo isso como certo. Então um de nós se aproximaria do outro para um abraço, e nós nos dávamos as boas-vindas a uma nova conexão. Essa falha em tocar apropriadamente não fora um problema nas últimas seis semanas. Nós obviamente estivemos pele com pele todos os dias para dar outro passo na maratona, mas os abraços e o segurar as mãos também aconteceram mais naturalmente. Eles não necessitavam mais de um estímulo; apenas aconteciam.

Era muito mais fácil nos lembrarmos do toque com as crianças. Nós as pegávamos compulsivamente, beijando-as nas bochechas e segurando suas mãos quando andávamos. Elas freqüentemente subiam na cama conosco, nem sempre para a proteção de um pesadelo, mas porque cobríamos suas costas com um abraço ou elas descansavam a cabeça em nossas barrigas.

Quando voltei para casa Joni estava muito doente – ela parecia bem quando saí para a ioga. Nada podia parar minhas mãos de apertar seu corpinho e puxá-la para perto. Ela estava com febre e vinha vomitando a cada vinte minutos. Por volta das 23h ela estava vomitando bílis amarela. Estava muito pálida. Nós lhe demos remédios e ela caiu no sono.

E então de volta ao refúgio, agora cansados, para suas velas incansáveis, sopro de aromas e calor voluptuoso, onde tentávamos nos submeter à completa dissolução, a relaxar totalmente apesar do corpo febril de Joni no final do corredor. Sentamo-nos silenciosamente um ao lado do outro, com os pés encostados, e lemos. Não trocamos impressões sobre nossos dias, não fizemos fofoca,

Um jogo chamado Scat

não chafurdamos na política. Não vimos comerciais de televisão. Não ouvimos música. Apenas viramos as páginas. A certa altura eu abri a porta do quarto de Joni para ter certeza de que ela estava bem, e ouvi a respiração de seu sono profundo. Lemos por mais quinze minutos, mas o relógio nos dizia que precisávamos nos mexer se quiséssemos consumar esse dia de sexo.

– Nós provavelmente deveríamos... – eu disse.

– É, está na hora.

Nós nos inclinamos um sobre o outro e nos beijamos, longa e apaixonadamente, e em breve estávamos respirando um ao outro, de alguma maneira fazendo quase à meia-noite, num dia de semana, após uma longa jornada de trabalho e uma noite complicada por uma doença de criança. E, ao terminarmos, ambos experimentamos a sensação familiar, porém estranha, de estar completamente acordados mas capazes de mergulhar no sono em minutos.

– Essa é verdadeiramente a melhor maneira de terminar o dia – falou Annie. – Eu durmo melhor.

– Eu também – concordei. – Vale a pena o esforço por muitas razões, dormir inclusive.

– DÊ UMA OLHADA neste show sobre o rei Henrique VIII. – falou Annie na noite seguinte enquanto eu vestia meu robe Thurston Howell III.

Eu me joguei na cama e fiquei paralisado pelas imagens reais e a história intrigante. Depois estudei Annie enquanto ela assistia ao show. Seus lábios se abriam parcialmente e seus olhos se arregalavam com as guloseimas.

– E depois eles decapitaram a rainha Ana, Ana Bolena.

Sua atenção não saía da tela. A certa altura um bocejo enorme me capturou, uma dessas combinações tripartidas de respirações e engasgos, e os ombros de Annie baixaram. Ela mudou sua atenção de Henrique VIII para mim.

Simplesmente faça

– Acho que eu tenho que entrar no clima – ela falou, com o corpo irradiando desânimo. – Vamos colocar aquele vídeo tântrico ou coisa do tipo.
Eu suspirei, sentindo o mesmo.
– É, vamos tentar.
A pornografia explícita mostrava homens como ogros. As fitas celebravam o homem troglodita, e nesse vídeo tínhamos o troglodita numa camisa havaiana, com cabelos longos e um chapéu ridículo, um troglodita com um bigode ralo e um corte de cabelo pavoroso e um troglodita gordo com uma loira bonita. A certa altura, o camarada de bigodinho e cabelo pavoroso sentou em um morrinho gramado com uma mulher de peruca vermelho-cobre e ela começou a dançar em volta dele. Se Annie se movesse em volta de mim daquela maneira eu me acabaria de rir. Não havia absolutamente nada, nem ao menos um pedaço, uma migalha de sensualidade na dança. Os outros casais do vídeo ficaram envolvidos demais com plumas e olhares comovedores um para o outro. O vídeo não mexeu nem uma agulha de lascívia em Annie ou em mim, mas, nossa, nós rimos demais. Ficamos quase histéricos, nossos olhos molhados derrubavam lágrimas sobre nossas bochechas, ambos dobrados e dando socos na cama.
– Essa é a coisa mais engraçada que já vi – falou Annie.
Eu queria gritar para a tela:
– Pessoal, pessoal. Há algo de feliz, obsceno e saudável em abraçar nosso animal interior durante o sexo. Eu sei que vocês querem torná-lo sagrado (limpo! espiritual! com objetivo!) mas devo dizer-lhes que acho que vocês erraram na mão, ou perderam o ponto (e um ponto importante).
Nós desligamos o vídeo, eu cliquei na WFMU e nós nos aconchegamos um no outro sob os lençóis e cobertores, fazendo piadas sobre o vídeo. Eu acariciei a coxa de Annie e a puxei para perto, e dentro de alguns minutos nós estávamos "mandando ver".

Um jogo chamado Scat

A SENSAÇÃO boa que se seguiu depois de uma noite "mandando ver" ficou comigo na manhã seguinte, na escola de teatro infantil, onde a professora instruiu as crianças a pintarem o rosto dos pais. Eu projetei minha careta e disse:

– Ginger, vá em frente. – E ela o fez, lambuzando de amarelo, azul, preto e verde minha testa, bochechas, queixo e nariz. Até mesmo meu cabelo.

No caminho para casa o pneu furou. Levei o carro diretamente para o estacionamento de uma loja de doces e liguei para Annie, que foi ao nosso encontro. Um pouco antes de ela chegar, apareceu um grandalhão em um caminhão para levantar a van e colocar o estepe. Eu conversei um pouco com ele e ele me olhava como se eu fosse um pássaro estranho, algum tipo de tucano sobrevoando sobre as pradarias. A certa altura me lembrei do meu rosto pintado. "Ah!, pensei". "É por isso que esse cara está me tratando como um vegetariano encararia uma costela de porco: com uma mistura de repugnância e horror."

Entretanto, nenhum de nós mencionou a tinta. Coloquei o pneu furado na Subaru e fui com Joni até a borracharia da nossa vizinhança enquanto Annie esperava com Ginger pelo socorro para colocar o estepe na minivan. Ela nos encontraria na borracharia, onde teríamos o pneu consertado e recolocado no carro. Portanto, se tudo corresse conforme o planejado, nós continuaríamos o nosso sábado, que envolvia uma esticada até o Wyoming, uma das pequenas viagens adoradas de Annie. As pessoas na borracharia olhavam assustadas enquanto eu e Joni aguardávamos na fila. Sentia-me como um *hippie* excêntrico de sandálias entrando num bar cheio de *cowboys*.

Quando chegamos ao balcão, o funcionário ergueu a cabeça. Um tucano?

Eu sorri.

– Foi minha filha, hoje de manhã – expliquei. – Ela decidiu me pintar.

Simplesmente faça

Ele riu e nos ajudou imediatamente, consertando o pneu – um parafuso (ah!) o havia furado – e o recolocando no lugar. Nós paramos em casa brevemente, para que eu pudesse lavar o rosto, e depois fomos todos em direção ao norte, para o coração do inverno, para uma pousada vitoriana em Laramie, onde fica a Universidade do Wyoming.

Por razões que eu francamente não consigo entender, há muito ansiava por ir ao Wyoming, então decidimos fazer uma visita rápida ao estado durante seu inverno notório para termos uma impressão mais real. O crescimento desordenado parou abruptamente logo após deixarmos o Colorado. A civilização cessara. Pegamos a direção oeste e a planície dessa região fria parecia como o mar depois de uma tempestade – o vento não era apenas açoitante e agudo, mas revolto, opressivo, impetuoso e em declínio, e da cor do ferro. Isso era o *western* ao extremo: inibidor, devastador e belo.

NÓS ESTACIONAMOS na pousada. O casal de idosos que era dono do local estava bem na entrada, o que não era algo para se comemorar, pois nós havíamos comprado cerveja, apesar de saber pelo *website* que eles proibiam o uso de bebida alcoólica nos quartos. Eu preferi não abrir a parte de trás da minivan e não aceitar ajuda do senhor até que tudo estivesse escondido. Eles nos cumprimentaram e sumiram para dentro da casa. Nós nos apressamos em ir até a casa alugada, um prédio separado que parecia uma garagem. Tinha um andar acima e um embaixo, cada um com um quarto. As meninas imediatamente migraram para o andar de cima para ver televisão. Nossas vidas sem tevê a cabo transformaram os hotéis e vôos em companhias aéreas em paraísos Shangri-La. Tevê a cabo! Desenhos sem fim! O *site* da pousada anunciava uma sala de jogos, então Annie foi até lá para checar e voltou com os olhos arregalados.

– Vocês precisam ver isso.

Um jogo chamado Scat

Ela disse isso com tanta seriedade que as garotas abandonaram sua adorada tevê a cabo e ficaram atrás de nós, os pais atenciosos, como filhotinhos de pato. O pé direito era alto. Tudo era de madeira. A sala tinha uma mesa de bilhar, uma mesa de pingue-pongue, uma mesa de aero-hóquei e uma mesa de pebolim. Tinha dardos com alvo e uma pilha de jogos. A sala era um mundo de maravilhas para as garotas, que pulavam de um jogo para outro. Joni enlouqueceu, ansiosa por aprender cada nova brincadeira imediatamente e jogar com seu pai e sua mãe.

O lugar se encaixava na teoria que Annie adotara anos antes, uma idéia que eu também abraçara. Entreter a si mesmo, diz a teoria, é melhor que ser entretido. Eu cresci vendo tevê o quanto queria. A boa notícia, eu acho agora, é que na década de 1970 havia menos variedade do que há atualmente (embora eu conte minha habilidade, hoje, para cantar os temas de desenhos animados e seriados como *Homem-Aranha*, *Hong Kong Fu* e *Kimba, o Leão Branco*, como "boas notícias"). Conseqüentemente, eu gastava mais tempo brincando e inventando jogos do que sentado à frente da caixinha. Annie, por outro lado, foi criada no interior. A família dela não tinha receptor de televisão. Durante a maior parte da adolescência ela teve que encontrar maneiras de se entreter. Não era de surpreender, quando tivemos nossos filhos, que a abordagem de Annie de diversão era voltada para o "fazer" e não para o "assistir". Eu provavelmente seria mais indulgente se a criação dos filhos fosse inteiramente deixada por minha conta. Bom para as crianças que além de pai elas têm mãe.

Não levou muito tempo para adivinharmos, quando perguntávamos para as meninas o que fizeram quando foram à casa dos amiguinhos e elas diziam "só assistimos a tevê", que aquelas crianças que passavam muito tempo em casa sentadas em frente à televisão não eram boas candidatas para vir brincar em casa. Elas chegavam à nossa casa achando que nas próximas horas se sentariam em frente à tevê, e engoliam seco quando informados de

Simplesmente faça

que não havia essa opção. Joni as levava para a "salinha de trabalhos manuais", uma mesa cheia de papéis e cola, tesoura, fios de lã, purpurina e canetinhas para criarem suas coisas. Seus amigos sentavam e observavam-na, chocados, incertos do que fazer. Ela tentava envolvê-los fazendo pequenas encenações de teatro ou fingindo ser personagens de Harry Potter, ou ainda construindo fortes, mas seus esforços freqüentemente fracassavam. A situação era inversa quando Joni ia à casa deles – *Cinderela* de novo! –, e esses encontros deixavam Annie e eu deprimidos, mas não éramos ditadores fascistas com as crianças. O que se passava na casa de outras crianças estava amplamente fora do nosso controle.

As coisas eram diferentes, normalmente, com as crianças que não ficavam grudadas na televisão. Essas eram as melhores amigas de Joni porque podiam brincar. Elas estavam acostumadas a criar sua própria diversão; ser entretido era uma alegria, algo prazeroso e curtido.

Soltar as garotas na fábrica de diversão da pousada, aquele laboratório de passatempos planejados para crianças, aqueceu nossos corações de granola. O espaço por si só falava à nossa forma de criação: tudo era de madeira! A sala inteira era feita a mão! Ginger encontrou um piano grande. Ela se sentou no banco, batendo nas teclas e cantando "Sou uma princesa" repetidas vezes.

Nós batemos palmas.

– Muito bem, Ginger! – E ela sorria e martelava mais as teclas.

De volta à pousada, depois de comermos hambúrgueres, pizza e cervejas em um restaurante no centro em miniatura, nos espalhamos pela cama enorme no quarto vitoriano e assistimos aos Jogos Olímpicos de inverno – esqui e skate. Joni dormiu em frente à tevê, mas Ginger não. Pusemos *Alice no País das Maravilhas* no vídeo – ser entretido um pouquinho não era tão mal – para ela enquanto tomávamos banho no andar de baixo, esperando rápida e silenciosamente consumar a número 42 no boxe com o barulho alto do chuveiro.

Um jogo chamado Scat

Você ouviu corretamente. Não apenas eu disse "chuveiro", mas eu e Annie estávamos no boxe. Ah, agora você está comigo. Apenas algumas semanas antes, espantei Annie do chuveiro expurgando meus restos nasais enquanto ela estava sensual e nua ao meu lado. Logo após decidirmos sobre nossos quartos de dormir na pousada – imagine um abrigo grande sobre outro abrigo grande –, começamos a imaginar como seriam as festividades da noite. A poltrona do andar de baixo era uma possibilidade, pensamos, mas o chuveiro tinha grande potencial. Se não fosse a lembrança da metralhadora nasal, na verdade, eu acho que nenhum de nós teria hesitado. Mas, enquanto as garotas brincavam no salão de jogos, e Annie se sentara em um banco para assistir a elas, dirigi-me de fininho em sua direção para uma apresentação formal, que acabaria por ressuscitar o estranho conhecido como Metralhadora Nasal.

– Como conclusão – eu disse a Annie, falando por cima do som das batidas da mesa de aero-hóquei ao fundo – considerando todas as coisas, o boxe do chuveiro parece a melhor alternativa. Pelo menos em minha humilde opinião.

Annie me estudou sem sorrir ou trair qualquer reação.

– Você realmente tem pontos a serem considerados. Estou inclinada a autorizar essa proposta. Acho que não é necessário dizer que aquela coisa com o nariz não vai acontecer.

– Claro que não! Na verdade...

– E, se acontecer, não apenas eu jamais tomarei banho com você novamente, como pedirei ressarcimento. Digamos, massagens noturnas, por pelo menos cem dias. Consecutivos.

– Negócio fechado – eu disse.

– Isso só para começar.

Abri a torneira enquanto Ginger assistia a *Alice no País das Maravilhas* no abrigo de cima (e enquanto Joni dormia). O vapor rapidamente encheu o boxe, nós tiramos nossas roupas e entramos. Instantaneamente comecei a ensaboar o corpo de

Simplesmente faça

Annie no que achava que era um jeito sensual. Ela soltou alguns silenciosos "mmmm". Mas depois, através do som da água, ouvimos Ginger descendo os degraus de madeira. Annie saiu do boxe, embrulhou-se em uma toalha, encontrou Ginger na escada e a levou de volta para a cama e para o vídeo. Enquanto isso, eu desisti do chuveiro, pus a parte de baixo do pijama e uma camiseta e me acomodei debaixo dos lençóis na poltrona que era nosso destino naquela noite. Quando reservamos o lugar, entendemos que haveria acomodações para dormir tanto em cima como no andar de baixo. Quando chegamos, percebemos que a acomodação de baixo era a poltrona.

Annie desceu e foi para debaixo do cobertor na poltrona, esperando que o vídeo finalmente entretivesse Ginger. Mas não. Ginger desceu as escadas novamente. Annie, de pijamas, encontrou-a na escada e a levou para a cama, onde se deitou com ela, acariciou seus cabelos e a embalou no sono.

Enquanto isso, no andar de baixo, eu não me sentia de forma alguma no clima.

Às 23h20, Annie voltou e se acomodou nas cobertas.

– Ginger está dormindo – disse ela. – Eu acho.

Começamos a nos beijar e nos acariciar. Eu estava achando difícil encontrar uma posição confortável e prática na poltrona para o sexo – precisava de uma boa "alavancagem", então comecei a me torcer de um lado e do outro, empurrando Annie alguns centímetros para o lado, deslizando meus joelhos em áreas diferentes da poltrona. Eu grunhia.

– Como está? – sussurrei, com o pé direito no chão, o joelho esquerdo na almofada do assento, minha ereção apontando para o ar. Annie se movimentava para mais perto.

– Isso não vai funcionar – ela sussurrou. – Precisamos chegar mais perto.

Conforme desejado, porém contra o que diz o bom senso (considerando as rotações), espremido entre meus ossos, aban-

Um jogo chamado Scat

donei a estratégia do "pé e joelho" por algo um pouquinho mais ousado: subi na poltrona, me equilibrando nos joelhos e segurando nas costas da poltrona com minhas mãos, com Annie por baixo de mim. Desloquei-me alguns centímetros para mais perto de meu objetivo – aí vou eu, ioga! – mas a poltrona se deslocou também e me jogou, pelado, para o chão frio. Bati na lateral de um relógio cuco.

– Isso é na verdade bastante irônico – observou Annie, depois de eu ter dado uma risada curta e silenciosa.

– Hã? – sussurrei de costas.

– O relógio! – ela falou, apontando para a coisa. – É quase meia-noite. O tempo está passando.

Annie deu um tapinha na almofada do assento, convidando-me para subir de volta a bordo.

Dessa vez, Annie sentou-se bem na beirada da poltrona – alguns centímetros a mais e ela estaria no chão. Novamente alavancando minhas habilidades recém-descobertas da ioga, encontrei uma forma de me inclinar para a frente enquanto segurava os braços da poltrona, com os pés no chão e os joelhos dobrados e, finalmente, adentrando o paraíso. Com alguns minutos para aproveitar, nós nos fundimos. Annie olhou para o relógio e comemorou:

– Yes!

Mais tarde, nós acionamos o aquecedor que imitava um fogão a lenha, nos empilhamos na cama vitoriana com as garotas e dormimos no inverno frio, frio do Wyoming.

Capítulo 8

O poder do amor

Tenho um relacionamento tal com B&Bs[11] que gosto de pensar que é parecido com a associação dos lobistas do carvão e o novo presidente democrata do Comitê de Energia e Comércio: sonhando acordado com pelo menos algumas vitórias muito batalhadas, porém cauteloso. Muito cauteloso.

Com B&Bs, eu sempre imagino um quarto cheio de estranhos dividindo os detalhes de suas vidas um com o outro enquanto saboreiam torradas com geléia, quando tudo o que eu desejo é conversar com as crianças e Annie, um pouco de café e comida e talvez alguns parágrafos do jornal. Ao mesmo tempo, sou aficionado por cafés-da-manhã caprichados. E o café-da-manhã do *bed & breakfast* parece sempre ser de graça, mesmo sabendo que o valor que paguei pelo quarto inclui o custo extra do café-da-manhã. E para mim, grátis – mesmo quando ilusório – é melhor. Então eu acordei louco pelo café-da-manhã "grátis", porém também cauteloso, protegendo-me para ir para a sala cheia de homens e mulheres prontos para lançar sobre mim perguntas sobre minha cidade natal, minha carreira, a lista do que gosto e do que não gosto.

– Espero que isso não seja uma festividade para bate-papo – disse a Annie enquanto andávamos da nossa acomodação de garagem reformada para a casa principal e a sala de jantar.

– Não acho que você tenha com que se preocupar – respondeu ela. – Não me pareceu que o lugar estivesse cheio ontem à noite.

Todos nós chegamos para o café-da-manhã na sala de refeições decorada. Havia um balcão repleto com mingaus de

---

11 - B&B: abreviatura de *bed & breakfeast*, estabelecimento que oferece acomodação e café-da-manhã. (N. T.)

O poder do amor

aveia quente e cereais, café, suco de laranja, pães e tortinhas de pêssego se aquecendo ao forno. Nós éramos os únicos hóspedes. Eu não escapei, no entanto, do questionário sobre minha vida, pois os donos se ocuparam imediatamente de conversar conosco e nos fazer perguntas. Mas, como sempre, eu ficava feliz em conversar com estranhos (aí é que minha relação com B&Bs diferem, eu garanto, da dos lobistas com o presidente democrata do Comitê de Energia e Comércio). Os donos do B&B iam receber um grupo da igreja logo após o café-da-manhã, portanto, comemos rapidamente, carregamos o carro com as poucas malas que trouxéramos para passar a noite e saímos para uma viagem de duas horas de volta a Denver. Dei adeus à poltrona malvada na nossa saída.

Uma vez que passamos pelos imensos anúncios nas cercanias industriais de Laramie alertando as pessoas sobre os perigos da metanfetamina, a rota para casa – diferente da que tínhamos pegado para a cidade – tornou-se mais selvagem, com paisagens verdejantes pontuadas por campos de pedras vermelhas gigantescas e disformes, colinas íngremes e achatadas e áreas repletas de árvores verdes à medida que íamos nos aproximando da fronteira do Colorado. Ao final, como toda paisagem americana, nos víamos diante de pequenas áreas de centros comerciais, postos de gasolina e uma conjunção de restaurantes de *fastfood*. Havia um shopping center *outlet*. Nós paramos. Na J. Crew, encontrei vários itens baratos, incluindo dois de um laranja gritante: um suéter e uma camisa.

Eu os mostrei para Annie.

– Perfeito – disse ela.

A funcionária do caixa, uma estranha, elogiou minha escolha de cores.

– Obrigado – falei.

– Não há de quê – ela respondeu. – Um homem que passou por aqui antes estava bravo com as roupas masculinas coloridas.

Simplesmente faça

Você sabe o que ele disse para mim? "Nenhum cara compraria essas coisas, a não ser que fosse homossexual."

A mulher então me entregou a sacola com as roupas "homossexuais" coloridas.

– Falar com estranhos pode ser perigoso – eu disse a Annie enquanto deixávamos a loja.

Voltamos para a minivan para mais uma hora de estrada, dessa vez por vias expressas congestionadas em vez de estradas montanhosas com curvas. De qualquer maneira, dirigir com a família toda tinha seu potencial de prazer, principalmente quando comparado ao ano anterior, quando transportávamos as crianças com dificuldade num Subaru Outback branco 1995.

No Outback, as crianças podiam tocar umas nas outras. No Outback, a distância entre as bocas das crianças e nossas orelhas podia ser medida em centímetros, com a ajuda, talvez, de uma régua e meia. Essas duas coisas transformavam o que certamente tinha o potencial para "passeios tranqüilos" em "jornadas árduas", se não "descida ao inferno". Havia os gritos, obviamente. Mas não vamos nos esquecer também dos socos, beliscões e pontapés. E, claro, o arremesso de objetos. As lágrimas eram intermináveis.

Se não fosse por umas férias de verão para Outer Banks, nós ainda estaríamos pastoreando as garotas no Outback, ou então – sinto um aperto no peito só de pensar – num New Beetle. Antes das férias, estávamos querendo trocar minha minúscula picape por algo mais prático. Annie adorava o "Novo Fusca" (o vasinho de flores, eu acho, quase selou o negócio). Eu notavelmente não tinha o mesmo entusiasmo pelo carro – apesar do vasinho de flores –, mas esse seria o preferido de Annie; eu ficaria com o Subaru que ela dirigia. Felizmente, quando chegamos a uma locadora de carros em Raleigh, na Carolina do Norte, o funcionário no balcão disse que nos daria uma minivan pelo mesmo preço do sedã que estávamos pedindo na locação. Annie e eu trocamos um levantar de ombros e fomos com as crianças ver a máquina verde. Depois do teste inaugural, desdenhamos das minivans.

– Tão suburbano! – zombávamos, enquanto dirigíamos pelo nosso bairro de cercas brancas de plástico brilhantes e banheiros com cinco peças. Em algum ponto, minutos depois de sairmos da locadora de carros, a arrogância evaporou. As crianças estavam sentadas separadas uma da outra em cadeiras estilo capitão, colocadas engenhosamente longe o suficiente para que sentadas elas não conseguissem tocar umas nas outras. Quando as crianças falavam, podia até mesmo ser necessário que Annie ou eu colocássemos as mãos em concha nos ouvidos para perguntar "O que você disse?".

Muito rapidamente, virei para Annie e disse:

– Eu quero uma minivan.

– Eu adoro minivans – respondeu Annie, sem perder a piada.

Semanas depois, éramos orgulhosos proprietários de um Honda Odyssey. E agora, apesar de as condições tensas da estrada não permitirem que a viagem fosse um "passeio tranqüilo", ela estava longe de ser árdua. Annie e eu concordamos em colocar a música das crianças – uma combinação de *Rei Leão* e *O Mágico de Oz* – e elas ficaram quietas o tempo todo, olhando pela janela, enquanto Annie tricotava e nós conversávamos.

– O que você acha? – perguntei a Annie. – Valeu a pena? Uma noite num *bed & breakfast* a duas horas de distância?

– Foi um pouco corrido, mas eu faria novamente – ela disse. – Se por nada mais, foi legal só por estar em Wyoming.

– É, foi mesmo – eu disse.

Finalmente apertamos o botão que levantava o portão da garagem, entramos em casa com nossas coisas, ligamos o forno e tiramos uma pizza do freezer. As garotas marcharam para cima para colocar seus pijamas e depois brincaram com blocos de montar. Justamente na hora em que a primeira briga surgiu – sobre um bloco roxo que as duas queriam – a pizza saiu do forno e a briga terminou. Por fim, elas estavam dormindo em seus quartos.

Simplesmente faça

Depois de tomar banho, despejei óleo de canela em minhas mãos e massageei Annie por um longo tempo, uma boa meia hora.
– Sua vez – ela disse depois, enchendo as mãos de lubrificante.
– Deitei-me. O lubrificante não era para músculos doloridos. Meia hora depois, já estávamos fazendo amor e flutuávamos, quase borbulhando em êxtase, mas isso tudo se dispersou de Annie durante a noite. Ela acordou triste e não conseguiu espantar sua melancolia até a hora que saí para o trabalho.
– Eu vou ficar bem – ela disse. – Estou com dificuldades esta manhã. Vai passar.
Levei Joni para a escola, mas durante o caminho para o trabalho não conseguia parar de pensar na tristeza de Annie. Então fiz um retorno e voltei para casa para dar-lhe um abraço.
– DJ – disse ela quando entrei pela porta. – O que você está fazendo aqui?
Andei na direção dela e coloquei meus braços à sua volta.
– Você precisa de um abraço.
Ela deixou-se cair na minha direção e me apertou, e nos demoramos assim por um sólido minuto.
– Você não tem idéia de como isso me faz sentir bem – falou ela enquanto nos separávamos. Seu rosto havia se iluminado; um sorriso enchia sua face meiga. – É como se você tivesse me aquecido.
Eu nunca fizera antes um retorno para dar um abraço em Annie. Era algo que faria de novo. Era uma segunda-feira, dia 44 – um marco para Annie, disse ela, porque seu aniversário era no dia 4 de abril, ou 4/4, e para ela seu aniversário é um dia altamente sagrado. Todo ano Annie começa a falar sobre isso semanas antes de o dia chegar.
Uma hora ou duas depois do retorno para o abraço, fiz um intervalo no trabalho e andei alguns quarteirões do meu escritório até o Brown Palace, um estabelecimento antigo e clássico com um serviço soberbo e com perfeita sensibilidade para a importância do bom serviço. Reservei um quarto para comemorar o final

O poder do amor

de semana que se aproximava – a chegada à metade do caminho – e instantaneamente imaginei a mim mesmo, com grande satisfação, numa daquelas camas altas, uma cerveja ou uma taça de champanhe nas mãos, e Annie extremamente sensual ao meu lado. Apenas a idéia do "sexo chique" – sexo em um quarto sofisticado, no hotel apinhado de funcionários engravatados e hóspedes endinheirados – fazia com que eu me sentisse, como dizem, completamente alucinado. Nós faríamos sexo duas vezes, no sábado e no domingo, e a alegria inundava meu coração, devo admitir, quando eu imaginava uma manhã de sexo no domingo seguida de uma noite maravilhosa. Por agora, no entanto, era terminar outro dia de trabalho, cuidados com as crianças e sexo.

Voltando para casa, as crianças naquela noite estavam felizes, e depois ficaram tristes. Annie trouxe para elas um monte de roupas novas porque estavam crescendo rápido demais e ficando sem o que vestir. Isso, naturalmente, as agradou bastante. Depois do jantar elas brincaram juntas construindo torres de blocos, mas Ginger derrubava as torres, o que deixava Joni furiosa. Levei Ginger para cima para ler livros e depois de um tempo Joni se juntou a nós.

– Joni, por que você está fazendo essa cara de brava para mim? – Ginger perguntou.

Eu olhei. Com toda certeza, Joni estava fazendo caretas para sua irmã.

Joni começou a recitar a ladainha de horrores que Ginger havia despejado sobre ela.

– Ela derrubou minhas torres! De propósito! Ela não presta atenção no que está fazendo! Ela não consegue nem construir uma torre!

Então saiu da cama, ficou na entrada da porta e gritou:

– Eu odeio o mundo, eu odeio o mundo, eu odeio tudo, eu odeio irmãs mais novas, eu odeio crianças de três anos de idade, eu odeio as pessoas que nasceram em setembro!

Simplesmente faça

Eu poderia ter acrescentado: "Ei, você se esqueceu de mencionar pessoas que se chamam Ginger". Minha estratégia-padrão para lidar com a volatilidade emocional das meninas – mudar de assunto – não era apropriada nesse caso, dada a explosão dramática de raiva e as lágrimas que se juntavam nos olhos de Ginger. Repreendi Joni por direcionar seu estoque de raiva sobre sua irmã, e ela desceu a escada pisando duro. Ginger, soluçando, solicitou uma dose de Encantamento de Ginger antes que eu desse o beijo de boa-noite e fechasse a porta.

Quando cheguei ao andar de baixo, Joni estava chorando no sofá. Ela reconstruíra sua torre favorita; ofereci a ela uma sobra da sobremesa de maçã e a deixei assistir aos Jogos Olímpicos no andar de cima enquanto eu lavava a louça.

Assistimos aos Jogos Olímpicos juntos na minha cama. Nós nos revezávamos adivinhando quem venceria cada competição (e marcando pontos para quem adivinhasse), fizemos gozação com algumas das roupas típicas, conversamos sobre como são as coisas nos diferentes países, a maioria deles com a minha referência das coisas que eu gostava em relação à comida ("Ah, Suécia. Eles adoram cardamomo[12] na Suécia, Joni. Eu adoro cardamomo"). Foi o tipo de noite que eu gostaria que acontecesse mais rotineiramente. Quando eu fazia trabalho externo em Baltimore, tinha muito mais tempo com ela; rituais de vínculo aconteciam diariamente. No Colorado, eu normalmente passava o dia no escritório e raramente chegava em casa antes da 17h30.

Uma das maiores viagens da minha vida, e também a mais amarga, aconteceu no velho Subaru Outback, quando Joni e eu fomos para Baltimore na casa dos pais de Annie no Missouri, a caminho do apartamento em Denver onde iríamos morar depois de quatro anos gloriosos em Baltimore. Eu já tinha morado sozinho

---

12 - Cardamomo: espécie de planta da família do gengibre, usada na Europa como condimento. (N. T.)

O poder do amor

em Denver, na casa de um amigo, por cerca de três meses (saí de lá com minha mãe na minha picape, outra viagem que é colocada no panteão das "melhores viagens de todos os tempos"). Um final de semana em junho, eu voei para Baltimore, empacotei as coisas da casa com Annie e parti com Joni. Annie e Ginger iriam de avião para a casa dos pais dela no Missouri alguns dias depois. Joni e eu seguimos por uma estrada interestadual antiga, em sua maior parte pelo interior, uma via expressa negligenciada que passava por talvez uma centena de cidadezinhas pequenas, onde Joni e eu sempre comíamos em lanchonetes locais e ficávamos em um hotel que Joni chamava de "Dias de Sol" porque a logomarca parecia com um sol. Joni, uma garotinha invulgarmente leal, escolheu o "Dias de Sol" na primeira noite e decidiu dali em diante que aquele lugar seria o único. Eu tive que dar o braço a torcer: nós ficamos em ótimos hotéis da rede "Dias de Sol". O tempo em junho estava perfeito: flores desabrochando por todo lugar, céu azul decorado com nuvens de algodão, árvores ainda refletindo a luz verde-limão em vez do verde-escuro das folhas de agosto. Nós ouvimos a fita da peça *O Príncipe Sapo* provavelmente 124 vezes, tagarelando, rindo e agindo como bobos por vários dias. Ainda tenho lembranças dessa viagem: cardápios, folhetos sobre coisas para fazer, por exemplo, em Indiana, e ossos de galinha que Joni guardava depois de um almoço com frango assado num restaurante do interior.

Aquilo sim era vínculo entre pai e filha, um prefácio para uma vida nova no Colorado, onde eu só trabalharia em casa – lugar em que Joni achou, na época, que todos os pais trabalhavam. Na época da maratona, apenas dezoito meses depois de mudar para Denver, eu sonhava em repetir aquela viagem com Joni, um dia, e fazer uma viagem também longa com Ginger. Eu também fantasiava em passar mais tempo com elas em casa.

– Boa noite, querida – eu disse enquanto ela se deitava na cama. Pressionei a ponta do edredom em seu pescoço, inclinei-me e a beijei na testa.

Simplesmente faça

– Eu te amo!
– Eu também te amo, papai!

Uma hora depois, após lavar os pratos e subir as escadas, Annie e eu entramos no quarto e nos esbanjamos com outra rodada de amor. Nessa noite, possivelmente a primeira desde que iniciáramos a maratona, a rotina parecia consoladora, algo como um DVD voltando a cena que costumávamos abraçar, sem esforços, depois de um longo dia revestido com o mesmo material: trabalho, crianças, preparação do jantar, limpeza, colocar as crianças na cama... e então, *Os Sopranos*, cortesia da Netflix[13]. A única cena que repetíamos sem esforços era o sexo.

– Estamos ficando muito bons nisso – disse Annie. Ela acariciou gentilmente meus braços com as unhas.

ERA UM DIA dos Namorados nada comum para nós, dado o nosso projeto. Annie fez um cappuccino para mim e presenteamos as garotas – chocolates do Dia dos Namorados, adesivos com corações sorrindo, livros – antes de irem para a escola. Elas sorriam e pulavam tão animadas que mal podiam se conter, uma combinação de entusiasmo envolvendo os presentes e a antecipação de um dia de escola repleto de doces de coração, cartões de Dia dos Namorados (ambas fizeram cartões a mão para todos os colegas de classe) e bolinhos. Eu teria pulado de alegria também. A pré-escola de Ginger fez uma negociação maravilhosa: por 35 dólares os professores na escola ficariam com as crianças por várias horas na noite do Dia dos Namorados. Nós matriculamos as crianças para o evento.

Se planejávamos sair para jantar? Ou ir ao cinema? Segurem-se em seus assentos. Cheguem mais perto. Eu vou ter que cochichar isto.

Ioga.

---

13 - Netflix: locadora de DVD americana. (N. T.)

O poder do amor

Você deve estar querendo nos matar. Eu entendo. Aí vai minha teoria: nós dedicamos os quarenta e tantos dias aos nossos corpos, focando em nosso físico como nunca fizéramos antes. Tudo começou com o sexo, tudo girou em torno da diversão diária. A ioga, entretanto, se insinuou para dentro dessa festa: ela até mesmo nos persuadiu de que era uma cúmplice das nossas mudanças diárias da carne. A essa altura da odisséia, nossas anatomias haviam rapidamente deduzido que estavam no comando. Elas eram como vice-presidentes depois de um assassinato: um minuto após atender ao funeral e fazer discursos sobre política em almoços na câmara do comércio, já estavam discursando no comando das forças armadas, bebendo e comendo com presidentes estrangeiros e pensando em escrever suas memórias. Em outras palavras, nossos corpos estavam no controle, e isso era mais um golpe do que uma eleição democrática. Eles deram o lance e no Dia dos Namorados basicamente nos forçaram a entrar num estúdio de ioga a quarenta graus e puni-los – quero dizer, alongá-los – por um tempo.

Ainda assim, era o Dia dos Namorados. Depois do trabalho, eu parei na floricultura local e esperei na fila enquanto a multidão de companheiros antes de mim deixava cem dólares cada num buquê de flores elaborado para suas esposas. Comprei uma única rosa vermelha. A mulher que me atendeu parecia intimidada. Ali estava um lugar cheio de maridos amorosos e atenciosos fazendo a coisa certa e despejando grandes quantias em explosões dramáticas e aromáticas. E também havia este estúpido com sua única flor. Se ela soubesse sobre a ioga, suspeito que, como você, teria revirado os olhos. E eu queria dizer a ela sobre os outros presentes que dei a Annie. Queria informá-la sobre todo o sexo – a sessão de hoje completaria quarenta e cinco dias consecutivos! –, mas apenas meneei a cabeça, paguei e me mandei de lá.

– Feliz Dia dos Namorados, mamãe – eu disse durante o curto trajeto da loja para casa.

Simplesmente faça

— Deve ser um grande dia para você — falou minha mãe. — Com a maratona e tudo mais.

De novo a referência ao sexo.

— Ah, sim, vai ser ótimo — eu disse. — O que você e o papai vão fazer?

— Seu pai comprou lagosta e filé e está fazendo o jantar para mim agora, em casa. Ele acabou de abrir uma boa garrafa de vinho também. Tão gentil.

— Ele gosta de cuidar.

— Eu adoro seu jeito — disse minha mãe, referindo-se a esse cara que ela conhecera no nono ano na West Chester High School. Eles eram os garotos mais baixos de quatorze anos na cidade, meu pai, um garoto da fazenda, e minha mãe, a filha de um *barman* (os "Gramps" que mais tarde se mudaram para Las Vegas) e uma assistente social. Eles começaram a namorar logo depois de se conhecerem e, exceto por uma pausa no décimo primeiro ano, estão juntos desde então.

— Vocês sabem o que fazem, mamãe — eu falei. — Estou com saudades.

— Nós também, querido — ela disse. — Eu te amo.

— Eu te amo também.

NAQUELA NOITE Annie me dera uma escultura de Ganesh e um creme de barbear de que gostei. Dei a ela de presente as meias sensuais que comprara antes (no meio do episódio do anel peniano), um produto de limpeza para o rosto que ela adora e a rosa vermelha. Depois revelei minha cueca boxer com o coelho da Playboy e ela riu. Eu a usara o dia todo. Às 18h36 nós começamos. Às 18h50 tínhamos que estar fora de casa para a aula de ioga. Nenhum de nós pensou que ia dar certo, mas Annie colocou um cachecol com tecido laranja fino sobre o rosto, fazendo-a parecer vagamente com uma mulher do Oriente Médio, e por alguma razão isso me excitou poderosamente.

O poder do AMOR

Transamos por sólidos dez minutos. Ela não teve orgasmo; eu também não. Nós corremos para baixo, pegamos nosso equipamento de ioga e nos mandamos para a aula na minivan.

O que aconteceu foi que ninguém mais teve aula de ioga no Dia dos Namorados (surpresa!). Nós éramos os únicos alunos, então tivemos uma aula particular com uma professora californiana *hippie* de meia-idade, amante das coisas boas da vida e que havia "se esquecido" de que era Dia dos Namorados.

Enquanto andávamos para o carro, concordamos que aquela era a forma de passar aquele dia, e não sentar em um restaurante lotado com um jantar "temático" e caro, entupindo-nos de comida, chocolate e champanhe barato, caminhando pesadamente para casa e indo direto para a cama dormir. O Dia dos Namorados é uma data que vale a pena comemorar. Porém, essa data tem sido desprestigiada, nós achávamos, pela extrema comercialização. É o único dia do amor. Amor! Tudo bem dar corações de chocolate, cupidos desenhados em cartões e brindar "a nós" nos restaurantes, mas o espírito da data parece girar em volta disso em vez da sua razão verdadeira – o amor.

– Vamos fazer algo assim no ano que vem – disse Annie enquanto dirigíamos na noite fria para casa, onde eu a deixaria antes de ir para a igreja onde as garotas estavam. – Eu sinto uma espécie de formigamento, me sinto ótima. O sexo vem quase que imediatamente após a ioga.

– Tenho que dizer, este é um Dia dos Namorados do qual vou me lembrar. Na verdade, não consigo me lembrar de nenhum outro. E você?

Annie trouxe sua mão ao queixo. Depois de alguns momentos disse que se lembrava de em várias ocasiões termos preparado jantares ambiciosos e românticos um para o outro, finalizados com cartões feitos a mão. Disso eu me lembrei também. No entanto ela não se lembrava dos anos, o que comemos ou os cartões. Apenas que, pelo menos algumas vezes, tentamos valorizar a data.

Simplesmente faça

— Não necessariamente ioga todos os anos — acrescentei. — Embora certamente algo que esteja além da minha recaída em muitas coisas, ou seja, peixe, batatas chips e cerveja Guinness.
— Nem é preciso dizer — ela falou.
Cheguei à escola perto das 21h15 para pegar as garotas, quinze minutos mais cedo. Todas as portas estavam trancadas. Estava escuro do lado de dentro. Oh, meu Deus. Eu dei voltas e mais voltas, batendo e olhando pelas janelas. Nada. Estava quase chamando a polícia quando uma pessoa da segurança abriu a porta na qual eu estava batendo.
— Sim? — ela disse.
Ufa!
— Vim buscar minhas filhas.
— Não há nenhuma criança aqui.
Coração disparado de terror.
— O quê?
— Bem, talvez nos fundos. Pode ir até lá dar uma olhada.
Corri pelos corredores escuros, abri um par de portas e vi luz que vinha de uma sala. Ouvi vozes de crianças. Não consigo me lembrar da última vez que fiquei tão tomado pelo pânico. Muitas coisas são importantes. Para os pais, nada supera seus filhos. Eles são amor puro, inocente, um amor como a energia desconhecida que rege o universo: amor supremo, amor cego, amor que não pode ser entendido ou explicado.
— Oi, meninas — falei efusivamente, o amor dando saltos em meu corpo e cérebro, espalhando-se por meu espírito como uma doce respiração, como um líquido quente. Elas correram na minha direção, surpresas com minha aparição repentina na porta escura.
— Papai!
Eu me abaixei e elas se jogaram nos meus braços abertos e eu as abracei, beijando-as nas suas cabecinhas.
— Meninas! — sussurrei. — Amo tanto vocês!

O poder do amor

Peguei Ginger no colo, segurei a mão de Joni e saímos para a noite gélida de fevereiro. Porém eu não sentia nada além de calor, o calor aconchegante de lenha na lareira, a incandescência do vapor de uma cafeteria numa noite de inverno. Não, está errado. Era um fogo de uma ordem diferente.
Meu coração carregava essa chama.

O CORAÇÃO da lareira queimava lentamente dentro da noite, afagando meu sono de maneira confortável. De manhã, entretanto, eu estava embrulhado em várias camadas e me preparando para o frio da planície ártica. Estava gelado lá fora, e a previsão dizia que viria muito mais disso. Passei o dia no trabalho sonhando em voltar para casa e me aconchegar no corpo quente de Annie. Senti arrepios durante a longa caminhada do escritório até meu carro, meus dentes batiam enquanto o carro se aquecia. Liguei para Annie enquanto dirigia e assim me senti um pouco mais aquecido.
– Ei! – eu disse.
– DJ! Você está vindo para casa?
– Com certeza. O que você está fazendo? – perguntei.
– O jantar. As meninas estão brincando com blocos. Estamos esperando por você.
– Alguma fofoca boa hoje? – perguntei.
– Nada – ela respondeu. – Muito de nada. Trabalhei bastante.
– Legal. Eu também.
– Nos vemos daqui a pouco, certo? – ela perguntou.
– Certo. Vejo você logo.
– Dirija com cuidado. TAD.
– TAD.
Quando cheguei, Annie estava ocupada na cozinha, as crianças estavam desenhando com canetinhas coloridas e a casa estava excessivamente quente com o forno e a lareira acesos. Logo depois, Annie e eu nos sentamos lado a lado, nos acariciando e dando beijinhos enquanto conversávamos indiferentemente sobre o dia.

Simplesmente faça

— Estive pensando em Burlington hoje — propus.
— Vermont?
— Pensei que talvez pudesse ser um bom lugar para morar. Se não ficarmos no Colorado, quero dizer.
— Um ótimo cenário para comida — disse Annie.
— E maravilhoso ser tão perto de Montreal — completei. Meus dedos deslizavam sobre suas coxas.
— Mas é frio! — falou Annie, trazendo suas mãos entre minhas pernas.

Depois de alguns minutos de bate-papo à toa — à toa, porém abundante em perigo, dado o tópico ("vamos mudar!") —, a paixão começou a afastar o dia-a-dia.

— Por que você realmente — realmente — não explora minha depilação brasileira? — Annie perguntou, inclinando-se para trás.

Um vislumbre dela de costas naquelas meias sete-oitavos sensuais que comprei, com a gloriosa depilação brasileira e eu senti algo como ignição acontecendo dentro do meu corpo. Gentilmente a acariciei e me propus a uma exploração completa do ponto G. Eu lera vários livros sobre sexualidade feminina, todos com longos capítulos sobre o ponto G, e eles traziam diagramas e instruções complicadas passo a passo. Depois de alguns minutos, Annie se retorceu para se ver livre.

— Desculpe, querido — ela falou. — Sei que você está dando o seu melhor, e eu sei que você leu todo tipo de livros, mas essa coisa com os dedos não funciona. Tudo bem?

Voltei para o topo da cama, arrastando meus dedos por seu corpo enquanto me movia.

— Claro que está tudo bem — falei. — O ponto G é complicado.
— É melhor com sexo — disse ela.

A visão dela com as meias sete-oitavos era incrivelmente estimulante e bastante pornográfica — no bom sentido. Eu não sentia um pingo de desapontamento com relação ao fracasso da expedição ao ponto G. Eu só queria sexo. Felizmente, Annie também.

O poder do amor

– Acho que estou apaixonada por ela: minha depilação brasileira – ela disse quando terminamos. – É como se eu tivesse uma vagina nova, uma vagina bonita, sensual, moderna. Pelo menos uma vez, eu e minha vagina estamos na moda.
– Quer saber? – retruquei. – Eu me sinto na vanguarda também. Tenho uma esposa com uma depilação brasileira. Estou tendo uma satisfação residual do seu processo de dor e humilhação. Então, obrigado.
– De nada.
Nós nos sentamos na cama e conversamos um pouco.
– Então, Burlington? – falou Annie.
– Absolutamente.
– Chegue mais perto – disse disse, e eu me aproximei. Pressionei as rótulas dos meus joelhos nas costas dos joelhos dela e minhas pernas nas pernas dela. Aproximei-me de suas nádegas – sem convite, devo acrescentar –, o que eu acredito ser o tesouro da maratona, e enlacei um braço sobre seu torso.

NÃO TEMA. Está é uma história sobre cem dias de sexo e não cem dias de saudades de casa. Referências sobre estar deprimido a respeito de meu deslocamento de uma vida anterior confortável já ameaçaram demais este conto. Eu me recuso a sujeitá-lo a mais. Deixe-me apenas dizer que a melancolia familiar e cansativa infiltrou-se nessa semana de sexo, mas algumas idéias também apareceram. O negócio é o seguinte: eu amo meus primos incondicionalmente, e eles também me amam. Eu amo meu irmão de uma forma ainda mais intensa, assim como sua esposa, seus filhos e meus pais. Entrar numa sala cheia de amigos e colegas me agrada, mas é totalmente diferente de um casulo de amor onde não há competição, onde trocamos lembranças de nossas férias anuais nas praias de Jersey, verões de brincadeiras, coleções de revistas em quadrinhos e piadas entre nós que ninguém mais entendia ou achava graça. O casulo do

Simplesmente faça

amor é o lar. Uma energia, um campo de força, um ambiente carregado com o amor de família, com memórias, história e um conforto que pode vir, se você tiver sorte, muito especialmente. Esta é a mensagem de recuperação: quando morávamos na costa leste, eu sabia que podia pegar o carro sempre que quisesse e ir até o casulo me banhar em amor. Agora eu não podia, e isso – muito mais que qualquer coisa intrínseca à minha vida no belo Colorado – estava corrompendo meu espírito.

Entendi isso depois de uma breve troca de e-mails que tive com um dos meus primos, cujo apelido é Bird, que me fez relembrar de dias especiais. Essa troca de mensagens fez algumas lágrimas rolarem pelo meu rosto, e uma vez recuperado eu percebi, finalmente, a verdadeira natureza do problema. Tudo se resumia a pessoas.

Sem o sexo, eu acho que teria sido muito pior. Era como o remédio que eu poderia ter tomado, embora nunca tenha me ocorrido que surtos ocasionais de tristeza demandavam cuidados clínicos. De qualquer maneira, esse dia beirando a metade do caminho da maratona me deixou terrivelmente para baixo. Eu não possuía uma gota de energia erótica quando cheguei em casa. Não tinha desejo por sexo, não tinha interesse em sexo, um vazio completo em relação ao tópico. Eu não queria nada relacionado a gemidos e sorrisos, beijos e posições, temperatura e textura. Fazia -20ºC lá fora. Eu queria cair no sono e acordar em um dia de primavera com tulipas em algum lugar nas proximidades de Pensilvânia.

Não queria incomodar Annie com outro relato de depressão e blablablá, mas ela percebeu de qualquer forma. Não iria subir. Eu procurei pelo Viagra na gaveta.

– Vai subir – anunciou Annie. – Eu consigo.

Ela mordiscou meu pescoço e soprou minha orelha. Fez mágicas com suas mãos lambuzadas de lubrificante; e, tentando sem parar, como um macho se aventurando no campo durante a estação de veados, ele levantou. Quando atingiu uma mé-

O poder do AMOR

dia satisfatória de rigidez, Annie deitou-se de costas, sorrindo triunfante. Ficou mais quente. Eu até acertei o alusivo ponto G algumas vezes naquela noite, na qual, meia hora antes, eu pensara que iria, se tivéssemos sorte, chegar a alguns minutos de dentro-e-fora, seguidos imediatamente pelo sono. Depois de vinte e cinco minutos, com Annie deitada de costas o tempo todo e perdida em uma fumaça de exaltação pelo seu êxito, nós paramos. O sexo, novamente, havia espantado a tristeza. Não ficaria surpreso se sorrisse durante o sono.

A ENTREVISTA no almoço com a mulher sadomasoquista na tarde seguinte não iluminou exatamente meu fardo psicológico, mas digo o seguinte: ajudou-me a entender que, no esquema cósmico das coisas, minhas queixas caíam para a categoria de "fichinha". Ela apareceu no restaurante de sushi usando sapatos altíssimos, um suéter marrom e calças. Parecia uma assistente de diretor do ensino médio. Perguntei a ela se estava se relacionando com alguém e ela respondeu:

– Sim, eu tenho meu garoto.

Pensei que estivesse se referindo a um filho, mas ela continuou:

– Você sabe, meu escravo. Eu o chamo de garoto. Ele mora na minha casa e faz o que eu disser para ele fazer. Ele cozinha, limpa. Qualquer coisa.

O conceito de "garoto" me desalentou; eu esperava que ele não estivesse na casa quando chegássemos, pois planejamos finalizar o almoço com uma visita à sua masmorra. O que eu diria: "Oi, garoto?".

O garoto tinha um emprego de período integral; felizmente, portanto, não estaria lá. Eu gostei da moça sadomasoquista e não tinha nenhum problema com sua linha de trabalho. Mas jamais visitaria uma masmorra novamente. Entre os aficionados por masmorras, as palmatórias, chicotes, vendas, correntes, mordaças e o mundo obscuro de coisas assombrando cada canto poderia ter

Simplesmente faça

levado a um agradável conjunto: "Isto é absolutamente o verdadeiro e maravilhoso estilo gótico anos 1980 de Denver! Onde você encontraria essa maca médica para exames perfeita, em couro com apoios em aço?" Mas eu estou mais para a estética de um pub, o que, para ser justo, pode na verdade dividir certas sensibilidades com as masmorras, ainda que as medievais (o oposto dessa idealização gótica anos 1980 de Denver): um fogão a lenha, muita madeira pesada, talvez até mesmo um candelabro.

A esquisitice da masmorra foi seguida de uma entrevista em uma butique do sexo aberta por um par de moderninhos locais. Aqui, encontro uma decoração mais ao meu gosto. O piso de madeira da virada do século irradiava calor. Uma campainha feliz pendurada na maçaneta balançava quando entrávamos. A cor das paredes era "abricó", "cereja" e "musgo". Além disso, os brinquedos sexuais estavam dispostos em vitrines engraçadas, e os funcionários sorriam inocentemente e se ofereciam, com voz gentil e animada, para me guiar loja adentro. Depois da entrevista, a proprietária me mostrou o lugar, tentando encontrar os brinquedos certos para o ponto G. Obviamente, minha obsessão crescente com a procura do ponto G não havia minguado. Decidi que incentivaria Annie a visitar a loja e comprei para ela uma calcinha cavada em vez de um brinquedo para o ponto G. Enquanto isso, o marido proprietário me encorajava a tentar o Cialis.

– Tome apenas metade – ele dizia. – É muito forte.

Então fui para casa e, depois de brincar com uma variedade de jogos com as crianças, jantar tacos mexicanos e lutar para colocar as meninas para dormir, dirigi-me ao banheiro, tirei uma cápsula de Cialis da cartela metálica contendo cinco deles, dividi na metade e engoli. Posicionei a caixa com as calcinhas no centro da cama e Annie as notou imediatamente quando entrou no quarto.

– Para você – eu disse.

Ela sorriu, abriu a caixa e ficou animada.

– Está na moda – afirmei. – É um fio dental.

O poder do amor

— Eu já tinha ouvido falar e estava cobiçando um desses — falou Annie. — É fantástico! Muito obrigada, DJ.

Enquanto ela estendia o agradecimento com um beijo, eu notei comigo o poder do presente.

Meia hora depois, com o medicamento correndo pela minha corrente sanguínea, Annie e eu tomamos um banho extremamente quente com outro sal efervescente. Eu me espalhei no calor e no vapor, mas em determinado momento levantei abruptamente e saí. Pensei que fosse desmaiar. Sentei-me na cama e respirei com força. Annie saiu da banheira confusa.

— O que aconteceu? — ela perguntou.

— Não sei — respondi. — De repente achei que fosse apagar.

— Nossa! — ela disse. — O Cialis?

— Acho que sim. Isso mais o banho quente. Fui dominado totalmente. Meu coração disparou.

— Você está bem agora?

— Sim, estou bem. Perfeito, na verdade.

Eu baixei os olhos na direção da ereção que começava.

— Desmaiar seria uma experiência péssima — Annie falou. — Imagine o efeito que teria ao completar o dia 48.

O Cialis fez efeito, mas não da mesma forma que o Viagra. O velho e bom Membro Autônomo não apareceu e mandou seu primo no lugar, o Acessório Excitável. Começamos a nos beijar, passamos por uma variedade de posições. O Cialis estava começando a funcionar agora, o sexo estava quente e poderoso. O Acessório Excitável não me insultou como fizera o Membro Autônomo — eu não temia uma visita ao hospital para tratamento de uma ereção hostil, por exemplo. Ao contrário, desci imediatamente da beatitude pós-sexo para um entendimento, apenas momentos depois de abrir os olhos de manhã, de que eu sofrera de uma noite de insônia.

Enquanto me esforçava para invocar vigor com um café forte, Annie e as garotas seguiram para o teatro infantil e depois para

Simplesmente faça

as Bandeirantes para vender *cookies* naquele sábado com frio que parecia do Alasca. Fui de carro para uma loja de bagels[14] sobre a qual havia lido. Eu não havia experimentado um bagel respeitável desde que saí de Baltimore, onde, se você vai ao lugar certo, encontra bagels macios e com a crocância correta.

A ambientação das casas de pão em Denver não vinha de uma empresa qualquer: "Faça-a parecer-se com um *loft* urbano! Use muito metal e madeira!". Tampouco os bagels tinham sabores como o de Pêssego Melba da Geórgia, o Sonoran Frittata ou o de Cranberries. A iluminação era fluorescente, o acabamento, de fórmica. E o ponto? Os melhores bagels da cidade. Eles também faziam bons bagels salgados, os meus favoritos. Aí estava algo verdadeiro. Aquela era a loja de bagel que eu procurava para o Dia dos Namorados – autenticidade e coração. Essas pessoas se importavam com os bagels. Elas o faziam com amor, como ninguém mais na região.

Após o bagel levantador de humor seguiu-se uma aula de ioga que me levantou ainda mais. E, para completar, Vicki, a instrutora, me deu uma pedra preta chamada "jet", que ela disse ser boa para lidar com o celibato. Mas...

– É também perfeita para o oposto do celibato – completou. – Seja o nome que tiver.

Eu deixei cair a pedra em formato de dente de tubarão dentro do meu bolso sabendo que iria carregá-la comigo para sempre, ou até que a perdesse. Sou supersticioso. Eu me agarro a objetos sem razões racionais.

Annie foi ao cabeleireiro para tingir os cabelos. Ela não fazia isso havia mais de uma década, mas recentemente seus cabelos a estavam incomodando, fazendo com que se sentisse nada sensual. Depois de horas de Olimpíadas e muitas rodadas de jogos com as crianças, Annie voltou, a babá chegou e nós partimos para

---

14 - Bagel: pão tradicional americano em formato de anel. (N. T.)

O poder do amor

o Brown Palace para os dias 49 e 50. A temperatura lá fora era de -15°C. Deixei Annie na porta da frente, estacionei e andei pelas calçadas de gelo até o hotel.

Nós trouxemos queijo, pão, crackers, azeitonas e um vinho francês que vínhamos guardando desde o meu aniversário de 35 anos, quando Annie me presenteou com 35 garrafas de vinho.

– Ei, 1994, o ano em que nos casamos – ela falou, olhando para a garrafa.

– É mesmo?

Nunca se sabe o que um comentário desses vai causar: raiva, risos, talvez desgosto. Eu esperei, me encolhendo. Tive um pouco dos três. Annie riu. Foi um riso sarcástico, não totalmente inocente. Ela também balançou a cabeça vagarosamente, um gesto que significava: "Isso é tão inacreditável que estou sem palavras".

– Você se lembra de como ficou bêbada? – sugeri, espiando de lado. – Falando em vinho.

– Quando?

– No nosso casamento.

– É.

Nós fizemos os votos que escrevemos um para o outro em um palco numa velha igreja que fora convertida em auditório por um museu de Santa Fé. Para a maioria dos convidados, era a primeira viagem para o alegre Novo México, onde o tempo cooperava (o tempo realmente é bom no Novo México). Meus pais dançaram o *jitterbug*[15] sem ligar para a platéia, os convidados comeram profiteroles de uma torre em vez de bolo de casamento, e meu pai governava como um imperador na sua suíte do hotel-fazenda, presenteando meus amigos com bebidas e charutos. Annie e eu cometemos muitos erros durante esses anos (durante

---

15 - *Jitterbug*: estilo de dança *swing*. A era do *swing* (1920-1940) nasceu nas comunidades africanas do Harlen e Nova York e tem influência da dança *charleston* e do *Jazz*. (N. E.)

Simplesmente faça

a maratona, você deve se lembrar do episódio do ovo de borracha "três X"), mas o nosso casamento não foi um deles. Annie usou o vestido branco de sua mãe e sapatos de salto vermelhos que combinavam com seus lábios cor de rubi. Apenas sua presença já me deixava bêbado, mas ainda assim nós tomamos cerveja, coquetéis e muitas taças de champanhe do Novo México. A certa altura, os fechos que seguravam a parte de trás do vestido de Annie sumiram, e ela cambaleava segurando o vestido. Durante o final de semana mágico, o hotel era apenas um detalhe técnico. Ele abrigou nossa cama e foi o palco do jantar que antecedeu o dia da cerimônia.

Agora, na iminência dos cinqüenta dias consecutivos de sexo, não tínhamos nenhum interesse no bar do hotel ou nos bistrôs e butiques que podíamos visitar de braços dados. Esse final de semana, ao contrário, giraria em torno do quarto do hotel – mais especificamente a cama, onde nos deitamos hora após hora nos regalando com guloseimas e assistindo aos Jogos Olímpicos e ao canal de tevê a cabo especializado em comida, o Food Network. Como as meninas, nós gostávamos de assistir à tevê a cabo quando tínhamos chance; só não queríamos ter em casa. Por experiência – assinávamos a tevê a cabo no passado – sabíamos que ela conseguia exercer um grande domínio sobre nós, desviando-nos do que achávamos que eram diversões que valiam mais a pena, como ler livros. Temíamos nos tornar viciados em tevê a cabo.

No hotel, nós rapidamente nos rendemos ao charme principal da televisão a cabo – a vasta oferta de entretenimento sem esforço – e ambos experimentamos a total imersão em um estado de relaxamento consumado. Comecei a me sentir quase que fundido com a cama. Com o passar do tempo, devo ter me solidificado numa barra de carne, sangue e osso.

– Quer fazer alguma coisa, hã, enérgica? – Annie perguntou, piscando.

O poder do amor

Eu me inclinei, cheguei até seu robe e encostei-me em seus seios quentes.

– Parece um bom plano – respondi.

Nós gememos e nos apalpamos por dez minutos e depois paramos, nenhum de nós atingindo o orgasmo nesse quadragésimo nono dia. Ligamos a televisão novamente. Tudo aconteceu de maneira vaga.

– Esta não foi das melhores, não é? – Annie disse enquanto assistíamos a uma mulher no Food Network recheando uvas.

– Não.

– Espero que isso não o ofenda, mas não foi bom para mim. – ela falou.

– Para mim também não – falei. – Eu meio que caí sob o feitiço da preguiça. Estava muito relaxado.

– Eu também.

– Mas, droga, eu gosto de estar aqui – falei, colocando uma fatia fresca de Gouda numa baguete.

– O sexo fracassou, mas isso aqui é o máximo – falou Annie. – Adorei o aquecimento.

No caminho da nossa casa para o hotel, havíamos recebido uma ligação de amigos íntimos de Baltimore. Também estavam indo para um hotel sem as crianças, em Washington, D.C.

– Fazemos isso de vez em quando – disseram. – Chamamos isso de "ajuste fino".

Dessa vez, nosso "ajuste fino" demandou indolência decadente: comer na cama, beber na cama, ler na cama, assistir a tevê na cama, fazer sexo na cama. Nossos próximos finais de semana de ajuste fino – de preferência fora de casa e sem as crianças – pediriam um jantar e bebidas, cinema ou apenas uma longa caminhada. Vínhamos fazendo vários ajustes finos sem ter consciência deles nesses termos. O ano anterior à maratona do sexo, por exemplo, minha mãe veio para casa enquanto Annie e eu fazíamos um ajuste fino em Aspen por conta do

Simplesmente faça

nosso décimo aniversário de casamento, uma data que sempre comemoramos. E agora estamos deitados na cama no dia 49 da nossa aventura sexual. Dado o volume de sexo que experimentamos, a prática do corpo-a-corpo não tinha o sabor de acertar uma pinhata[16] ("Oba! Sexo!") durante nosso refúgio no Brown Palace. Nós sabíamos que faríamos sexo, mas não era como se estivéssemos fugindo para que pudéssemos entrar de cabeça em um pouco de excesso erótico. Já estávamos saciados disso.

– Precisávamos de algo assim – falou Annie, com uma taça de vinho tinto na mão e uma pequena tábua de queijos cortados e torradas entre nós. – Mesmo já tendo conseguido sair um par de vezes este ano.

– Vegas foi trabalho, no entanto – eu disse. – Wyoming tinha aquela poltrona. E o ashram, embora magnífico, não tinha este luxo. Estou aproveitando cada minuto do Brown Palace.

Nós terminamos o queijo, colocamos a tábua na mesa e nos apressamos em nos encostar um no outro, com uma das pernas de Annie dobrada sobre a minha perna e nossos ombros pressionados um contra o outro.

---

16 - Pinhata: recipiente de papel enchido com doces e/ou brinquedos. Geralmente é suspendido para que as crianças, com os olhos vendados e com varas, tentem acertá-lo. (N. E.)

Capítulo 9

O coração que canta

Eu me sentia um pouco presunçoso, sentado na cama de um hotel bacana, esperando que o serviço de quarto me entregasse dois cappuccinos duplos. Eles chegaram numa bandeja de prata. A conta das bebidas: 25 dólares. Engoli seco. Annie, nossa ministra das Finanças, superou minha admiração engasgando-se enquanto examinava a conta do cappuccino.

– O hotel não foi tão mal – ela falou, referindo-se à conta de 149 dólares por noite (nós havíamos conseguido um *upgrade* para um quarto melhor, sem custo, porque Annie pedira ao gerente da recepção; ela não era apenas a ministra das Finanças, mas também atuava como secretária de Estado). – Mas isto é ridículo.

Não éramos ricos. Por cerca de oito anos, nós vivêramos inteiramente por conta do meu salário como jornalista; por dois desses anos, eu havia sustentado a família recebendo, por palavra, como escritor *freelancer*. No período da maratona, Annie estava trabalhando por meio período e meu salário era decente; juntos, estávamos ganhando mais que nunca. Porém, com duas crianças e a compra de uma casa (sabíamos que isso iria acontecer, só não sabíamos onde), estávamos gastando um pouco mais do que fazíamos em Baltimore, embora de maneira alguma fizéssemos extravagâncias. A maratona, no entanto, estava nos colocando próximos da categoria da extravagância. Nós havíamos gastado em lingerie, óleos de massagem, velas, incenso e produtos para banho. *Baby-sitters* e babás repentinamente entraram no nosso mundo, não aos poucos, mas numa enxurrada, custando muito. Nós pagamos jantares aos meus pais, comemos e bebemos em Las Vegas, passamos uma noite num ashram, um final de semana, embora apressado, no Wyoming, deixamos muitas verdinhas na ioga. E agora estávamos tomando cappuccinos de 12,50 dólares trazidos por um cara de *smoking*.

– Nós estamos rasgando dinheiro – falou Annie, vestindo um robe de *plush* branco, apoiada na cama, segurando o café exorbitante.

Eu, é claro, não tinha uma idéia clara do que "rasgar dinheiro" significava especificamente, em termos de folha de balanço. Podia perceber que mais coisas vinham a nós devido a uma troca de dinheiro por mercadorias e serviços, o que me levava a acreditar que nossa pilha de dólares estava encolhendo mais rápido que o normal, mas meu cérebro não visualizava uma linha do item do orçamento, um equipamento que possuía bandeiras vermelhas e sinais de aviso. Essa não era uma situação ideal – eu sabia que Annie ficaria feliz se eu tivesse algum entendimento das finanças da família, e há muito havia prometido fazer isso. Nos próximos cinqüenta dias, contudo, eu não mergulharia nas aulas de finanças: Annie disse que não era o momento de reinar nos gastos.

– Esta é a nossa grande pausa – falou Annie. – Nós estivemos trabalhando duro desde que saímos no Novo México há dez anos. Nunca fomos tão indulgentes conosco como agora. Nunca paramos, olhamos em volta e apenas nos conectamos. Podemos nos dar ao luxo de enlouquecer um pouquinho com dinheiro. Cortaremos dramaticamente quando terminarmos a maratona.

– Tem sido extremamente prazeroso – falei. – É gostoso nos mimar.

– É, sim – concordou Annie. – Eu aprendi algo. Apesar de não podermos freqüentar um lugar como este, gostaria de ter planejado algo assim no orçamento há muito tempo.

– O Brown Palace?

– Sim, o Brown Palace. E o ashram. E Las Vegas. E as visitas aos cafés. E também as *baby-sitters* e a babá. Não tudo enfiado em cem dias necessariamente, porém, olhando para trás,

acho que nós estávamos muito presos a uma rotina. Não apenas em relação ao sexo, mas na nossa vida. Tudo era o dia-a-dia, muito do que fazíamos girava em torno das meninas. Nosso tempo sozinhos era apenas durante a noite, na nossa casa, tomando cerveja e conversando. Nada mais que isso. Acho que nós deveríamos continuar usando as *baby-sitters* e até mesmo a babá depois que tudo terminar.
– Você não vai ouvir uma contra-argumentação de mim – falei.
Ergui meu cappuccino de 12,50 para um brinde.
– A nós – eu disse.
Nós tilintamos as xícaras.
Continuamos na cama, ambos envoltos no fino robe branco oferecido pelo hotel, clicando a televisão, lendo e comendo bagels com *cream cheese* que eu comprara. Após uma das manhãs mais preguiçosas e lentas que tive nos últimos anos, Annie e eu preferimos partir para uma manhã de delícias. Ao contrário dos casais do cinema e da televisão que acordam e fazem sexo, nós primeiro escovamos os dentes. Depois pulamos de volta na cama enorme, nos agarrando, nos beijando e rindo. Conforme a brincadeira foi se tornando mais séria, comecei a me sentir quase devoto dessa metade do caminho. Algum botão virou dentro de mim e o sexo começou a mudar de algo ocasional, monumental e cheio de pressão para algo mais natural, solto e relaxado.
Em determinado momento dos últimos 49 dias, minha atenção para Annie e suas necessidades mudaram silenciosamente, de uma tarefa agradável que devia estar completa antes do "sexo em si" acontecer, para algo com final em si mesmo. Eu conscientemente entendia, agora, que tal mudança acontecera, embora não soubesse definir o dia ou o encontro sexual dessa mudança. Nós estávamos tendo relação sexual toda noite por causa da maratona e, penso eu, cinqüenta dias imersos nisso, a relação sexual me ajudou a atingir esse novo estágio. Porém, nessas encruzi-

Simplesmente faça

lhadas, eu entendi que sexo era muito mais que preencher uma definição técnica ("uma vez que o mastro de ouro está inserido na fenda acetinada, o ato sexual está completo"). O sexo, pelo menos para mim, era uma imersão total em prazer – não a troca de satisfações (eu conduzo Annie ao orgasmo e ela me conduz ao orgasmo), mas a absorção em Annie e em mim mesmo, no nosso corpo carnal. Eu encontrava na satisfação de Annie um final em si mesmo, uma busca que galvanizava cada grão de libido que eu possuía. As preliminares, em outras palavras, não estavam separadas do sexo. Na verdade, eram a mesma coisa.

Nesses cinqüenta dias consecutivos, percebi também que o sexo tinha algo a ver com fazer poemas, escrever contos e pintar uma paisagem (me acompanhe aqui). Com a prática vem encorajamento e confiança com a forma. E então vem a emancipação do protocolo, estabilidade frente ao desconhecido e ao inédito. Em plena luz do dia no centro de Denver, com as cortinas totalmente abertas no sétimo andar de um hotel antigo, encontramos o prazer puro, o fruto da passagem do desafio sexual que estava nos levando longe.

Nós solicitamos ao hotel uma saída posterior para prolongarmos o período daquele dia.

– Você sabe uma coisa que adorei nesses últimos cinqüenta dias? – Annie perguntou enquanto sentávamos na cama. – Eles me ajudaram a fazer com que eu me sentisse sexy novamente. Não me sentia sexy assim desde a faculdade.

– Verdade? – perguntei.

Ela assentiu com sua cabeça sexy e levantou os ombros sensuais.

– Alguma idéia do motivo? – eu quis saber.

– Não que eu não tenha me sentido sexy – ela falou. – Quando nós nos arrumamos para sair quando estamos transando ou quando você me faz um carinho, eu me sinto sexy. Porém agora venho tendo essa sensação por cinqüenta dias seguidos. É sensacional.

– É algo que precisa continuar quando terminarmos, porque você é muito sensual o tempo todo – eu acariciei seus cabelos e beijei-lhe o rosto. – E nós temos que sair mais. Até agora, quantas vezes você acha que saímos no ano? Duas vezes?

– Talvez uma – falou Annie. – Na verdade, não posso acreditar que nós não saímos para jantar, somente nós dois, durante toda a maratona. Isso precisa mudar.

– Algo para planejar, com certeza – falei. – Nós temos a *baby-sitter* agora. Não há nada impedindo.

Continuamos na cama até a hora de sair. Quando chegou a hora, jogamos todas as nossas coisas nas malas e partimos, dirigindo, num dia de inverno cinza, para nossa pequena casa. As meninas, dessa vez, nos receberam com algo mais próximo da "alegria juvenil" que aguardávamos depois da visita ao ashram. Embora as crianças não tenham comemorado nossa chegada com bandeiras e canções, elas correram para nossos braços e nós as beijamos muito. Depois de obter o relatório da babá – supostamente sem problemas –, iniciamos um dia de brincadeiras e a preparação do jantar antes de as meninas irem para a cama. Logo depois Annie e eu nos abrigamos debaixo dos lençóis, apagamos as luzes e demos um beijo de boa-noite.

EU CHEGUEI mais tarde do trabalho no dia seguinte porque tive uma interessante tarefa à noite: passar algumas horas numa escola para *strippers*. Elas usavam pouquíssima roupa enquanto se contorciam em volta de mastros prateados. Entrevistei uma mulher jovem chamada Brandy, que ensinava às mulheres os movimentos e que me declarou estar "em dia" com sua sexualidade. Enquanto eu tomava notas em pé entre as aspirantes a *stripper*, tinha consciência da minha sorte como profissional. Poderia estar sendo pago para fazer muitas coisas. Mesmo como repórter, poderia facilmente estar sentado em uma reunião da câmara dos vereadores na

Simplesmente faça

prefeitura ouvindo uma conversa mais ou menos assim (que eu já ouvira muitas vezes durante os anos): "O presidente da câmara dos vereadores Johnson e o restante dos vereadores, os moradores da Travessa Clarkson e ruas adjacentes, como a Sparrow Drive e a Fox Chase Way, têm preocupações significativas quanto à intenção das construtoras... blablablá". Para muitos jornalistas, isso é tão glamoroso quanto pode ser. Eu já estive nisso muitas vezes. Mas agora estava entrevistando jovens mulheres dando seu melhor para se tornarem *strippers*. Quando voltei para casa, sentindo-me em total ebulição – noites após as reuniões da câmara dos vereadores, por outro lado, normalmente faziam com que eu me sentisse anêmico –, as meninas já estavam havia muito tempo na cama, e Annie estava esperando por mim em uma camisola graciosa, sentada na cama folheando uma revista e com uma garrafa pela metade de uma India Pale Ale ao seu lado na mesinha.

– Como estavam as *strippers*? – ela perguntou, preocupada. – Ardentes?

Enquanto tirava a roupa, contei a ela sobre as escola de *strippers*, esclarecendo que, embora algumas das jovens mulheres parecessem inclinadas a trabalhar em casas de *striptease*, a maioria das alunas eram mulheres jovens, normais, que apenas queriam aprender a fazer *striptease* para entreter seus maridos. Havia até algumas avós. Esse era um argumento que tinha a intenção de convencer Annie de que, mesmo que o trabalho pudesse se parecer com o sonho dos homens – um trabalho, devo deixar claro, que estava acontecendo ao mesmo tempo em que Annie fazia o jantar para as crianças, limpava a casa e punha as meninas na cama –, era muito mais trivial e menos "deslumbrante" do que eu havia imaginado. O que, para ser honesto, era o caso.

– Fazendo *striptease* para os maridos, hein? – falou Annie. – Parecia ser algo sensual? Fez você pensar em mim fazendo *striptease* para você?

— No caso de algumas era bastante sensual — falei. — Eu daria total apoio a você caso quisesse fazer uma aula. Pode ser divertido.

Annie olhou para o relógio, que mostrava 23h.

— Vamos fazer um pequeno *striptease* nós dois logo mais, entretanto, sem música.

A DEPILADORA de Annie, que eu estava entrevistando para uma série de matérias argumentando que pornografia havia se tornado quase que uma tendência na sociedade americana, como o *rock-and-roll*, contou-me que a última moda nas praias da costa era "descolorir o bumbum". Atrizes pornôs não gostam que seu bumbum apareça escuro nos vídeos. Então elas o descolorem. Minha reação foi algo como a reação à masmorra: não é o tipo de coisa que eu aprecie. A recepção dessa novidade, contudo, me fez rir em voz alta no salão.

— Descolorir o bumbum — repeti. — Isso é hilário!

— O negócio funciona da seguinte maneira — continuou a depiladora. — As atrizes pornôs descolorem o bumbum; depois, as atrizes não-pornográficas que assistem à pornografia vêem o bumbum descolorido e dizem: "Quero um bumbum assim". Então elas descolorem seus bumbuns também. É a mesma coisa com a depilação. Antes da pornografia, você não via uma depilação brasileira em ninguém. Agora todas querem depilar, ou pelo menos raspar.

Annie ficou entusiasmada com minha entrevista com sua depiladora e estava ávida por detalhes assim que tivéssemos um tempo sozinhos, depois de pôr as crianças na cama.

— Bumbuns descoloridos — disse eu, depois de dar detalhes a Annie do trajeto do bumbum descolorido, de inexistente, antes da presença na pornografia, para algo assumidamente pornográfico, depois para o resto da nação. — Incrível.

— Acho desnecessário dizer que não vou dar o passo seguinte depois da depilação brasileira. — afirmou Annie.

Simplesmente faça

– Sabe uma coisa que pensei enquanto entrevistava a depiladora? Ela passou mais tempo com sua vagina do que qualquer pessoa, exceto eu, desde que começamos a namorar.
– Até mesmo meu OB passa menos tempo; muito menos – Annie lembrou. – É claro que a depiladora está infligindo dor à minha vagina, então não é como quando estamos nos divertindo.
Annie andou pelo tapete e trancou a porta. No caminho de volta à cama, ela levantou rapidamente a barra da camisola, me mostrando que aquilo era depilação brasileira.
Bons tempos.

O SENTIMENTO que se segue após o sexo – o que gosto de pensar como "o coração que canta" – é uma sensação extremamente desejável. Não tem custo e, se você pratica o sexo seguro, não é prejudicial fisicamente. Por que todas as pessoas não se tornam viciadas em sexo? Deve ser o trabalho, a dança, a mão-de-obra por trás da invocação do estado de sonho erótico e seu brilho remanescente.
O estado de sonho é valioso, mas chega somente depois do emocional, físico e algumas vezes até mesmo depois de investimento espiritual. Algumas pessoas, entretanto, conseguem separar o ato das suas principais pilastras – ou pelo menos passam superficialmente por elas. Como a atriz pornô com quem marquei a entrevista.
Nós decidimos nos encontrar na sexta-feira perto do centro de convenções de Denver e entrar na mostra "Sexo e Muito Mais" juntos, um evento que celebrava o sexo e, claro, os muitos produtos e serviços que o supriam. Ao final da nossa primeira conversa por telefone, ela disse:
– Vejo você na sexta-feira. Quem sabe? Talvez eu até lhe ofereça um... (ruído).
A conexão do telefone celular falhou ao final da sentença.

Eu não tinha idéia do que ela acabara de dizer, mas animadamente respondi:
– Legal.
Logo após desligar, fui pesquisar em seu *website* e descobri que a mulher era famosa por suas punhetas. Então me dei conta do que ela dissera ao telefone. O encontro, eu percebera, podia ser estranho. Será que ela tentaria me manusear entre os corredores, com suas mãos lambuzadas de lubrificante?
"Está pronto?"
Depois que as garotas estavam na cama, nós colocamos o CD *Tantric Lounge* que Annie comprara. Annie usava lingerie listrada, bebia água gasosa com gelo e comia o chocolate sofisticado que eu comprara para ela no TJ Maxx. Eu usava meu leal pijama e meu robe Thurston Howell III irradiando musk. Nós massageamos um ao outro por longo tempo e nos beijamos. E, então, ela coincidentemente começou a me masturbar com a mão (eu me esquecera de contar a ela a história sobre a punheta, mas o fiz assim que terminamos). Por algum motivo esse incidente lento, quase melódico, me arrebatou como nunca antes fizera uma punheta: a campeã do meu universo de masturbação, a Punheta Onipotente.
– As pessoas estão me procurando como se eu fosse um tipo de especialista em sexo. Dá para acreditar? – falou Annie depois da Punheta Onipotente. – Minha amiga Amy me pediu para criar um "pacote de sintonia fina" para ela e o marido. Eles estão indo para o Havaí sem os filhos. É um grande desafio. Já preparei uma lista de "ingredientes".
– Ingredientes?
– Lubrificante, uma lingerie bonita, esse tipo de coisa. Eu provavelmente vou mandar para ela um pacote.
Essa era uma cena que eu não imaginaria dois meses antes: amigas pedindo a Annie conselhos sobre sexo. Eu seria um bobo se me incomodasse com isso, pois, vamos encarar os fa-

Simplesmente faça

tos, se Annie estava se tornando uma especialista em sexo era porque ela estava fazendo sexo com uma pessoa: eu. Era como ser casado com uma estudante de massagem, uma aprendiz de sorveteira ou alguém que decidisse abrir uma cervejaria cujo cardápio fosse especializado em peixe com batatas. Só que o sexo era melhor que tudo isso.

NO DIA seguinte eu andava pomposamente pelos corredores da Universidade do Colorado, procurando por alunos para entrevistar sobre sexo no campus. Eu estava me perdendo no sexo. Ele surgira como o principal tópico da minha vida, assunto de conversas intermináveis e rabiscos em diários noturnos. No entanto, a maioria das pessoas, até mesmo estudantes de faculdade, não anda por aí tagarelando sobre sua vida sexual, e me ocorreu que, quando eu me aproximasse de mulheres com minhas perguntas sobre seus hábitos entre lençóis, elas poderiam não ver o Homem-Repórter, mas um patético degenerado de meia-idade.

– Maluco! Segurança! Segurança! Tem um pervertido à solta!

Assim, eu começava meu interrogatório com longos prelúdios e preâmbulos, incluindo a apresentação da credencial da imprensa. Acho que não assustei nenhuma das alunas. Conforme esperado, elas revelaram que o sexo era quase que inevitável no campus. Os formandos dedicavam seus finais de semana a ficar juntos. Para agradar os garotos, as moças aparentemente não hesitavam em beijar umas às outras em festas e bares – não selinhos, mas beijos longos e eróticos de língua, que eram celebrados com assobios, gracejos e cumprimentos. Uma mulher disse que andar de mãos dadas era mais difícil que apenas fazer sexo.

– Dar as mãos significa algo, significa que você se importa com a outra pessoa – ela disse. – Sexo não significa nada.

Tudo aquilo me chocou no início, embora considerando meu programa recente – uma masmorra e uma sadomasoquista, uma convenção pornográfica em Las Vegas, *sex shops*, uma escola de *strippers* e, é claro, descolorimento do bumbum – não posso dizer que isso verdadeiramente me chocou. O choque inicial, eu acho, foi a naturalidade dos jovens e das moças que em muitos casos pareciam porta-vozes do ressurgimento dos grupos de coral no campus: sorrisos largos com dentes brancos, livros de física e administração debaixo dos braços, jeans e moletons. Se eles estivessem usando sapatos mocassim e meias soquete, eu não me surpreenderia. Rapidamente, então, considerei minha própria experiência na faculdade vinte anos atrás em Washington. Com exceção dos beijos de mulher com mulher, nada mudou muito. Os jovens gastavam muito das suas idas e vindas com sexo. Sexo não significava muito, porém mãos dadas, sim.

As coisas no campus podem ter continuado as mesmas, mas a procura por sexo entre mim e Annie mudou tremendamente. Não mais caçávamos parceiros. Agora nós simplesmente passeávamos pelo sexo. Isso tinha suas vantagens – conhecidamente, uma parte enorme da equação, o parceiro, já estava resolvida. Não era preciso vagar por bares e competir com os outros caras pelas atenções perplexas das mulheres. Nunca fui talentoso nesse jogo, mas ele gerava certo trabalho. Para dizer a verdade, eu não tinha o menor desejo de retornar ao mundo da troca de telefones rabiscados num guardanapo de coquetel e conversas de restaurante que giravam em torno de duas vidas. No entanto a caça tem seus momentos, como qualquer outro tipo de caça. Annie e eu nunca tínhamos conseguido reviver o frescor das primeiras semanas e meses do nosso namoro, mas isso não significava que tínhamos que abrir mão de tudo o que aprendêramos sobre a arte da atração e da sedução. Na verdade, nossa odisséia trouxe isso de volta ao nosso relacionamento, e pela primeira vez em anos trabalhamos conscientemente para seduzir um ao outro, para parecer e agir de maneira sensual.

Essa noite, por exemplo, eu tomei banho e me massageei com uma essência chamada Momento Sensual – uma variação do musk, embora falte o aroma com a abordagem mais masculina. Antes da maratona, eu acho que não teria tido um momento com o Momento Sensual. Tinha dado o pontapé inicial na maratona me forçando a tentar coisas como essa, mas agora tentar era algo natural.

Continua incerto para mim se o Momento Sensual teve alguma coisa a ver com o evento que marcou esse encontro (se teve, eu o saúdo, Momento Sensual). De qualquer forma, logo após passar o óleo em meu corpo, deitei-me ao lado de Annie na cama e logo estávamos nos beijando. Quinze minutos depois estávamos deitados lado a lado, felizes com a consumação de outro passo na nossa jornada. Esta é a trajetória com a qual nos acostumamos: cama, beijos, preliminares e a abençoada consumação, tudo ocasionalmente acompanhado de uma nova posição, como a bola de exercícios, lubrificante e assim por diante. O tempo variava, dependendo da noite, de cinco minutos rapidinhos até mais ambiciosos vinte e cinco minutos de alegria. Mas aí vai o que fez essa noite ser especial. Nós nos deitamos um ao lado do outro, conversando, como sempre, depois do sexo. Enrolamo-nos debaixo dos cobertores e continuamos batendo papo, como sempre. Depois estávamos nos beijando e abraçando e, minutos mais tarde, estávamos fazendo novamente. Uma dobradinha! A rara e preciosa dobradinha! Nós já tínhamos feito dobradinhas antes, mas a última vez tinha sido antes das crianças. Portanto uma boa década, pelo menos, se passara desde que fizéramos pela última vez o que costumam chamar de "duas de uma vez".

– Isso foi inesperado – sussurrou Annie quando terminamos a segunda vez. – E maravilhoso.

MOMENTOS DEPOIS de acordar para o dia seguinte, uma sexta-feira, minha mente girava em torno das glórias da dobradinha.

– Aquilo foi uma loucura – eu disse a Annie enquanto estávamos acordando. – Você acha que faremos de novo?
Ela levantou os ombros.
– Espero que sim.
Minha aula de ioga antes do trabalho foi uma prática "silenciosa" com Vicki – nenhuma palavra de Vicki me orientando para essa ou aquela posição, eu apenas a seguia. Depois da ioga deixei Joni na escola. Antes de pular para dentro do chuveiro, Annie falou:
– O que acha de um deleite pela manhã?
A idéia da dobradinha ainda ocupava meu cérebro e uma sessão matinal oferecia o potencial para outro tipo de dobradinha – uma variação excelente do fenômeno envolvendo tanto o sexo matinal como o noturno. Porém quando entrei em casa não estava pensando na relação iminente. Eu pensava: "Não estou a fim. Tenho que ir trabalhar. Vamos fazer mais tarde". Portanto, quando Annie repetiu a pergunta, eu disse:
– Bem, talvez.
– Não fique tão excitado – ela falou, rolando os olhos. – Contenha-se.
Em seguida, levou Ginger para a escolinha. Entrei no chuveiro e quase me empinei, ligando o aquecedor no máximo. Acendi um incenso e fui para baixo dos lençóis frios, criando o que chamei de "braço de aquecimento". Ainda estava na vibração da dobradinha. Minutos depois que Annie saiu pela porta, eu estava pronto para a brincadeira.
– Pude sentir o cheiro de incenso assim que entrei – falou Annie enquanto se despia. – Foi como um sinal.
– O que o sinal dizia?
– Sexo no andar de cima.
Nós nos deixamos levar, ofegantes, sentindo-nos compreensivamente vivos: era ainda de manhã, e nós já tínhamos transado. A energia erótica corria por minhas veias. Ficamos na cama por

um momento, confortáveis um com o outro, e então... de volta para dentro. Uma dobradinha! A essa altura – um par de dobradinhas em doze horas – eu senti o que um surfista na costa de New Jersey, conhecida por suas ondas relativamente agitadas e curtas, pode experimentar após descer dois tubos perfeitos e cristalinos em seguida: esse surfista se sentiria maravilhado ou até "gnar gnar", termo descrito em pelo menos um dicionário de surfistas como "o puro êxtase do que está sendo descrito".

Com ioga e sexo no currículo, fui praticamente flutuando para o escritório – um flutuar que pensei ser um "gnar gnar" –, onde entrevistei o presidente de um dos melhores estúdios de filme adulto sobre a indústria da pornografia. Ele exaltou quase tudo da indústria, incluindo o quanto era "maravilhoso" para as "garotas" serem capazes de exercitar tanto controle sobre suas vidas e sua sexualidade. Elas fazem um bom dinheiro, divertem-se e comandam as cenas do filme, disse ele. Eu quis dizer: "Estou entendendo que você vai incentivar suas filhas a se tornarem 'entretenedoras de adultos'". Certo? Mas não disse.

Depois eu fui me encontrar com a atriz pornográfica local, a Punheta Extraordinária, em uma barraca de cachorro-quente (he!). Ela ficou ligando para avisar que estava presa no trânsito, então eu andei da barraca até a exposição e fui abordado por jovens atraentes entregando folhetos que usavam nada além de pintura no corpo.

Imediatamente me senti mal pelos organizadores. Eu já havia conhecido a Exposição de Entretenimento Adulto, que é o que todas as outras exposições aspiram ser. Os organizadores de Denver persuadiram Jenna Jameson e Ron Jeremy a fazer uma aparição e dar autógrafos. Trupes da escola de *strippers* estavam à disposição para fazer *striptease* e dança no mastro. Todas as *sex shops* da área estavam mostrando seus produtos. Na área de "palestras", assisti a um casal triste e alternativo de meia-idade falar sobre as glórias do "sexo sagrado", que envolve muitos olhares fixos, sorrisos e até "saltitos". Porém, apesar de todo o esforço, a exposição parecia com uma produção amadora de *A nossa cidade*.

Coincidentemente, meu irmão ligou novamente enquanto eu estava perambulando por uma exposição de sexo. Dessa vez ele não tinha a menor idéia de onde eu estava; queria apenas bater papo.

– Ei, Lesma, eu não estou, hã, interrompendo nada, estou?

– Sim, Mike, eu na verdade estou no meio do sexo agora, mas sempre atendo o telefone quando ele toca, sem exceção. Espere um pouco, eu vou retirar.

– Ah. Tudo bem – respondeu Mike. – O que se passa?

– Acredite ou não, estou em outra exposição sobre sexo. Essa é em Denver. Estou fazendo a cobertura para o jornal.

– Você e tudo sobre o sexo. Inacreditável – ele disse. – Como essa exposição se compara com a de Las Vegas?

– Não se compara.

Nós conversamos um pouco sobre os respectivos finais de semana, mas eu tive que cortar a conversa para entrevistar Shayla La Veaux, a atriz pornô veterana que cresceu em Denver, mudou-se para Los Angeles para "se fazer" no mundo da pornografia e recentemente retornara à sua terra natal. Ela era pequena, com seios de zepelim e um sorriso largo fora do comum. É o tipo de mulher que pisca muito para as pessoas, especialmente quando diz coisas que são levemente "impróprias", um piscar completamente diferente do simbolismo da piscada de Annie.

Também passei algum tempo com a estrela da masturbação manual. Ela tinha cabelos platinados (não sei sobre seu bumbum) e, como Shayla, era uma miniatura, porém parecia mais rude. Durante nossa entrevista eu olhei rapidamente sobre seus ombros e lá estava minha linda Annie, sorrindo. Passamos o resto da noite visitando a exposição juntos. Ela me induziu

Simplesmente faça

a fazer parte de sua missão, que era embolsar o máximo de amostras de lubrificante quanto possível.

Quando chegamos em casa, as meninas estavam dormindo, e a *baby-sitter* folheava revistas. Assim que pudemos, Annie e eu caímos na cama.

SÁBADO, EU tive que escrever uma matéria para o jornal sobre a exposição de sexo. Levantei cedo, escrevi um pouco e parei para levar as meninas para a aula de teatro infantil, proporcionando a Annie algumas horas de intervalo no cuidado com as crianças. Depois disso passei o restante do dia fechado no quarto, trabalhando na matéria do jornal enquanto Annie fazia uma porção de coisas com as garotas. Sua primeira tarefa foi a entrega dos *cookies* das Bandeirantes. Ela voltou para casa esgotada e perturbada. Apesar das quase três horas gastas dirigindo pelas redondezas, somente metade das "vítimas" estavam em casa. Isso significava que mais entregas estavam no nosso futuro.

– Eu decidi unilateralmente que vou comprar 300 dólares de biscoitos eu mesma (é um imposto dedutível!) e nós vamos mantê-los na parte de trás da van e distribuí-los para qualquer pessoa que acharmos que precisa de uma caixa de *cookies*. Uma professora. O carteiro. Os entregadores. Um mendigo pedindo esmolas no farol. Qualquer um que precise do "ânimo de um *cookie*". Mesmo que eles não sejam a coisa mais saudável do mundo.

Eu tive que dar o braço a torcer para ela. A abordagem era sincera. Nós iríamos simultaneamente atingir os objetivos de levantar fundos para as Bandeirantes, realizar o desejo de Joni pelo prêmio, fazer caridade, deduzir o imposto e cavar um tempo valioso para nós.

Mais tarde, depois que terminei uma hora completa de jornada de aumento de libido, nós passamos mais um tempo novamente com os boêmios no café enquanto uma *baby-sitter* ficava com as crianças por algumas horas. Nós nos sentamos em mesas separadas e eu estudava Annie enquanto ela se sentava sozinha escrevendo; pensei: "Ela continua tão graciosa como quando nos conhecemos". Eu adoraria ter ido até ela e roubado um longo beijo. Tal movimento seria bastante inapropriado na cafeteria – na verdade, poderia ser aplaudido –, mas esse era um ponto a ser discutido de qualquer maneira. Na noite anterior, Ginger havia escalado nossa cama e, a certa altura, bateu com o cotovelo nos lábios de Annie, portanto ela não podia beijar com muito entusiasmo. Isso valeu também para nossa noite na cama, mais tarde, depois do café, do jantar e de colocar as crianças na cama.

Os lábios de Annie estavam inchados, pressioná-los causava dor; beijar estava fora de questão. Ambos sentimos falta disso. Beijar é a forma mais simples, mais básica de toque erótico; ainda assim achávamos que era também a melhor para ligar os motores. O beijo promove o contato de nossas bochechas – a dela, macia, a minha, mais áspera – e também das testas e narizes. Sentimos o calor da respiração um do outro. Nossos lábios tornam-se mais úmidos e escorregadios, e nossas línguas exploram e fazem carinho.

Sem esse início, Annie sentiu-se perdida.

– Eu li que Viagra funciona para mulheres – ela disse. – Será que devo tentar?

– Tente.

Ela engoliu um comprimido azul e abriu um brinquedo novo que comprara no estande de uma butique da exposição: um aparelho operado a bateria que se parecia com uma bala gorda e redonda que vibrava com uma intensidade frenética quando pressionado contra o clitóris. Nós colocamos a bala entre nós e fizemos sexo. Por uma boa meia hora, nós vagarosamente nos excitamos, com o calor dos nossos corpos envolvendo nossos corações, a bala eletrizando tudo.

Simplesmente faça

– Eu acho que estou sentindo o efeito do Viagra – sussurrou Annie enquanto fazíamos amor. – Estou sentindo um formigamento incrível.
– Tem certeza de que não é o aparelho entre suas pernas?
– Há algo mais – falou Annie. – Eu sinto o aparelho. Eu sei o que ele está fazendo, também. Porém algo mais está mexendo comigo. De um jeito bom.
– O que você está sentindo?
– Uma excitação crescente – ela relatou.
– Você vai adorar o Viagra.
Aquela fora uma das nossas sessões mais longas – de todas. Teria sido o Viagra?
Seja como for, foi bom demais.

Capítulo 10

O bem comum

No dia 57, Annie e as garotas me surpreenderam com um café-da-manhã na cama – bolinhos feitos em casa, suco de laranja e cappuccino.

– Sou um homem de sorte – disse a Joni e Ginger, que corriam em volta da cama como borboletas.

– Nós fizemos tudo! – falou Ginger.

– Isso é incrível, Ginger – afirmei. – Você cozinha tão bem.

– Sim, eu cozinho.

– Papai, nós vamos fazer uma caminhada hoje – disse Joni; sua voz estava alarmada de desapontamento. – Eu não gosto de caminhadas. É chato.

– Bem, talvez nós vejamos alguns animais – respondi.

Ela deu de ombros e virou uma cambalhota. Depois de uma dose saudável de ociosidade, incluindo um intervalo em que Annie dormiu com um livro de ioga em seu peito, nós nos dirigíamos a Boulder para fazer uma caminhada, quando imediatamente encontramos um guarda.

– Há um leão da montanha lá em cima – ele disse, apontando com sua cabeça para a trilha. – Pessoas o viram hoje.

– Vocês os vêem com freqüência?

– O tempo todo.

O tempo todo? Leões de montanha espreitam suas presas. Eles lançam-se por trás, indo diretamente ao pescoço com dentes monstruosos. Gosto deles no zoológico. Gosto deles em lugares onde não estou. Com meus olhos, eu nervosamente verificava colinas e rochas. Nós fomos adiante, aceitando as flores "curpresa" que Ginger pegava pelo caminho, o que na língua de Ginger significava "surpresa". Nós brincamos sem nenhum objetivo, ouvindo a certa altura Ginger delatar "Eu soltei um pum". Depois de vários puns barulhentos, pegamos pedras e as encestamos num balde. Depois deixamos o hábitat dos leões para irmos a outro ainda mais alarmante – um dos restaurantes "chiques" de Stapleton. Annie tinha um selo com cinqüenta dólares de crédito para ser gasto naquele restaurante e nós tínhamos nosso lema para honrar.

Esse lugar tinha uma ala inteira do salão dedicada somente às crianças, onde os garotos Jimmy e Caleb podiam correr com seus caminhões e brincar de Homem-Aranha enquanto os adultos tentavam ao máximo ter uma diversão ao gosto dos adultos. Não me leve a mal: eu gosto dos restaurantes que são amigáveis com as crianças. Mas gosto ainda mais dos restaurantes onde as crianças estão sentadas nas cadeiras junto às mesas. Elas não precisam se comportar como anjinhos. Deixe-me estipular, também, que em lanchonetes, pubs e outros estabelecimentos mais informais a maioria das minhas reservas com crianças havia desaparecido.

Entramos no Chez Homem-Aranha pela primeira vez. E, conforme eu havia imaginado, crianças abarrotavam o lugar fazendo barulho de carros, saltando bolas e gritando enquanto tentávamos apreciar nossa refeição. Nossas crianças sentaram-se à mesa e comeram. A certa altura nos submetemos àquela coisa toda e as incentivamos a brincar na área das crianças, mas elas não deram muito crédito àquela esquisitice. Nós nos sentíamos como se estivéssemos jantando no salão de jogos no porão da casa de alguém: a única coisa que faltava era uma mesa de pingue-pongue, aero-hóquei e um neon da cerveja Miller. Fugimos, gastando apenas alguns dólares a mais do que o valor do nosso crédito, e nos apressamos para voltar para casa na escuridão.

Os restaurantes, na teoria pelo menos, removem dois obstáculos para uma noite de sexo: a preparação do jantar e lavar a louça. Há o fator complicador de se comer mais, e comida mais pesada, do que se come normalmente em casa. Mas essa noite,

O bem comum

pelo menos, eu ouvira minha voz interior e pedi camarão com arroz e salada. Não me sentia mais animado, no entanto, do que se tivéssemos cozinhado em casa e lavado a louça.

Afinal, independentemente de onde a refeição era preparada e consumida, havia o trabalho de colocar as crianças na cama, uma seqüência de pequenos esforços que freqüentemente me arrastam a um cansaço que começa por volta das 15h na maioria dos dias e desenvolve-se durante uma hora ou mais para preparar as crianças para sua descida ao sono. Normalmente o cenário é muito menos rígido nos finais de semana, mas algumas vezes até mesmo no domingo o horário de colocar as crianças para dormir vem disfarçado de letargia. Hoje à noite, o primeiro dia da nona semana de sexo diário, era um desses domingos. Antes das 21h as meninas já estavam na cama e Annie e eu tínhamos tomado banho. E não nos sentíamos nem um pouco excitados.

Eu me sentei ao lado de Annie por alguns momentos e depois perguntei sobre sua bala mágica.

– Você vai usá-la hoje à noite?

– Você não o sente vibrando a cama?

Apenas a idéia de Annie excitando-se a si mesma como preliminar para a diversão ligou alguns botões no meu cérebro e na minha virilha. Estava cansado, sim, mas repentinamente capaz de consumação. Logo, ambos estávamos nus e inclinando nossos corpos alongados pela ioga para este e para aquele lado. O aparelho eletrônico fora desligado e depositado no criado-mudo.

EU HAVIA sido chamado para ser jurado em um julgamento na segunda-feira de manhã. Algumas vezes, os jurados ficam isolados. Não vão para casa; dormem em hotéis até que o julgamento termine. Essa possibilidade me aterrorizava. Nada, nem mesmo meu dever civil, poderia se opor à nossa realização dos cem dias. Nós estávamos no qüinquagésimo oitavo dia! O crime de um estranho não iria cancelar tudo.

Simplesmente faça

– Boa sorte, amor! – disse Annie enquanto eu saía pela porta de manhã.

Recebera a convocação semanas antes, e nós dois estávamos preocupados sobre onde o julgamento poderia ocorrer. Cheguei ao ponto de levantar meu cabelo de forma caricatural, imitando alguém que acabou de levar um choque elétrico, usando uma jaqueta de poliéster psicodélica dos anos 1970. Os advogados de ambos os lados, eu acreditava, iriam me achar estranho demais para seu júri, e iriam me dispensar da equipe de jurados. Saracoteei pelo grande salão onde centenas de pessoas aguardavam para saber se haviam sido selecionadas. As pessoas olhavam fixamente para mim enquanto eu procurava por um lugar para sentar. Abri meu livro do dia, a autobiografia da atriz pornô Jenna Jameson (eu estava, na verdade, lendo o livro como pesquisa para a série sobre sexo do jornal). As pessoas olharam para o outro lado.

"Pareço um lunático total", pensei. "Estou livre"!

Finalmente uma mulher chamou meu nome por um alto-falante juntamente com uma porção de outros nomes. Todos os que foram chamados se amontoaram em uma sala de tribunal e esperaram os advogados e o juiz aparecerem. Levantei meu livro, correndo os dedos por meus cabelos impulsivamente para deixá-los ainda mais altos. Nomes foram lidos. O meu foi o último a ser chamado. Todos os demais poderiam ir embora.

"OK", pensei. "Mas agora vêm os advogados. Eles vão me odiar".

A certa altura eu tinha que levantar e responder a perguntas do juiz sobre minha ocupação, sobre se eu já participara de um julgamento antes etc. Declarei, cuidadosamente, que cobrira muitos julgamentos como jornalista. Estava certo de que tal informação por si só iria constranger pelo menos um dos advogados a me tirar do grupo. Infelizmente, ainda assim, fui escolhido para o júri, um caso pequeno sobre um cara acusado de roubar uma casa. Mas nesse caso, percebi imediatamente, não iriam mandar os membros do júri para um hotel.

O bem comum

– Uau! – Annie disse aquela noite na cama, depois de eu narrar meu dia na corte. – Meio que estressante e meio divertido.
– Um pouco dos dois – respondi.
– Essa é uma das melhores partes do projeto todo – Annie falou. – Apenas sentar um com o outro, conversando e nos conectando.
– Nós conversamos mais durante esses dois meses do que eu esperava – falei. – Mais do que há muito tempo. Quem iria adivinhar que mais sexo levaria a mais conversa?
– Não apenas mais, mas melhor também – falou Annie.
– Isso foi uma coisa que mudou desde que começamos, sem dúvida – eu disse. – Algo mais de que você se lembre?
Nós olhamos fixamente o espaço por alguns momentos.
– Bem, o sexo está melhor, é certo – falou Annie. – Está mais natural. Como se fosse parte de nossa vida.
– Essa foi uma grande mudança para mim – falei. – A mudança de um evento monumental, algo quase encenado, para algo mais normal.
– Porém normal de um jeito bom. Talvez o sexo esteja se tornando o que deveria ser – falou Annie. – Uma das bases de nossa vida juntos.
– Eu gosto disso – afirmei. – Nós estamos ficando bons nisso. É difícil acreditar que levamos quatorze anos para fazer esse investimento, hã, sexual.
– Eu gosto de como nos contorcemos em posições que nunca tentamos antes – falou Annie. – Gosto do modo como nos sentimos bem quando estamos fazendo amor. Gosto de como tudo está fazendo com que eu me sinta mais... sexy... todos os dias.
Nós paramos e eu fiquei surpreso com quanto ganhamos em apenas dois meses.
– E também a união no geral – sugeri. – Não apenas no sexo ou na conversa, mas, sei lá, a ligação que eu sinto no nosso relacionamento, com você.
Annie assentiu com a cabeça.

Simplesmente faça

— Nós nos tocamos mais. Eu me sinto mais próxima a você como não me sentia há anos, o que é relevante, não que fôssemos distantes um do outro.
— Você sabe, sexo não é apenas outra atividade, como jogar cartas juntos — eu disse. — Acho que não deveríamos estar surpresos com esse resultado.
— Estou adorando como as coisas estão mudando para nós — Annie comentou.
Começamos a nos beijar levemente, o que rapidamente cresceu para beijos apaixonados. Nós nos unimos e nos movimentamos devagar. O calor começou então a ferver e continuamos com mais energia.
— Você quer ir para a beirada da cama? — perguntou Annie enquanto fazíamos amor.
Eu fui, mas não pude parar. Estava tombando, caindo. Ela pressionou os joelhos em seu peito e ficou muito parecida com um *pretzel*. E então um arroubo me levou para essa união dentro de um oásis vislumbrado. Um mundo totalmente diferente, que não conhecia nada além do prazer completo, um paraíso nas garras de uma soberana sensual. Finalmente eu me recuperei. Nós nos sentamos na cama e conversamos por uma hora.

DURANTE O julgamento, compreendi que ele era útil.
O réu era nitidamente culpado. Era difícil imaginar que sua vida fora outra coisa diferente de uma procissão de decepções. E nós estávamos sentados numa sala de tribunal sem janelas, inclinados a dar-lhe outro golpe. A maioria de nós concordava que, sem dúvida, ele arrombara a casa e roubara coisas. Alguns jurados, entretanto, achavam isso improvável. Nós nos debatíamos sobre os termos "prédio" e "residência", cuja escolha entre eles influenciaria na severidade de sua sentença. Depois discutimos um pouco mais sobre a acusação de arrombamento. Uma jurada em particular estava fascinada pela idéia de que o réu ha-

O bem comum

via caído numa cilada, e ela descreveu um cenário complicado e hipotético explicando a "armação".

Era surreal. Eu pensava: "Oh, meu Deus! Como alguém pode ser condenado desse jeito?"

Outro membro do júri resistiu também. Era óbvio que o réu roubara a casa, porém o jurado insistia em que alguém além do réu poderia ter feito o assalto. Depois de mais de uma hora de discussões enlouquecedoras que não chegavam a lugar nenhum, ambos finalmente se renderam: o réu, eles concordaram, cometera o crime.

Nenhum de nós conhecia os outros antes do julgamento. Nós não falávamos como advogados porque não sabíamos como fazê-lo. Não havia pressões sobre nossas considerações, não havia pressão para protelar ou impressionar. Contudo, comandar a discussão era o poder que tínhamos sobre o futuro de um jovem. A situação não nos forçava necessariamente a concordar, mas falar naturalmente e sem a força estimuladora de tantas conversas – o interesse pessoal. O ponto aqui não era ganhar pontos num debate competitivo, mas trabalhar juntos pela verdade e o "bem comum".

Durante a "sexatona", eu descobrira que as conversas entre mim e Annie provavelmente por necessidade, foram abandonando o egoísmo de nosso próprio "bem comum". Quer fazer sexo hoje à noite? Então primeiro teremos que conversar para entrar no clima. Brigas? Teremos que negociar um acordo antes das relações carnais acontecerem, uma diplomacia com que nós já nos engajáramos quando eu ardia em autopiedade sobre minha desavença com a costa leste e descontava em Annie. Após desculpas e muita conversa, nós conseguíamos.

Eu voltei do julgamento e encontrei Annie em um avental (por que isso é sensual?), fazendo madalenas com casca de laranja. As crianças estavam sentadas nas banquetas do balcão do café-da-manhã, tentando ajudar Annie a fazer os biscoitos. Beijei

Simplesmente faça

todas enquanto andava pela casa, depois um jantar de espaguete seguido de cama. O usual. Uma vez que as crianças estavam deitadas, eu levantava pesos, e devo dizer que pela primeira vez desde o ensino médio podia reconhecer algo como "definido" em meus braços, abdômen, peito e coxas.

– Nem acredito – falei para Annie enquanto ela colocava uma lingerie nova que comprara na Target. – Eu posso realmente sentir os músculos.

– Posso vê-los também, e isso definitivamente me deixa animada – falou Annie. – Eu nunca fui fã de um visual musculoso, mas o corpo definido? Esse é maravilhoso.

Tomei banho e me hidratei (musk), e, após uma hora de jogar conversa fora, nós entramos na zona amorosa. Porém, colocar o pé nessa região não é o mesmo que brincar.

– Estou tendo problemas – falou Annie, cortando um beijo suave. – Não está acontecendo nada para mim.

– O que eu posso fazer?

– Agora, nada – ela falou. – Podemos conversar um pouco?

Nós conversamos sobre as crianças. Abordamos o assunto do nosso Subaru que está fazendo um som estranho. Ioga? Religiões orientais? Nós as exploramos. Se a ampla variedade de assuntos tivesse mudado para pasto de alimentar gado, eu não teria ficado surpreso. Mas o relógio, novamente, determinou que a noite estava terminando: não dormir depois de um vai-e-vem sobre nossos pratos favoritos de massa, mas fazer amor.

– Agora eu consigo fazer, DJ – ela disse, faltando quinze minutos para o dia acabar. Nós nos abraçamos sentados com a coluna reta, deixando que nosso longo beijo desabrochasse para algo mais.

NÓS ACORDAMOS com dois feitos. Era o dia 60. E era março, portanto nos próximos 31 dias nós poderíamos responder "o mês que vem" quando as pessoas perguntassem "E então, quando vocês terminam?".

O bem comum

Era bom atingir essas marcas.

Era ruim que elas coincidiam com viroses abundantes em Joni e em mim.

Joni se enrolou em um cobertor no sofá e ficou em casa. Eu ingenuamente fui trabalhar e deixei Ginger na escolinha no caminho. Não consegui ficar no escritório. Minha cabeça parecia uma bola de boliche. Saí mais cedo, escolhendo pegar Ginger no caminho de volta para casa, surpreendendo-a com uma visita do papai às três da tarde.

Voltamos para casa e Joni estava na nossa cama. Deitei-me ao lado dela, conversamos e, antes que eu pudesse perceber, ambos estávamos dormindo. Annie, enquanto isso, saíra com Ginger. Quando acordei, ela me deu margaridas brancas e roxas, um suco revigorante e sopa de galinha com macarrão *noodles* e *egg noodles*, que eu sempre peço quando estou doente.

– Estou totalmente armada – ela disse, entrando no quarto com um largo sorriso. – Vamos dar um chute no traseiro dessa doença. Eu sei muito bem como você fica doente, DJ. Você pega a doença, ela dura um dia e vai embora. Nós precisamos, hum, ter relações hoje, embora eu saiba que a doença não contribua exatamente para sua excitação. Por isso estou vindo socorrê-lo.

Eu já tivera falta de libido muitas vezes antes. Já tivera minha libido drenada, dissecada e demolida. E sempre que isso acontecia – como, por exemplo, quando eu ficava doente – não fazia sexo. Eu não podia me dar a esse luxo no dia 60. Depois de ter tomado Viagra semanas antes, experimentei coisas estranhas com a minha visão – falta de clareza, em particular. Pesquisei no Google sobre o medicamento e descobri que ele pode causar todo tipo de problema no olho. O mesmo acontece com as outras drogas para virilidade, Cialis e Levitra. Desejei o Levitra que estava no meu criado-mudo; ainda não o havia experimentado. Tinha falta de desejo. Estava doente. Porém estava assustado com toda essa coisa da cegueira. Então, tomei metade do Levitra por volta das 21h30.

"Ei, metade da cegueira é melhor do que a completa perda da visão", raciocinei.

Pegar o Levitra foi essencial. Não apenas eu estava doente como Annie e eu tivemos outra briga, nascida da frustração de Annie ao tentar equilibrar os papéis de funcionária, enfermeira e mãe. Ela conseguira manter as múltiplas tarefas que administrava no ar, mas não sem um esforço grandioso e desgastante. Revelou estar brava comigo por ter trazido Ginger para casa mais cedo, o que a forçara a parar o trabalho para fazer o papel de mãe. Eu falhei em mostrar empatia com sua situação; pelo contrário, joguei indignação à mistura. ("Eu estou doente, pelo amor de Deus! Dá um tempo!") E, então, criamos juntos uma briga do nada. Annie saiu a passos largos do quarto e eu continuei na cama, lendo. Nós continuamos separados até que o relógio nos forçou a ficar juntos.

Eu nunca tinha feito sexo com raiva antes.

Não a acariciei. Ela manteve suas mãos do lado dela e os olhos fechados. Foi puramente mecânico, tão erótico quanto o trabalho de um relógio. Foi, sem dúvida, o pior sexo que já tive. Annie concordou. Nós concluímos a série robótica sem orgasmos, é claro. Quando terminou, eu apenas queria que ela saísse do quarto.

Ela não saiu; em vez disso, chorou.

– Que tipo de mãe – perguntou – fica brava quando sua filha fica doente?

Ela falou de como não suportava viver numa casa empilhada de quinquilharias como essa que alugávamos. No verão, disse ela, as coisas deveriam se acertar. Nós deveríamos sair da choupana de aluguel o mais rápido possível.

– Não importa tanto onde – falei. – Costa leste ou oeste. Contanto que seja para longe deste lugar. Qualquer coisa seria melhor.

Essa frase foi de alguma forma o final da discussão. Com o choro de Annie e o meu consolo a ela, a briga havia praticamente terminado, como o final de uma fornada quente de pipoca: a ênfase em "qualquer lugar" foi como remover a panela do fogo. Ao mesmo tempo, no entanto, eu me sentia daquela maneira. Annie e eu tínhamos ótimos empregos. A região de Front Range tinha boas escolas. O mercado imobiliário da região não era exorbitante (comparado com os padrões da costa leste). O Colorado, fisicamente, era um lugar espetacular. Nesse ínterim, o mercado jornalístico tinha praticamente desabado desde que nos mudáramos para Denver. Eu tinha sorte de ter um emprego, para começo de conversa, e a perspectiva de procurar trabalho novo parecia terrivelmente desoladora. Eu havia me debatido com o lugar desde que me mudara para Denver, mas agora, sessenta dias vivendo essa aventura, parecia que o esforço tinha se exaurido por si só.

ACORDEI E percebi rapidamente que não poderia ir trabalhar. Minhas juntas doíam. Minha cabeça parecia estar preenchida com cimento. Eu assoava o nariz a cada minuto. Se Joni não estivesse com 38°C de febre e Annie, tão sobrecarregada em cuidar das crianças e tentar fazer seu trabalho, eu poderia ter dirigido até o escritório. Mas me sentia péssimo, Annie precisava de um tempo e a pobre Joni estava desesperada por cuidados. Ela mudou-se para nossa cama, e nós dois, de pijama e meias grossas, passamos horas jogando jogos. Falávamos sem parar, a maior parte do tempo dizendo que logo iríamos ter uma casa de verdade, com jardim, cães e gatos.

– Hamsters também, papai? – ela perguntou.

– Está bem, querida. Hamsters, tartarugas. Um lagarto. O que você quiser.

Foi um período mágico, e eu curti cada momento. Sabia que esses episódios passavam rapidamente. Joni mudara desde que viemos de Baltimore há dois anos. Ela adorava nossa casa grande em Charm City, visitara seus avós e primos que moravam perto de Filadélfia com freqüência, desenvolvera um grupo de amigos íntimos e então, repentinamente – de uma hora para outra –, tudo desaparecera. Poucas coisas na minha vida me deixaram mais culpado que essa mudança. Agora, dois anos mais tarde, ela estava crescendo. Ainda sentia saudades de Maryland, mas parecia estar se adaptando. Naquela noite eu li livros para Ginger e depois joguei vários jogos com Joni – Uno, Yahtzee e Sorry. Ela ganhou todos. Eu a coloquei na cama e enchi a banheira com água quente, despejando sais de banho nela. Sentei na banheira lendo uma revista, esperando que o calor fosse queimar minha doença. Levantei-me, esvaziei a banheira, tomei um banho rápido e deitei-me vagarosamente sobre a cama, onde Annie estava sentada lendo algo no seu notebook.

– O que você está lendo, querida?

– Literatura erótica – ela respondeu. – Estou ficando entediada com o sexo.

A notícia me chocou como um soco inesperado. A pequena bola de libido que eu vinha guardando e alimentando para crescer repentinamente murchou.

– Entediada?

– Estou com falta de desejo hoje – ela disse. – É como se em um minuto nós estivéssemos juntos, voando, e então acaba o meu combustível.

– Que droga – falei. – E a literatura erótica está funcionando?

– Não muito – ela disse. – Não é tão mal, mas para ser honesta eu preferia estar lendo meu livro de ioga.

– Você está lendo algum gênero de erotismo em particular?

– Apenas homens e mulheres transando – explicou. – Muitos estímulos preliminares. Nada muito detalhado. Você sabe, a mulher conhece um cara atraente num bar, eles flertam, sentem atração um pelo outro, se beijam no bar e depois estão no apartamento dele. Esse tipo de coisa.

– É isso que você está lendo agora?
– É algo assim.
– E não está funcionando?
– Na verdade esse tipo de coisa nunca me manda para a estratosfera. Mas hoje não está acontecendo nada.
– É só isso? – perguntei depois de alguns minutos. – Paramos por aqui?
– Você está maluco? – ela respondeu, levando as sobrancelhas para o alto. – Nós fomos muito longe. Eu não vou parar agora.
– Ufa!

Nós nos deitamos lado a lado e ficamos conversando por um longo tempo, eu descansando o queixo nos seus ombros.
– Você sabe o que está chegando? – perguntou Annie.
– A primavera?
– Meu aniversário! – ela falou, lançando sua primeira bomba de aniversário do ano. Muitas mais, eu sabia, seriam lançadas nas próximas semanas.
– Um dia muito importante – falei.
– Já estou pensando sobre o que vou fazer. Estou pensando em Boulder. Algumas compras. Talvez um ótimo cappuccino. Talvez ioga.
– Tudo isso é a sua cara.
– Sim. E hoje também foi – ela falou. – Muito obrigada por ficar em casa hoje com Joni.
– Foi um dia gostoso – eu disse. – Fiquei muito feliz de estar em casa.
– Eu também – ela concordou. – Eu honestamente temia perder a cabeça se tivesse que abrir mão de outro dia de trabalho.
– Aposto que sim.

Dizer adeus ao trabalho profissional fora uma das partes mais difíceis para o lado materno de Annie. Até que ela conseguisse o trabalho com as massas, raramente tinha um tempo para ficar sozinha, para ser ela mesma por um longo período de tempo. A ioga chegou em sua vida como um anjo. Não era apenas o alongamento, ela dizia, mas o tempo a sós, o engajamento com seus próprios pensamentos que haviam contribuído sensivelmente para o seu bem-estar.

– O trabalho no escritório, pelo menos o que eu me lembro dele, era algo parecido também – ela disse. – Eu podia fazer e acontecer no trabalho.

– É verdade – falei. – Com meu trabalho, algumas vezes dias inteiros passam e eu estou consumido por ele, raramente falando com alguém. Gosto de dias assim.

Annie olhou para o relógio.

– Falando em trabalho, talvez devêssemos começar.

Seu tédio me assustava.

– Por que você não se deita? – sugeri.

– Mas você está doente! – ela falou. – Isso é trabalho demais!

– Mas você gosta?

– Eu adoro.

Ela sorriu e derreteu na cama. Depois de cerca de dez minutos atingiu o orgasmo, depois puxou seus joelhos para o peito e eu deslizei para dentro.

– Como foi para você? – perguntei depois de alguns minutos.

Annie olhou para mim com os olhos brilhando e um sorriso malicioso no rosto:

– Não estou mais entediada.

UM E-MAIL notável do meu amigo de escola Shave – o cara de Las Vegas – me transportou para um final de semana num verão em Maryland, na baía de Chesapeake, que meus amigos e eu apelidamos de final de semana do "Barco dos Infernos". Essa viagem foi, segundo Shave, a mais divertida de todas. A maioria de nós tinha dezoito anos. Vários de nós consumiam coisas legais e não tão legais. Os pais de um de nós tinham uma casinha na baía onde passavam a maioria dos finais de semana.

O bem comum

Em um final de semana nós decidimos fazer-lhes uma visita. No caminho, paramos num campo cheio de hastes altas de milho, estacionamos o carro e comemos uma porção de cogumelos mágicos. Por alguma razão, eu estava sozinho em meu velho Datsun marrom B210, e fui o último a sair do campo. Infelizmente, bati de ré em um dreno de irrigação. A frente do carro apontava para o céu. Olhei através do pára-brisa e tudo o que podia ver eram nuvens e céu azul.

Foi então que os cogumelos fizeram efeito.

Eu estava com calor, o sol brilhava suficientemente para passar pela neblina, e fiquei preso no meio do campo de milho. Ouvi o cantar das cigarras durante algum tempo e perambulei em volta do meu carro em um exorbitante campo de cogumelos. Finalmente, um velho fazendeiro num trator verde enorme apareceu. Balançou a cabeça com o sol batendo por trás, e estudou o idiota com os olhos esbugalhados que olhava como se tivesse doze anos de idade.

– Você precisa de um reboque?

Finalmente cheguei à casa da família e seus amigos robustos, com uma penca de adolescentes pirados abrindo caminho pela propriedade. Shave ficou deitado em uma rede na maior parte do dia. Meu amigo Kubi e eu comandamos um barco a remo pela baía e fomos levados na direção de umas rochas. Nós estávamos totalmente fora do normal e não conseguíamos descobrir como usar os remos para escapar do "Barco dos Infernos". Movíamos os remos indiferentemente e ríamos, depois olhávamos para cima e dizíamos: "Ainda estamos no mesmo lugar". E a cena se repetia. Isso aconteceu por um bom tempo.

No jantar naquela noite, eu tinha certeza de que os adultos iriam gostar dos meus discos de Dead Kennedys e Black Flag. Adivinhe? Eles não gostaram.

Kubi, um rapaz ridiculamente alto e desengonçado, passou o dia seguinte com uma margarida atrás da orelha. Quando ele

Simplesmente faça

esquiava na água, a flor continuava no lugar. Eu assegurei ao patriarca da família de que sabia velejar e coloquei o barco Sunfish na baía. Conseguia velejar com o vento atrás de mim, sem problemas. Mas quando tentei voltar para a marina, o que significava ter que velejar contra o vento, o barco virou, várias e várias vezes. O pai do meu amigo teve que equipar seu barco grande e me resgatar. Eu era todo sorrisos. Ele não.

O final de semana do "Barco dos Infernos" acontecera há mais de vinte anos, entretanto continuava vivo quando Shave e eu trocamos mensagens sobre ele. Eu me sentia o mesmo frangote bobo, mas agora provavelmente tinha quase a mesma idade do pai velejador. Nós nos divertimos naquele verão, a chuva de pó mágico construindo a ponte para um tempo memorável – o ensino médio – com a alvorada do que era para nós algo desconcertante e novo; andávamos sorrateiramente para o mundo adulto. Certo tempo depois, mergulhei completamente de forma involuntária e sem cerimônia no mundo que eu previamente, e havia pouco tempo, imaginava como um lugar completamente separado, cheio de porta-retratos de família em mesas de escritório e jantares com duas taças de vinho, imposto de renda, urologistas e uma apreciação estudada e sóbria dos esplendores de Verdi.

Eu estava enviando um e-mail para Shave, e as reflexões usuais do Fantasma da Meia-Idade assombravam meu cérebro: a juventude é esbanjada pelo jovem; envelhecer é amargo; blablablá. Foi aí que um pensamento agradável, não saudosista, passou por minha cabeça, algo totalmente diferente da melancolia: eu tinha quarenta anos e transava mais do que nunca.

Tome essa, juventude travessa!

Mais tarde, entretanto, resolvi que não era hora de esbanjar irracionalidade. Na noite anterior, Annie dissera estar entediada. Isso não era bom. Fui à Barnes & Noble e comprei *O guia completo do sexo tântrico*. Chegando em casa, sentia-me muito me-

O bem comum

lhor, porém vestígios da doença ainda se prolongavam, portanto aquela noite eu tomei a dose máxima do comprimido de ervas para a velha e boa libido. Joni também melhorara, mas sua recuperação era atribuída largamente a um comentário que ela fizera na noite passada. Sua febre vinha subindo, depois se estabilizava e subia novamente. Ela estava letárgica, mas não derrubada pelos sintomas da gripe. Numa tentativa de descobrir o que estava acontecendo, eu perguntara:
– Joni, sua garganta dói?
Ela respondera:
– Só quando eu engulo, papai.
No dia seguinte o médico fez um exame e, sim, Joni estava com inflamação aguda na garganta.

Annie e eu ficamos acordados até tarde fuçando a internet. Às 23h, nós ainda não havíamos nos tocado. Quando finalmente o fizemos, Annie parecia exausta, e, enquanto meu cérebro procurava rapidamente o comprimido, meu corpo estava desligando.
– O que você quer fazer? – perguntou Annie, abafando um bocejo.
– Eu não sei – respondi. – O que VOCÊ quer fazer?
Annie disse:
– Estamos na sétima série?
Nós conversamos um pouco e então ela disse:
– Eu gosto de sexo às nove e meia.
– É um horário mais sexy que às onze – concordei.

AMBOS ACORDAMOS rindo. Ginger, que juntamente com Joni tinha rastejado para a nossa cama no meio da noite, soltava risinhos durante o sono. Eu daria tudo para entrar em sua cabecinha e ver o porquinho atrevido. Ou a princesa bobinha? Ou ainda o polvo de óculos?
– Mama, você sabia que os elefantes não são mamíferos? – disse Ginger algumas horas mais tarde, enquanto íamos para

Simplesmente faça

uma trilha próxima a Boulder para uma caminhada (que se danem os leões da montanha).
– Sério? – falou Annie. – O que eles são?
– Elefantes, Mama, elefantes.
Nossa zoologista de plantão trouxe com ela sua rede, que ela chamava de sua vara de pescar. Imediatamente Joni começou a escalar pedras grandes, porque era a coisa mais divertida que havia para ela. Nós seguimos em frente. A certa altura eu olhei para trás e vi Joni com a cabeça pendendo para baixo. Ela estava "andando", mas cada passo seu não cobria mais que cinco centímetros do chão. Ela vinha se arrastando. Avançava a passo de formiga. O que era sua maneira de dizer: "Estou muito entediada".
– Não se esqueça, Joni – eu gritei para ela. – O gigante vai aparecer logo mais à frente!
– Está bem – ela piava, mudando instantaneamente de formiga para chita.
Logo encontramos uma área gramada numa floresta de pinhos e iniciamos a brincadeira do gigante, que terminou abruptamente quando Ginger caiu e apoiou a mão em um cacto espinhento. Ela não chorou, nem mesmo com a mão cheia de espinhos.
– Você é tão corajosa, Ginger!
– Eu sei, papai.
Foi um longo dia de atividades físicas e ocupações com as crianças, e Annie e eu poderíamos ter ido para a cama mais cedo – "boa noite, amor" –, porém sabíamos que as diversões não estavam terminadas até que se tornassem eróticas. Então no caminho para casa decidimos jogar um dos nossos jogos favoritos, "Horário de verão", em que Annie corre pela casa adiantando os relógios em uma hora antes que Ginger perceba. Um truque cruel, possivelmente, mas nós tínhamos que cumprir o sexo e estávamos acabados. Nós levamos as garotas para o quarto delas após uma pequenina história e um pouquinho de leitura. Invocamos o santuário do sexo, ligando o aquecedor, acendendo

o incenso e as velas. Tomamos banho, bebemos cerveja e água gaseificada e lemos por um tempo, Annie sobre ioga e eu, assim esperava, o livro de sexo tântrico. Mas eu havia passado muitas, muitas horas lendo livros sobre sexo, não para o meu trabalho, mas para a maratona. Primeiramente mergulhara no livro tântrico, e algumas coisas ficaram comigo, mas logo tudo começou a ficar embaralhado com a outra dúzia de livros ou mais que eu já havia terminado. Eu olhava fixamente para ele, com seu volume de texto desanimador, e não consegui reunir energia para passar do início. Resolvi então folhear revistas.

Usando uma lingerie preta sensual, Annie inaugurou o kit de massagem havia mais de um ano guardado e recuperou uma pena e pó comestível. Ela acidentalmente derrubou pó nela mesma, e ambos rimos da repentina chuva de poeira sexual.

– Nós somos como guerreiros ou coisa parecida. Temos nosso próprio arsenal.

– Ou artesãos – contra-argumentei. – Temos nossas ferramentas.

– Deite-se de costas, carpinteiro – falou Annie segurando a pena para cima enquanto a música da WFMU enchia o quarto. Eu tirei meu Thurston Howell III e meu pijama atraente. – Tenho uma nova ferramenta. Embora seja na verdade uma ferramenta velha: um presente de aniversário do ano passado. O que me faz lembrar – e aqui ela cantarolava a frase – meu aniversário! – um estilo de fala cantado, que ela raramente usava, reservando-o amplamente, ano após ano, para as palavras "meu aniversário".

A pena parecia cafona, e a princípio era, mas depois a sensação cresceu para algo bom. Foi ficando mais sensual. Fechei os olhos e deixei que me surpreendesse com novos sentimentos, provocando algo entre as cócegas e o carinho.

– Sua vez – falei.

Annie entregou-me a pena e lançou-se na cama. Seu corpo totalmente exposto, uma obra-prima de carne e osso, dizia: "Venha, meu amor".

Simplesmente faça

– Muito melhor que o esperado. Gostoso – ela falou depois de alguns minutos de pena.

Depois de vinte minutos disso, nós consumamos o evento erótico do dia. Graças amplamente, eu acho, aos dois meses em que passamos rotineiramente noventa minutos em uma sala extremamente quente nos alongando, eu me sentia tão maleável quanto um garoto romeno de treze anos de idade especializado nas barras assimétricas. Bem, OK. Mais como um cara de meia-idade que recentemente revisitou seus tendões. Mas ainda assim.

– Essa pena – Annie falou depois de deslizarmos para baixo das cobertas. – Não sei se a teríamos usado três meses atrás. Nós temos essa pena há um ano, na verdade.

– Sem a nossa aventura, acho que é seguro dizer que ela estaria ainda na caixa.

A SEMANA 9, eu sentia, era um marco importante. O jogo estava borbulhando, mas nós finalmente o abraçáramos conscientemente. Nossa florescente estabilidade com a comunicação, eu achava, nos fizera mais próximos e ajudara a incrementar o sexo. Quando brigávamos, não deixávamos a briga se arrastar por muito tempo. O bom sexo dependia de muitas coisas – atração mútua, energia, tempo e muito mais –, porém a comunicação tinha que ser a fundação, uma base forte e ampla para o resto. Nós conversávamos para acabar com a raiva e começar a fazer amor. Falávamos sobre nossos gostos e reclamações. Fazíamos o outro rir, comentávamos e explorávamos nossos sonhos, falávamos, falávamos e falávamos, e depois falávamos um pouco mais.

Capítulo 11

Tomando a iniciativa

Os dias se tornavam mais longos. Vagarosamente, as planícies árticas começavam a descongelar. De manhã, ainda na cama, eu olhava fixamente pela janela e sorria. Estava feliz.

– Estamos entrando agora na gloriosa semana 10 – disse Annie. – Nós passamos e bastante do meio do caminho. Acredito que vamos conseguir.

– Eu me sinto forte – falei. – Antes de começarmos, no entanto, não estava tão certo.

Nós uníramos o sexo – um exercício físico por si só – a uma abundância de exercícios: muita ioga para Annie, levantamento de peso, ioga e corrida para mim, e caminhada para ambos. Havia muito eu já me viciara em correr, mas agora sentia a mesma compulsão pela ioga. A juventude renovada corria por meu corpo. Eu conseguia flexioná-lo e manejá-lo como jamais fizera. Perdi alguns quilos também, e Annie eliminou mais ainda. Nesse momento, ela estava com dois quilos a menos que antes da maratona. Nenhum de nós acreditava que o sexo por si só teria a ver com perda de peso, mas nossas dietas não mudaram muito. Meus jantares talvez tenham sido um pouco menos calóricos que antes, mas a diferença, eu acho, foi insignificante. O que diminuiu nosso peso, sem dúvida, foi nossa dedicação mútua para nossos corpos formalmente negligenciados. O sexo inspirou Annie a introduzir a ioga para nossas vidas, o que deu força a nossos troncos e membros e nos energizou para o sexo diário, o que nos deu estímulo a honrar a ioga e comer saudável, e assim por diante. Um ciclo perfeito.

Agora, entretanto, não era a hora de começar a relaxar. Nós ainda tínhamos cerca de cinco semanas pela frente, o que no contexto de sexo diário não nos colocava numa estrada asfal-

Simplesmente faça

tada. Então, enquanto Annie levava as garotas a um parque da vizinhança nesse dia espetacular, fiquei em casa, abri as janelas, e não apenas abri o *O guia completo do sexo tântrico* como o terminei, esperando encontrar algo novo para revigorar a diversão da noite. Annie logo ligou para dizer que elas tinham acabado de brincar, então pulei no meu skate e fui até o parque. Ao longe, totalmente só, estava minha Joni com seu capacete rosa balançando na cabecinha loira, as pernas pedalando sua bicicleta rosa com a cestinha branca o mais rápido que podia, com um sorriso enorme no rosto.

– Estou andando sozinha, papai! – ela exclamou, esforçando-se para pegar fôlego. – A mamãe ficou bem lá para trás – e ela apontou para longe, de onde sua mãe e Ginger vinham lentamente.

Depois disso, nós ainda brincamos de gigante, subimos nos brinquedos do parquinho, todos andamos no skate de uma só vez e descemos as minúsculas ladeiras da planície – uma família de traquinas alegres, cheios de energia e boa forma.

Em seguida, Annie e eu nos mandamos para o café onde tocavam música da minha juventude nos anos 1980, como "Riding on the Metro" e "Tainted Love". Tudo ia às mil maravilhas. Annie sorria enquanto escrevia em seu diário. Eu me sentia pleno. A primavera estava chegando e eu estava sentado em um salão repleto de pessoas fumando. Sentia-me tão feliz que poderia cantar uma ária (embora provavelmente engasgasse no meio das nuvens de fumaça). Fui até o banheiro fazer xixi, e tudo mudou.

O banheiro começou a girar. Apoiei minhas mãos na parede para ficar em pé. Fechei os olhos e, quando os abri, tudo continuava se movimentando, só que o banheiro agora estava meio torto também. Fiquei com medo de desmaiar. Foi aí que a tontura diminuiu como um carrossel que ia parando, até que estancou totalmente. Fiquei parado em pé. O banheiro havia endireitado; as voltas cessaram. "Isso foi foda", pensei enquanto saía do banheiro. "Foi mesmo de foder".

Tomando a iniciativa

Contei para Annie enquanto voltávamos para casa.
– Isso me parece muito estranho – ela falou.

O incidente preocupou Annie a noite toda, e naquela mesma noite ela me fez uma longa e caprichada massagem nos pés enquanto usava um top novo sensual que eu comprara para ela na Target, uma compra que, eu acho, finalmente alcançou nosso comprometimento financeiro com a empresa de Minneapolis para além dos domínios dos "clientes fiéis", "sérios investidores" ou mesmo "especialistas em aquisição".

"Aquele top de babados foi a gota de àgua para eles", disse a voz grave do presidente do conselho quando o gerente financeiro apresentou a ele as provas da evidência da transação, logo no início da manhã. "Marque uma reunião com o conselho e com esses Browns de Denver".

Depois da massagem, Annie ficou deitada sobre mim, apenas acariciando meu braço. Eu sempre fazia o primeiro movimento, mas, hoje à noite, ela parecia pronta para começar a salva de palmas erótica. A idéia de que ela poderia tomar a iniciativa foi tentadora. Eu aguardei.

Nada.

Perguntei:

– Você vai tomar a iniciativa?

– Hã, isso é embaraçoso – falou Annie. Ela se sentou. – Eu me acostumei com você tomando a iniciativa. É como se não soubesse como fazer.

– Ei, sem problema – falei. – Nunca é tarde para começar.

– É uma idéia muito engraçada, não é? A "iniciativa" – disse Annie. – Parece tão adolescente.

– É muito *Seinfeld*[17] – acrescentei.

– Por que estamos ainda envolvidos com algo assim?

– É hábito, creio eu.

---

17 - *Seinfeld*: programa de comédia americano que foi ao ar de 1989 a 1998. (N. T.)

Simplesmente faça

– Bem, nós temos quebrado hábitos há sessenta e quatro dias já, e eu tenho uma obrigação toda vez que um se espatifa no chão – ela falou.

– Para muitos dos nossos velhos hábitos, eu digo "Até mais" – falei. – Alguns hábitos não são tão maus. Como meu hábito de batatas chips em pubs.

– Não é dos mais saudáveis – disse Annie, sorrindo. – Mas também não é um que valha a pena deixar também.

– Mas, para voltar ao seu ponto, eu não consigo pensar em nenhum hábito sexual que estou triste de deixar ir embora.

Annie colocou suas mãos sobre meu peito e o acariciou com os dedos.

– Acho que você está tomando a iniciativa – sussurrei. Ela sorriu.

– Deite-se – ela falou, pressionando-me para baixo com suas mãos. – Deixe-me ver como funciona essa coisa de "tomar iniciativa". Estou terrivelmente enferrujada.

– Até agora, tudo ótimo – falei. Ela continuou me pressionando para baixo, depois ficou por cima e começou a me beijar, uma iniciativa que levou a uma sessão longa e apaixonada.

E então foi minha vez de ficar envergonhado. Annie sempre pareceu responder com grande entusiasmo a mordidas no pescoço e orelhas. Normalmente eu mantinha minha exploração ao lóbulo. Dessa vez, no entanto, passei dos lóbulos para respirações suaves e arrisquei esfregar minha língua. Quando terminamos, ela acabou com as explorações da língua.

– Isso na verdade me faz lembrar as tentativas esquisitas de adolescente – ela falou. – Quando você faz isso, sou transportada à época do colégio, com garotos inexperientes no estacionamento.

E quando fiz isso com a língua me senti da mesma forma. Senti como se tivesse dezesseis anos novamente. E não no bom sentido.

Tomando a iniciativa

Essa humilhação me faz rir quando me recordo dela. Antes da maratona, acho que nenhum de nós anunciaria nossas críticas; elas teriam se ocultado como demônios, em algum lugar abismal, escuro e maligno. Também acredito que antes da experiência sexual, se Annie tivesse reclamado dos beijos na orelha, ou se eu tivesse esperado que ela tomasse a iniciativa, nós teríamos nos afundado em vergonha e recuado em relação ao sexo.

ANNIE DISSE que começou com um gemido meu. Eu apenas me lembro de a cama estar rodopiando às cinco da manhã, e ao abrir os olhos me senti de volta no carrossel, que agora girava a cinqüenta quilômetros por hora no convés de um navio no meio de uma tempestade, com minha visão totalmente embaralhada, em dobros, triplos, à maneira de um pintor cubista. Eu não podia ficar em pé, portanto deitei-me no chão e me arrastei até o banheiro. Até isso era difícil. Dobrei-me por cima do vaso e comecei a vomitar. Já tivera intoxicação alimentar algumas vezes antes. Certa vez fiquei tão doente por comer uma ostra estragada na Flórida que perdi sete quilos em dois dias. Porém isso era muito pior. Continuei jogado por sobre o vaso do banheiro ou deitado no chão. Sentia calafrios e meus dentes batiam, mas o suor escorria. A náusea era tão intensa, tão implacável – cruel mesmo –, que eu chorava. Annie me disse que eu gritava repetidamente: "Faça isso parar!". Ela falou com um médico e amigo próximo da Flórida, que trabalhava no pronto-socorro de um hospital e que já tinha nos ajudado várias vezes. Ele me mandou para o hospital e deu a Annie uma lista de medicamentos que deveriam me prescrever. Nosso médico no Colorado também me apressou a ir para o hospital. Em vez disso, voltei para a cama e dormi. A mera idéia de entrar no carro e ir para um hospital parecia obscena, impossível, absurda.

Nesse meio tempo, Annie fez o que pôde para deixar as meninas longe do meu miado fantasmagórico. Ela ligou para a escola de Ginger e implorou à diretora para que admitisse nossa filha naquele dia – Ginger normalmente não ia para a escola às segundas-feiras. Depois ligou para a mãe de uma das amigas de Joni e levou nossa filha mais velha para a casa da amiga antes da escola. Às 8h30 ambas estavam longe do Papai Abominável.

Algumas horas depois eu estava na sala de emergência. Falar demandava esforço demais. Apenas uma coisa parecia me ancorar, e não era algo que eu buscava; isso apenas invadia meu cérebro e fugia secretamente.

Hare Krishna Hare Krishna
Krishna Krishna, Hare Hare
Hare Hare, Hare Rama
Rama Rama, Hare Hare

Namastê, Annie. Ela tinha um CD de ioga que tocava constantemente, incluindo a ida ao hospital. Era notório o mantra Hare Krishna.

Depois de horas sentado enquanto me inclinava até a cintura – na minha mente, o cântico Hare Krishna –, finalmente vi a médica. Mencionei que na semana anterior, quando estivera doente com Joni, praticara a automedicação com sobras de antibióticos.

– Deixe-me fazer uma pergunta – ela falou. – Qual é a sua profissão?

– Sou repórter – respondi, pensando que ela falaria "Uau, que trabalho interessante! Você tem algum 'furo'? Você já entrevistou algum criminoso? O presidente?"

Em vez disso:

– OK, então você não é médico. Mas você tem se diagnosticado e medicado. Por quê?

Perplexo, respondi:

– Bem, existe algo chamado internet, que vem com outra coisa chamada Google. Eu combinei as duas e defini um plano de ataque.

Tomando a iniciativa

– Certo – disse ela. – E sua brilhante idéia é provavelmente o motivo de todo esse vômito e vertigem.

Ela prescreveu três coisas e nós fomos para casa. As garotas, que haviam ficado expostas ao Papai Monstro Insano pela manhã, pareciam aliviadas que eu não me parecia mais com um lobisomem, ora furioso, ora triste. Nós colocamos as crianças para dormir, eu entrei no chuveiro e depois fui para baixo dos lençóis. Sexo? Parecia algo repulsivo. A idéia de me balançar para frente e para trás me aterrorizava – e se isso despertasse uma nova série de vertigens? E depois, obviamente, viria a parte de botar as tripas para fora. Eu estava rouco de tanto vomitar, fraco de tanto vomitar, dolorido de tanto vomitar. Estava zonzo. Sexo?

Foi aí que me lembrei do Troféu Heisman.

Se eu fizer sexo hoje, pensei, vou vencer. Nenhum homem, jamais, esteve tão doente quanto eu estou e teve relação sexual. Sexo com vertigem? Nunca aconteceu. Jamais.

Quando Annie veio para a cama, falei:

– Você está pronta?

Ela assentiu com a cabeça.

– Dia 65.

Foi uma das rapidinhas mais rápidas já registradas. Não tenho certeza de que o acontecido proporcionou alguma migalha de prazer tanto para Annie quanto para mim. A sessão valeu a pena somente no sentido de que ela selara mais um dia na procissão. Algo para ser repetido algum dia? Não. Algo para ser esquecido. Eu já esqueci.

– EU DIFICILMENTE fico tão apavorada como fiquei ontem. – Annie falou de manhã. – Caiu a ficha para mim quando percebi o branco das juntas dos seus dedos enquanto você se agarrava ao vaso sanitário. Aquilo me dizia que você estava alterado.

– Eu realmente me senti como se estivesse em um carrossel sinistro – disse.

— Mas você conseguiu transar.

Sorri. O Velho Companheiro conseguira superar a vertigem e subir. O escritório, por outro lado, teria que esperar. A tontura se escondia enquanto eu dormia, mas eu ainda estava zonzo e temia dirigir até o trabalho. Direção e tontura não combinavam. Fiquei sentado na cama o dia todo com meu computador e não dei um passo para fora de casa. Gastei tempo demais perdido em pornografia imobiliária. As pesquisas não eram em Burlington, Baltimore ou Boston. Eu caçava algo no Colorado.

— Bela cozinha, mas sem jardim.
— Lindo jardim, mas numa rua movimentada.
— Casa fantástica, mas muito dentro das montanhas.

Minha mãe ligou, preocupada com minha ida ao hospital.

— Estou tão preocupada — ela falou. — Quero que você faça um *checkup* completo. Quem sabe o que está errado? Talvez isso seja mais do que uma vertigem. Você sabe, a tia Barb teve isso uma vez, e durou bastante. Ela teve que tomar remédios por um tempo; ainda sente tontura algumas vezes. Eu quero que você vá ao médico para ver isso.

— Eu vou, mãe.

— Talvez seja todo esse sexo — ela falou. — Talvez seja muito para o seu corpo. Vocês ainda continuam com isso?

De novo.

— Sim, mãe. Ainda. Não acho que tenha algo a ver com isso.

— Bem, eu quero que você se cuide, querido. Papai e eu estamos preocupados com você.

Meu pai pegou o telefone do outro quarto.

— Você está bem, não está?

— Sim, pai. Tudo em cima.

— Como está indo a maratona?

ÀS 21h40 daquela noite, eu conscientemente refleti sobre a pouca vontade que tinha de fazer sexo.

Tomando a iniciativa

Para ser mais específico, eu não tinha nenhuma vontade.
Gostaria de me deitar debaixo das cobertas e ler, depois apagar a luz e dormir, tudo nessa ordem. Havia sentido outro surto de vertigem, uma série de tonturas misericordiosamente leves e de curta duração, mas que destroçaram meus nervos e levaram embora minha libido.

– Sabe em que pensei muito durante a ioga hoje à noite? – disse Annie mais tarde, depois de examinar algumas casas *online* comigo. – Esta idéia eu encontrei em um livro de Baron Baptiste. Ele diz que em vez de focar no "nada" você deveria simplesmente se submeter ao "aqui agora!". Entende? "Aqui agora!"

– Entendi – retruquei absortamente, ainda atolado no meu estupor imobiliário do "talvez lá!".

Ela empinou a cabeça.

– Você nota algo diferente? – ela perguntou.

– Seu cabelo?

– Minhas sobrancelhas! – exclamou. – Perguntei para Michelle, minha depiladora, o que achava de depilar minhas sobrancelhas e ela quase caiu para trás; disse: "É claro! Eu queria muito depilar suas sobrancelhas!". Meio embaraçoso, na verdade. Elas eram tão ruins?

– Nunca notei nada de errado com suas sobrancelhas.

– Bem, eu adorei minhas sobrancelhas novas – ela falou. – Pareço estar sempre em estado de alerta, mas tudo bem. Faz com que eu pareça acordada, com todo o sono que tenho perdido.

E então Annie revelou sua depilação brasileira recém-feita. Colocamos para tocar um show na WFMU, e ela segurou, como numa bandeja, a bala prateada com suas baterias novas. O aparelho tinha parado de funcionar numa das sessões anteriores.

– O retorno da bala – exclamei. – Bem, olá velha amiga.

– Você sabe que as baterias desta bala custam 11,57 dólares? – Annie comentou quando terminamos. – Mas depois eu pensei comigo "Quanto não vale um orgasmo?".

Simplesmente faça

LIGUEI para o trabalho para dizer que continuava doente no dia seguinte, e Annie e eu conseguimos fazer uma rapidinha novamente enquanto as meninas estavam na escola. Consegui chegar ao escritório no dia 68 de arrebatamento sexual, minha primeira visita à redação desde o Carnaval Demoníaco. As pessoas pareciam preocupadas. Quando expliquei a extensão e a profundidade dos horrores por que passei, uma das minhas editoras me incentivou a voltar para casa. Eu fiquei, porém não consegui produzir muito. Sentia-me fraco.

Mais tarde, quando voltava para casa, falei com meu irmão e, como sempre, sua voz animou meu espírito. Aquela voz – como a de meu pai e minha mãe – é uma rampa que me leva diretamente a outro lugar; para uma estrada do interior cujas margens têm raízes torcidas que papai apelidou de "lugar assombrado", em que ele parava o carro e tentava assustar Mike enquanto eu ria desvairadamente; para minha mãe surfando conosco com *body-board* por horas na praia de Jersey; para caminhadas com minha avó à padaria para pegar caixas de pão doce, rosquinhas e bolo. Sem dúvida eu idealizava minha infância, e a base de muito da minha luta com o Colorado poderia estar na memória seletiva que, quando colocada junta, constituía minha idéia de lar. Mas, novamente, eu tinha Annie e duas filhas perfeitas, um emprego, dinheiro suficiente para comprar uma casa. Não poderia construir meu próprio lar? O lar não seríamos simplesmente nós?

Cada vez mais eu estava começando a entender que era isso. Não acho que seja inapropriado dar o crédito à maratona, pelo menos em parte, a essa realização que desabrochava. O fazer amor aproximara Annie e mim em mais de uma maneira.

Assim que eu cheguei ao nosso abrigo, bem antes de Annie e as garotas aparecerem, fiz ensopado de atum para as meninas, aspirei a casa toda, arrumei as camas e acendi incenso por todos os cantos. Por nenhuma boa razão, estávamos havia dez semanas na maratona e ainda não tínhamos contratado uma faxineira – um descuido curioso dada a alta conta que Annie tinha pelas faxineiras (você deve lembrar que a palavra "faxineira", por si só, na opinião de Annie, é "a palavra mais sexy do mundo").

Você deve estar curioso por detalhes: "Por quê? Tudo o que é preciso é dar um telefonema e um modesto investimento. O que mais?"

Eu queria que houvesse alguma história engraçada para explicar isso, algum episódio envolvendo uma imigrante russa vestida como uma "babuchka", uma jarra de suco de beterraba e um lobo de estimação. Mas a história real é terrivelmente sem graça.

Apesar de algumas vezes nos lembrarmos de que gostaríamos de contratar uma faxineira, nossos dias estavam tão abarrotados de afazeres com as crianças, trabalho, planejamento de viagens, fazer sexo e tantas coisas mais que nunca pegávamos o telefone para fazer algumas ligações. (Meses depois da maratona, entretanto, nós finalmente o fizemos e acertamos com uma faxineira para vir uma vez por mês.)

Nesse dia em particular, recordo-me do apetite de Annie por uma faxineira profissional, e eu imaginava que voltar para uma casa limpa e arrumada iria deixar seu coração feliz.

Isso aconteceu, e horas depois nós estávamos sentados na cama, nos beijando.

– Você gostaria de tentar uma posição tântrica básica em que eu a penetro enquanto estamos sentados, com nossas pernas enlaçadas umas nas outras?

– Algo que você escolheu do seu livro *O guia completo do sexo tântrico*? – perguntou Annie.

– Eles falam muito bem dessa posição no livro – disse. – É uma posição de base ou coisa do tipo.

Nós nos acomodamos na posição, juntamos nossas testas e nos abraçamos. Sua respiração era doce e quente, encobrindo gentilmente uma lateral do meu rosto enquanto nos balançáva-

mos comigo dentro, minhas pernas por baixo das dela, nossos peitos e faces unidos.
– Devagar e com cuidado, por favor – sussurrei.
– Bem devagar.
Nós nos sentamos e fizemos amor extremamente devagar e com cuidado por cinco minutos ou mais.
– Então isso é o sexo tântrico – sussurrei.
– Acho que sim.
Alguns minutos mais.
– Talvez eu tenha que ler o livro mais atentamente – sugeri.
– Acho que é como a ioga ou algo assim – Annie disse. – Você tem que praticar muito para conseguir fazer realmente.
– Quer parar de praticar?

NO DIA 69 faria sentido honrar o número mais sugestivo de todos, um número prostituído. Em vez disso, nós dispensamos a posição clássica, uma que nunca nos falara muito, e fizemos amor no porão frio e inacabado enquanto Ginger assistia a *The Wiggles* no andar de cima.
Eu levara Joni para a escola. Ela correra para a porta como sempre fazendo "Eu te amo" com os gestos da linguagem de sinais. Assim que cheguei em casa, liguei o aquecedor do porão e acomodei Ginger na nossa cama para seu encontro prometido com *The Wiggles*. Então Annie e eu descemos para o espaço com chão de concreto sujo, mofado e gelado, apesar do aquecimento.
Dois anos antes, em Baltimore, nós embalamos muitas coisas em caixas de papelão e guardamos a maioria delas no porão de Stapleton, onde permaneceram em grande quantidade, empilhadas, misturadas e jogadas. Por que desempacotar, pensávamos, se vamos nos mudar novamente em breve? Pressionado entre as caixas havia um sofá-cama que pertencera à avó falecida de Annie (aquela por quem mantivemos números de telefone separados enquanto morávamos em Minneapolis). Um lençol

fino e um cobertor econômico cobriam o sofá-cama. Annie se despiu e deslizou para debaixo do cobertor. Eu também tirei as roupas e me aninhei ao seu lado, tremendo de frio. Nós nos acariciamos até que um tipo diferente de calor nos aqueceu.

Depois disso rimos enquanto rapidamente nos vestíamos no porão congelado, rodeado de relíquias da nossa vida de Baltimore e sentindo-nos ilícitos e ousados. Mais jovens.

Naquele dia, mais tarde, Annie me mandou um e-mail sobre "culpa intensa" que ela sentia sobre várias coisas.

"Eu me permiti fazer uso de Vicki como *baby-sitter* algumas vezes este ano, então pedi a ela para ficar com as crianças hoje, pensando em fazer algo construtivo. Como trabalhar. Em vez disso, passeei pela cidade para executar pequenas tarefas. TAREFAS! Enquanto pagamos uma *baby-sitter* por hora. Isso não é bom. Um dos lugares aos quais fui – veja isto – foi aquele *sex shop* moderna que você conheceu, com coisas sobre o ponto G e os acessórios. Sabe o que mais? Fiquei desanimada. E acho que sei o motivo: estou com falta de sexo. O lugar parecia redundante. De qualquer modo, espero que você não se importe em usar a *baby-sitter* enquanto faço compras. TAD!"

Eu respondi: "É CLARO que não me importo! Não se sinta culpada. Você está constantemente tentando coordenar coisas, constantemente organizando. É muito boa essa de você estar 'com falta de sexo'. TAD!". Aí está a sigla boba novamente. (Que me desculpem os descolados! E também os jovens!)

NO INÍCIO da maratona, Annie e eu resolvemos passar uma noite a sós, num parque estadual a cerca de uma hora e meia de distância, caso a babá, que iria nos ajudar na época com as crianças, desse certo. Nós fizemos a reserva de uma tenda de madeira cônica estilo asiático com estrutura de tecido na lateral. Tendo em vista que a babá superara nossas expectativas, mantivemos a reserva. Quando ficamos nesse mesmo tipo de habitação, num local por volta de 1.200 metros mais alto que em Denver há quase exatamente um ano, nós acordávamos com meio metro de neve e uma nevasca ofuscante. A minivan, com as garotas atrás, quase não chegou em casa. Dessa vez os profetas do tempo não estavam prevendo problemas, mas nós preferimos sair com o Subaru com tração nas quatro rodas por precaução.

Conforme o crepúsculo se aproximava, chegamos à tenda, abrimos uma garrafa de vinho francês que compráramos anos antes em Baltimore, abrimos o queijo que Annie comprara numa loja sofisticada de Denver e nos deliciamos com Gouda, pão francês e vinho. Depois marchamos por uma estrada coberta de neve para um lugar famoso por sua vista espetacular da Divisão Continental. Não podíamos ver a divisão – a escuridão cobria tudo, e nevava – mas a caminhada inspirava: árvores verdes enormes com galhos carregados de neve; corvos empoleirados nos galhos crocitando; o céu suavemente derretendo do cinza para o azul-marinho até o preto sem estrelas.

De volta à tenda nós nos sentamos, bebemos e comemos. Annie e eu então puxamos a colcha do beliche de madeira e escalamos a cama.

– Veja isso – falou Annie. – Temos muito tempo aqui. Sem nada para fazer, na verdade. Nada além de sexo.

– Poderíamos fazer como aqueles tipos que costumam fazer suingue – eu disse. – Fazer durante horas.

– Até mesmo por cem minutos. Isso seria legal – sugeriu Annie.

Nós jamais passamos uma noite inteira, muito menos um final de semana inteiro, perdidos no prazer carnal. E aqui estávamos nós, a sós em uma tenda asiática numa noite fria na montanha, com pouco mais à nossa volta que neve e árvores, estrelas e coiotes. Não havia nada para perturbar uma excursão erótica estendida, não havia locadoras de DVD, não era preciso colocar as crianças para dormir ou ler livros.

Tomando a iniciativa

Fomos para debaixo dos cobertores, puxando-os até o pescoço para nos aquecermos.
– Uma noite inteira de sexo? – sussurrei.
– Me parece uma besteira, você não acha? – perguntou Annie. – Não vamos marcar tempo do que estamos fazendo. Simplesmente façamos.
Pressionamos nossos corpos um contra o outro para nos aquecermos cada vez mais, e, enquanto nossos cobertores nos esquentavam, assim fazia todo o resto.

Capítulo 12

A leitura das listas

Acordamos olhando para a neve e a neblina que flutuava na direção do céu. Outra manhã num lugar diferente da pequena casa na planície. Eu corri pelo chão gelado até o bule de estanho, no qual despejei o café *espresso* frio que havíamos feito em casa. Coloquei o bule na superfície quente do fogão e esperamos vinte minutos até o café ficar quente. Colocamos nossos casacos e botas e logo estávamos caminhando numa paisagem espetacular de inverno, numa neve sem peso, céus claros e visões impressionantes de montanhas distantes solidificadas com pó. Andamos por cerca de uma hora, falando sem parar, trocando exclamações sobre as maravilhas do Colorado, sua riqueza, sua natureza e vida selvagem.

De volta à habitação, penduramos nossas roupas perto do aquecedor e voltamos para debaixo das cobertas.

– Fr-fr-frio. – Annie, a quem eu vejo como uma fornalha humana, bateu os dentes; para Annie reclamar do frio, é preciso que esteja beirando o frio ártico. Ela me abraçou para nos aquecermos. Quando olhamos para o céu, perguntou:

– Será que fica melhor que isso?

Eu me virei para ela – o que poderia ser descrito como "tomando a iniciativa" – e disse:

– Sim.

Assim que terminamos, o quarto – ou pelo menos o pequeno espaço que fizemos para nós sob os cobertores – estava quente como o deserto.

– É COMO se eu estivesse vivendo uma piada de mau gosto – disse Annie no dia seguinte, de volta à nossa casa. Joni havia se recuperado de uma garganta inflamada uma semana antes, nós pensávamos.

A leitura das listas

– Não pode ser inflamação na garganta novamente – disse o médico no início da manhã no seu consultório. – Mas que diabos. Vou fazer o teste novamente.
Inflamação na garganta.
"Assim foi meu dia", escreveu Annie em seu e-mail. "A sala de espera estava cheia de crianças doentes com brinquedos nos quais eles haviam babado, e onde esperamos por quarenta minutos. Depois, a consulta com o médico e a ida à farmácia, somente para ouvirmos que levaria quarenta e cinco minutos. Voltamos para o consultório para deixar uma máquina de laminação, depois retornei para pegar a prescrição, para então ser informada de que ela 'não estava nos computadores', embora tivéssemos estado lá havia menos de dez dias para pegar a mesma prescrição. Então esperamos por mais dez minutos. Depois gastamos mais quarenta minutos dirigindo para entregar nossos impostos ao contador. Nos perdemos no horror suburbano de Denver, como sempre. As duas dormiram na minivan. No caminho eu decidi parar na Target para comprar um jogo novo para Joni, e escolhemos o Detetive. Voltamos para casa e Joni subiu as escadas para nosso quarto, onde se aninhou com uma bola e ficou o resto do dia. Quando ela acordou, joguei Detetive com ela, e as duas jogaram no site infantil da PBS, ou, como elas o chamam, 'PBSKIDS-PONTO-ORG'".

O e-mail desolado de Annie me obrigou a caminhar até o estúdio de ioga perto do meu escritório. Comprei para ela uma blusa azul de capuz, com um Buda na frente, e um bracelete largo decorado com palavras em sânscrito. Incensos indianos também. Quando entrei em casa, Annie estava suando na cozinha: massa fervendo na água, mexendo um molho feito em casa, assando um pão italiano que ela fizera com alho, sal e azeite de oliva. Garrafas, jarros, pratos e utensílios se amontoavam enquanto Annie se movimentava no meio do vapor da cozinha. O aspirador de pó estava fora do armário – ela obviamente o

tinha usado no tapete. As garotas haviam espalhado peças de vários quebra-cabeças no chão. Annie parecia subjugada.
— Oi, querido! — ela disse quando entrei.
As garotas correram até mim:
— Papai! Papai! Papai!
Segurando a sacola de surpresas, eu andei na direção de Annie.
— Papai, papai, o que tem nessa sacola? É para mim? — perguntou Ginger.
— Sim, papai, o que tem aí? — disse Joni timidamente.
— Desculpem-me, garotas — eu falei, deixando a sacola no balcão, entrando na cozinha, abraçando Annie e dando-lhe um beijo. Peguei a sacola e a dei para Annie.
— Para mim?
— Sim. Você precisava de presentes hoje.
— Mas meu aniversário não chegou ainda, embora esteja perto.
— Eu sei bem quando é seu aniversário, e isso não tem nada a ver com ele. São apenas presentes por presentes.
Eu coloquei a mão dentro da sacola e entreguei a blusa de capuz, depois o restante dos mimos. Ela me abraçou, me beijou e colocou o bracelete no braço na mesma hora. Tirou seu suéter e vestiu a blusa. As meninas sorriram e elogiaram, mas havia uma hesitação por trás da reação delas que quase gritava: "É sério? Nada para nós?" Agradava-me o fato de ter aplicado com sucesso algo que aprendera durante a jornada sexual: presentes, até mesmo os mais singelos como o fio dental e a lingerie na promoção da Target, ajudam a salvar dias que seriam um desastre e melhoram os dias que já seriam bons.

Flutuando, Annie saiu para a ioga enquanto Ginger vibrava de energia andando pela casa como um soldado de madeira e falando coisas como "cocô no seu olho" e "xixi". Joni parecia lânguida e fraca. Nós lemos e jogamos, elas foram para a cama, e então eu me preparei para o que estava reservado para ser uma noite especial.

A leitura das listas

Por sugestão de Annie havia algumas semanas, baseado no que uma revista recomendava para casais, nós concordamos em ler em voz alta as coisas que amávamos no outro. Depois que ela voltou para casa e tomou banho, sentamo-nos lado a lado na cama, tagarelando sobre nossos dias com nossas listas no colo.

– Eu amo seu espírito de aventura – disse a ela uma vez que decidimos começar a "Leitura das Listas". – Essa é a número um. Você não se encolhe diante dos problemas; você se lança em direção a eles. Eu adoro isso.

Lágrimas novamente brilharam em seus olhos, só que dessa vez elas vieram de uma reserva localizada em algum lugar diferente daquelas que habitam a tristeza. Ela sorria enquanto chorava.

– Adoro quando você fica descabelado – ela disse. – Adoro que você não se importe com o que as pessoas pensem, e adoro sua aparência.

Não chorei, mas de repente me senti incrivelmente acariciado.

– OK, a minha próxima está relacionada à minha primeira – comentei. – Adoro sua coragem. Você é a pessoa mais corajosa que conheço. Uma mulher de coragem, uma mãe de coragem, uma filha de coragem. Corajosa de muitas maneiras. Valente!

– Adoro como você consegue acalmar Ginger – disse Annie. – Você é um mestre.

– Adoro seu corpo que parece um forninho – eu disse. – Você nunca está fria!

– Adoro suas bobeiras – falou ela.

E assim foi. Por quase meia hora nós presenteamos um ao outro com elogios. A cada buquê entregue a mim, eu me sentia um pouco mais confiante e leve.

– Novamente, tenho que dizer – falou Annie. – São quatorze anos e só agora estamos fazendo isto? Mal posso esperar para fazer novamente. Sinto-me tão bem agora!

Eu também. Nunca forçara minha mente por um período tão longo pensando na meiguice abundante de Annie. O máximo de tempo que passei refletindo foi: "Ah, sim, eu adoro seu sorriso travesso" ou "Nunca vou me esquecer de seus partos mágicos" – o máximo que disse para mim mesmo: "Sou um homem de sorte".

Eu desci por alguns minutos e, quando voltei, Annie estava em sua lingerie amarelo-limão da Victoria's Secret. Nós nos abraçamos e nos beijamos lentamente, voluptuosamente.

– Ei, você ainda está usando a bala? – perguntei, e sem hesitar ela girou para o lado do seu criado-mudo, pegou a bala e pressionou-a contra si mesma, tudo num único movimento bailado. Deixamos que as correntes nos levassem, e nos aninhamos sob as cobertas até mergulharmos no sono.

– Eu quero fazer aquilo novamente – resmungou Annie enquanto dávamos o beijo de boa-noite. – Todos aqueles elogios? Foi uma das melhores coisas que já fiz.

– VOCÊ FOI adiante, correto? – minha médica perguntou alguns dias depois durante o *checkup* da maratona. – Você fez sexo.

– Sim.

Ela soltou um dramático "Uau!".

– Fiquei tão preocupada que estragaria sua expedição – ela falou. – Eu até liguei para a médica do pronto-socorro quando você esteve lá e pedi a ela que prescrevesse tudo o que fosse possível para você ter sua saúde de volta rapidamente. Contei a ela que você precisava fazer sexo.

Essa é uma boa médica!

Ela introduziu a luz dentro do meu ouvido.

– Hum, você não está indo para as montanhas ou vai voar em breve, vai?

– Não, embora eu estive nas montanhas desde o início da vertigem.

– Você teve sorte – ela falou. – Seu tímpano está cheio de fluido. Posso ver seu inchaço. Poderia ter explodido.

A leitura das listas

Explodido? Que tipo de dano exatamente, eu imaginei, poderia causar uma explosão do tímpano? Arrastei-me de lá para meu escritório, onde bamboleei o dia todo como um velho de noventa anos de idade, marcando cada minuto com um bocejo generoso. Ao chegar em casa, examinei as três medicações que estava tomando no Google. Uma delas tinha o efeito colateral da "exaustão".
"Que ótimo", pensei.
Mais tarde, Annie vestiu seu fio dental laranja e um top.
– Você sabe o que acontece no instante em que me penetra dia após dia? – ela perguntou enquanto dançávamos juntos sob os lençóis. – A imagem do número, escrito como naqueles luminosos da Broadway, aparece na minha cabeça.
– Você o viu hoje? – perguntei, enquanto meu balanço se acalmava, equilibrando-me nela.
– Sim – ela respondeu. – Eu vi um brilhante 74.

ENTREVISTEI um professor universitário sobre "desempenho masculino" no contexto do Viagra – como desempenho e masculinidade estão intimamente ligados. O que me levou a considerar o meu ano até o momento – setenta e quatro dias de desempenho. De muitas maneiras meu desempenho definiu quem eu me tornara. A maioria dos meus amigos, colegas e familiares sabiam do meu projeto, e muitas das minhas trocas com eles continuavam a girar em torno dos "cutucões e piscadas".
– Está tudo "em cima"?
– Tudo funcionando bem?
– A vida tem estado "dura"?
Decidi comprar para Annie um buquê de flores – um desempenho de tipo diferente, embora relacionado à marca do dia 75. Entrei em casa, e lá estava ela de novo, na cozinha, trabalhando arduamente com as crianças no seu pé. Segurei as flores no alto, e seu rosto se abriu enquanto eu me aproximava. Ela pegou um vaso, encheu-o com água, cortou os talos e mergulhou o buquê nele.

Simplesmente faça

– Fico tão boba com flores. Elas derretem meu coração. E nem é meu aniversário... ainda.

Como, depois de quatorze anos, eu ainda não havia entendido que flores derretem seu coração? Sua resposta avivou meu espírito. Algumas horas depois eu saí do chuveiro e encontrei Annie usando sua linda lingerie francesa, deitada de barriga, esperando pela massagem. Somente de ver a calcinha emoldurando sua parte de trás, sentia fogos de artifício estourarem na minha virilha. Eu trouxe minhas mãos até sua carne e ela gemeu.

– Oooh, que delícia – ela falou. – Meus ombros. Sem dúvida, meus ombros. Eles estão me deixando louca.

Eu os massageei até minhas mãos doerem, até meu olhar se fixar em seu bumbum. Ela virou de costas e o sutiã rendado tornou o espetáculo de seus seios macios ainda melhor. Terminei com uma massagem vigorosa nos pés.

QUARENTA E OITO horas e um par de rodadas de sexo depois, eu engoli um Cialis e entrei no chuveiro. Nós planejávamos uma tarde de diversão no porão-bordel – o retângulo frio e cimentado salpicado de caixas, móveis e muito mais – enquanto as crianças assistiam a vídeos. Nós as priváramos de todos os "filmes cinematográficos" – nosso termo para televisão – a manhã toda. Elas estavam hipnotizadas agora. Com o Cialis fazendo seu curso por minhas veias, nós as plantamos diante da "máquina cinematográfica" e corremos para baixo.

– Que frio! – disse a Annie Inferninho, envolvendo o corpo com os braços.

– Eu tomei um Cialis há trinta minutos – sussurrei.

– Achou que precisaria de uma ajudinha?

– Eu queria apenas tentar um comprimido inteiro. Até agora, nada se compara ao Viagra. Engoli um comprimido inteiro dele, mas apenas metade dos outros. Não quero depreciá-los.

– E aquela coisa toda com a cegueira? – perguntou Annie.

A leitura das listas

– Não aconteceu ainda – falei, olhando-a de cima a baixo. Seus lábios estavam pintados, os seios pressionavam a blusa estampada de manga comprida, as pernas brancas de cisne desciam de uma saia jeans curta. "Obrigado, Senhor."
Ergui as sobrancelhas; ela agarrou a barra da saia e a puxou para cima. Um fio dental. A ereção começou. Annie se jogou no sofá-cama, sorridente e feliz, e eu comecei a mordiscar seu pescoço. Seu perfume emanava um toque inebriante de pimenta e flores.
– Estou muito mais quente agora – ela falou. E então sacou a bala. – Meu Cialis! É melhor nos apressarmos. Não queremos que nenhuma pessoinha desça por aquelas escadas.
Como o Viagra, o Cialis inteiro proporcionou quase uma energia erótica precipitada. Dia 76, terminado. Dia 76, uma loucura.
Sexo ardente em um porão frio em um sábado qualquer, com as crianças no andar de cima assistindo a desenhos e com nada muito planejado para o dia. Sem hotéis suntuosos. Sem restaurantes quatro-estrelas requintados. Sem spas, chocolates artesanais ou uma noite no teatro. Apenas dez minutos de sexo pela manhã no porão.
Simples.
E, nossa, foi bom demais.
Enquanto Annie subia os degraus, ela cantarolava:
– Meu aniversário.

Capítulo 13

Tomando sol na ilha criada por nós

Nós liberamos uma avalanche de prazeres da carne sobre nosso relacionamento. Nosso mundinho circunscrito a crianças e trabalho e permeado com refeições, *hobbies*, doenças, tarefas domésticas, sonhos e muito mais. Apesar dos quatorze anos de sexo juntos, Annie e eu começamos a maratona como meros acólitos, nosso catequismo da carne era convencional, não testado e tido como certo. Doze semanas depois nessa procissão, entretanto, nós havíamos revisado o manual.

Havia uma melhora considerável.

O cansaço ainda nos assombrava, mas não mais ditava nossas vidas eróticas.

Nós o havíamos deposto, retirado seus poderes e dado a ele um mero título cerimonioso. Porém líderes exilados às vezes retornam à sua terra natal, dominados pela vingança e desforra. Com onze semanas completas e apenas três para terminar, Annie e eu sabíamos que tudo poderia acontecer. Nós nos mantínhamos fixos em nossa missão.

ESTAVA PREVISTO nevar trinta centímetros. Tivemos três centímetros. Contudo o dia estava frígido, cinza, ventava, e entrar na sala de ioga climatizada com 40°C era como uma terapia, mental e física. Billy me ferrou. A certa altura, ele disse que se alguém tivesse algum problema em receber massagens nos pés que levantasse a mão. Eu nem considerei tal coisa.

Fiquei contente que Joni estava deitada em sua cama quando voltei. Sentei-me com ela por alguns momentos e tentei fechar sua porta quando estava saindo, mas ela insistiu para que continuasse aberta. Complicando nosso projeto um pouco, Joni começou a exigir que sua porta ficasse aberta à noite.

Tomando sol na ilha criada por nós

– Você está desmaiando? – perguntei a Annie depois que Joni estava dormindo.

– Você quer o resumo da ópera? – ela perguntou. – Eu fiz massinha para as crianças, fiz argila em casa para que Ginger pudesse fazer seus próprios móveis. Fiz dois pães, um prato com couve-flor indiana e guisado. Empacotei coisas para mandar pelo correio, enchi a máquina de lavar quatro vezes, aspirei, coloquei os brinquedos para fora quatro vezes e falei com meus pais. Tentei fazer uma prática de ioga no nosso quarto com um DVD de ioga, mas Ginger quis fazer comigo. A certa altura ela colocou um bichinho de pelúcia nas minhas costas e jogou um cobertor sobre o bichinho, depois pulou nas minhas costas. Ela me fez rir, mas nem é preciso dizer que a ioga não deu certo.

Conforme o desejo de Annie, eu deitei de barriga e ela cobriu meu corpo com o seu. Aquela foi uma das melhores sensações que tive nos últimos tempos – o corpo quente de Annie nas minhas costas, seus seios pressionando o espaldar dos meus ombros. Era tão macio, maleável e maravilhosamente carnal.

– Hummm – disse Annie depois de algum tempo. – Estou tão confortável que poderia desmaiar aqui mesmo.

– Eu poderia dormir também – concordei.

Annie rolou para o lado, alarmada.

– Está naquela hora – falou, olhando para o relógio.

Ela correu seus dedos pelas minhas coxas. Acariciei seu rosto, segurei delicadamente seu queixo na palma da mão e trouxe meus lábios junto aos dela.

– Vamos simplesmente dar uma rapidinha – disse ela.

– OK – concordei, reprimindo um bocejo.

Nós nos embalamos por cerca de dez minutos. Apenas um balanço gentil e beijinhos. E então terminamos.

PARTILHAMOS uma terça-feira rotineira, incluindo a parte sexual, com uma única exceção. A ladainha de tarefas que Annie mencionara no dia anterior ficou no meu pensamento. Não havia nada especialmente incomum nesse tipo de tarde para ela, que era assustadora, embora eu nunca tivesse feito um inventário de seus dias. A lista me fizera lembrar o poder do abraço, pelo menos para Annie. Então por volta do horário do almoço eu dirigi os quase dez quilômetros até a nossa pequena casa, entrei e dei a Annie um daqueles abraços-surpresa.

– Isso sim foi um presente, DJ – ela disse quando nos separamos. – Obrigada, obrigada, obrigada.

NA QUARTA-FEIRA, passei parte da tarde cinzenta na New Frontier Media, uma empresa em Boulder que faz a distribuição da maior parte da pornografia encontrada em televisão a cabo e hotéis. Eu estava lá para entrevistar o presidente da companhia e para fazer um tour pelas crescentes instalações. Entrei na "sala de controle", que parecia com aquelas câmaras escuras da NASA com telas espalhadas por todos os cantos – era o teatro em que eles apresentavam um lançamento. Um tipo diferente de lançamento, entretanto, estava passando nas telas da New Frontier. Na sala, um par de homens passava seus dias assistindo a trechos de diferentes canais da New Frontier para ter certeza de que tudo estava em operação conforme o desejado. (Fiquei imaginando se aqueles sujeitos tinham uma qualificação especial para um trabalho que poderia ser precisamente descrito como "assistir à pornografia".) Esse era o dia 81 da maratona. Eu poderia estar assistindo a Jacques Custeau nadando com uma tartaruga gigante. Depois de oitenta e um dias consecutivos de sexo, a pornografia não estimulava exatamente nada em meu cérebro. Será que a pornografia teria me causado uma ereção se eu não estivesse imerso nessa aventura sexual? Eu achava que sim.

Depois que as crianças estavam na cama naquela noite, Annie e eu trocamos massagens e eu a ajudei a lançar-se no Mundo do Orgasmo. Quando ela terminou, eu estava sem energia, o que não era normal.

Tomando sol na ilha criada por nós

– Posso consertar isso – gorjeou Annie, trazendo a palma da mão para a minha falta de rigidez. Reuni forças, mas ele tombou.

– Humm – disse Annie em tom professoral. – Interessante. – Ela revisitou Vossa Moleza. Finalmente sua mágica triunfou, e nós nos fundimos, mas brevemente.

Ouvimos a porta de Ginger se abrir. Vimos nossa maçaneta girar, mas a porta estava trancada. Eu me cobri e Annie abriu a porta. Ginger arrastou-se para dentro, jogou-se na beira da cama e começou a gemer. As luzes, a vigilância de papai e mamãe, a música – nós estávamos ouvindo a WFMU –, o remédio que ela estava começando a tomar para a garganta (sim, Ginger também tinha pegado a infecção): tudo conspirava para que o pequeno mundo de Ginger se despedaçasse.

– Desculpe, amor – sussurrou Annie. – Acho que esta aqui não tem volta.

Annie estendeu os braços e Ginger a abraçou, pressionando a cabeça no rosto da mãe enquanto Annie a levantava e a acomodava debaixo das cobertas, ajeitando sua cabeça em um travesseiro. Eu levantei e apaguei as velas.

– Muito bem – sussurrei, enquanto me juntava a elas. – Algumas vezes se ganha, algumas vezes se perde.

– Não se preocupe, DJ, mesmo não terminando do modo como queríamos, ainda assim nós fizemos. Nós vencemos – disse ela.

MAIS DIAS penosos de trabalho e cuidados com os filhos. O sexo continuava a se acumular. Estávamos próximos do dia 90, e eu ainda esperava ansiosamente pelas relações sexuais. Na verdade, descobri que quanto mais o tempo passava eu aguardava cada dia de evento erótico com um crescente entusiasmo, como alguém que, de férias, decide surfar uma vez, três vezes, a semana inteira e depois não pode mais imaginar a vida sem remar as ondas todos os dias. Com a aproximação do sábado marcando o último dia da décima segunda semana

Simplesmente faça

de sexo diário, eu me encontrei, enquanto estava ainda deitado na cama de manhã, sonhando com o corpo no qual estaria me deliciando em algumas horas.

Nós provocáramos as meninas durante a semana inteira com uma grande surpresa que revelaríamos nesse dia, o sábado. Primeiramente, Vicki ficaria com elas.

– Onde está a surpresa? – perguntou Ginger.

– Você vai ver.

Annie e eu então aceleramos a minivan em direção ao norte de Boulder, onde havíamos reservado um quarto de hotel para passar a noite. Aquela era a surpresa: um hotel, televisão a cabo e uma piscina. As meninas se juntariam a nós mais tarde. Annie e eu sempre gostamos dos hotéis. Nós nos alegrávamos com redes de hotéis baratos na beira da estrada, adorávamos velhos hotéis peculiares e afastados, administrados por famílias excêntricas; apreciávamos os grandes resorts e hotéis urbanos esnobes com butiques. Dê-nos um hotel, qualquer hotel, e nós ganhamos o dia.

– É divertido ser adulto – Annie sempre fala assim que damos entrada.

O hotel em Boulder era voltado a executivos, então o quarto era uma suíte com uma sacada. O lugar era extremamente arrumado, com uma taxa um pouco acima do padrão.

Annie ligou o aquecimento do quarto gelado.

– É como o recanto sexual – disse –, só que diferente. – Ela piscou de novo: – Vamos tirar a roupa e fazer sexo de hotel.

O aquecedor ainda não esquentara o quarto a temperaturas tropicais, então apressamos nossos corpos nus para dentro da cama e puxamos as cobertas até o queixo, construindo mangas de aquecimento. Deitamos de lado, entrelaçados. Com as cobertas envolvendo minhas costas, eu me elevei acima de Annie e nós saboreamos os lábios e línguas um do outro. Juntei seus seios e admirei a visão.

Tomando sol na ilha criada por nós

– Eu amo seus seios – falei. – Eles são perfeitos.

Tínhamos planejado fazer tudo rápido – mal podíamos esperar para apresentar as garotas à sua "curpresa" –, mas o prazer de simplesmente estar juntos nos acenou com o prolongamento de tudo – nos afundarmos na languidez, tomar sol na ilha que criamos –, e foi exatamente o que fizemos. E então, ofegantes e paralisados, Annie e eu ficamos deitados sob as cobertas por alguns minutos, apenas olhando silenciosamente para o teto, recuperando o fôlego. Quando nos levantamos, joelhos vacilantes comprometiam nossa habilidade de andar da cama até o banheiro. Annie ficou no quarto enquanto voltei para Denver para buscar as meninas. Ambas ficaram malucas – literalmente pulando de um lado para outro em um pé só – quando eu revelei a surpresa.

Nós pedimos pizza no quarto e fomos para a piscina nos molhar um pouco, uma amenidade dos hotéis que raramente escapava, pouco importando a temperatura mordaz, o ar do lado de dentro ou a água questionável.

Naquela noite, Joni subiu na cama com Annie e Ginger se aconchegou ao meu lado. Tínhamos comprado o filme *O Galinho Chicken Little*. No meio do filme, Ginger disse: "Estou cansada", e segundos depois ela estava roncando. Quando seu ronco tornou-se ensurdecedor, nós tivemos que aumentar o volume. Joni também dormiu assistindo ao filme.

– Essa foi uma das primeiras coisas que fizemos explicitamente para as crianças desde que começamos a maratona – cochichou Annie, com Joni apoiada nela na cama ao lado da minha. – Elas merecem mais que isso. Quando terminarmos, vamos fazer algo especial para elas. Sinto que as estamos negligenciando.

– Negligenciando?

– A ioga, por exemplo – falou Annie. – Elas não estão acostumadas a um de nós ausente do jantar com tanta freqüência. Os finais de semana longe delas. Mais uma vez, isso é novo para elas.

Simplesmente faça

Às vezes eu acho que nós apressamos o tempo de colocá-las na cama para que possamos ir dormir juntos.

– O interessante é que nossas vidas ainda giram em torno delas – sussurrei de volta. – Tivemos todo tipo de aventura sem elas, estamos um pouco mais fora de casa, mas ainda assim. Elas são o centro. Eu concordo em que deveríamos fazer algo especial para elas, mas não estou me sentindo culpado. Você está?

Annie exibiu um rosto que gosto de pensar que seria familiar aos sacerdotes que, durante uma vida toda de sermões e proclamações sobre o sentido da vida, se habituam a certo brilho que ocasionalmente ilumina seus rostos de paroquianos.

– Eu estava me sentindo culpada – ela admitiu com um sorriso. Mas, quando você coloca dessa forma, sinto-me mais tranqüila.

– Nós estamos conseguindo – continuei. – Estamos mudando nossas vidas para melhor, e não à custa das crianças. Em outras palavras, não tivemos que mudar para um ashram na Índia ou algo parecido para "nos encontrarmos".

– Sim! – sussurrou Annie. Seu rosto estava radiante.

Capítulo 14

Fazendo amor no meio da tarde

O amor acontece. Sim, é necessário nutri-lo, aquecê-lo e iluminá-lo. Ele exige comprometimento. Requer certa química. Mas para pessoas de sorte, seja qual for a combinação de fatores, o amor desabrocha. É inconsciente: uma força, um fogo, um estado de espírito. Romance, do contrário, é um estado alerta. É intencional. Possui uma inteligência. É uma dança de diversas naturezas. As duas pessoas num relacionamento devem considerar o que agrada o parceiro, mas surpresa – algo novo – reivindica uma parte importante do quebra-cabeça romântico. Portanto, resgatar o romance é muito mais complicado que simplesmente recorrer a uma lista de gostos, escolhendo um. Em resumo, é um trabalho de mágico.

Leve em consideração nosso segundo encontro, em Filadélfia.

– Eu a pego na sua casa por volta do meio-dia – falei. – Nós podemos nos sentar ao sol, assistir ao jogo e conversar. O que acha?

– Para mim está ótimo – ela respondeu.

No caminho para a casa dela, comprei uma garrafa de champanhe gelada e uma porção de amoras.

– Amoras! – falou Annie. – Eu já disse que é uma das minhas frutas favoritas?

Nós paramos em um estacionamento tão grande que parecia chegar até o horizonte – íamos ao jogo de baseball do Philadelphia Phillies – e bebemos a garrafa inteira de champanhe, comemos todas as amoras, rimos e falamos sem parar enquanto ficamos sentados no carro. Quando entramos no estádio, as primeiras cinco entradas (divisão de tempos do baseball) já haviam terminado. Aquele fora o encontro, nós dois concordamos, em que pensamos conosco mesmos: "Essa pode ser a pessoa certa".

Meus pais achavam isso também. Eles foram ao jogo e sentaram-se do outro lado do estádio. Nós sabíamos disso, mas o que não descobrimos até bem mais tarde foi que eles nos observavam com binóculos.

– Vocês falavam e riam o tempo todo! – disse minha mãe quando voltei para casa. Mais tarde, depois que nos mudamos para Minnesota, ela me disse que sabia, simplesmente de nos observar no parque, que nós nos casaríamos.

Foi o romance – o tempo espetacular do início do verão, as amoras e champanhe, a excitação urbana, nossos gracejos e piadas. O dia tornou-se um palco perfeito para que dançássemos um com o outro e nos movimentássemos ao som de melodias conhecidas somente por nós dois. Nós tivemos alguma química, isso ficara comprovado.

Quatorze anos e muitas, muitas garrafas de champanhe depois, nós acordamos em um quarto de hotel em Boulder, agora com duas filhas que podem agradecer ao jogo dos Phillies – entre outras coisas – pela sua existência. Planejamos passar o dia pastoreando as criaturinhas por Boulder, portanto o dia não apresentou muito de romance. Porém nós sabíamos que, ao final dessa décima terceira semana de sexo, o romance nos aguardava numa noite simples comendo num restaurante. Sozinhos. Nós contratáramos uma *baby-sitter* e nos vestiríamos para seduzir um ao outro. O lugar era bem pequeno, aconchegante e renomado.

Comemos fora com as crianças muitas vezes durante os meses anteriores. Fomos a restaurantes sem elas, mas estávamos em Las Vegas, onde jantamos com Shave, com meus pais e mais tarde com o crítico de restaurantes do *Post*. Cada restaurante foi divertido e temperado com romance para mim e Annie. Mas nenhum deles foi romântico.

Os ventos que balançavam o hotel na manhã seguinte foram sobrepujados pela torrente do quarto 254 – Ginger chutando, gritando, batendo na cama e arranhando tudo o que chegasse perto dela.

Fazendo amor no meio da tarde

– Tenho uma teoria sobre isso – falou Annie. – Ginger assistiu a uma porção de desenhos ontem, e foi atacada por comerciais. Não é isso que sempre acontece quando ela se envolve com a mídia fora do nosso pequeno universo controlado? Todo esse tempo de tevê bagunçou a cabeça dela, o seu espírito. É como se ela estivesse um pouco azedada.

O furor continuou lá embaixo na área do café-da-manhã, onde comíamos ovos, batatas, torradas francesas e bacon, tudo disposto em *réchauds* de prata. Eu, o Encantador de Ginger, tive que tirá-la da sala a certa altura e acalmá-la no corredor. Nada a fazia feliz. Nós aproveitamos nosso tempo, sem nos importarmos com o furacão portátil. Nadamos na piscina, ficamos de molho na banheira quente e, apesar da teoria sensível de Annie, abraçamos mais um pouco os desenhos antes de descer até o centro de Boulder para um dia de caminhada, compras e comida. Compramos um palitinho com cheiro de lavanda para Ginger em uma loja de produtos naturais. O palito, que Ginger abraçou como uma boneca e chamava de "palito cheiroso", tinha o objetivo de induzir "calma". Nós garimpamos algumas amostras na Whole Foods ("grátis é melhor!"). Apreciamos cafés e doces em um café elegante onde os baristas se achavam artesãos, por uma boa razão. Suas bebidas com café *espresso* eram inspiradoras.

Quando saímos para a estrada em direção de casa, pensei que as compras haviam terminado, mas, um pouco antes de chegarmos ao nosso bairro, Annie avistou uma farmácia.

– Pare aqui – ela pediu. – Eu preciso de uma coisinha.

Voltou minutos mais tarde com um teste de gravidez.

– Você acha que está grávida? – perguntei. – E o controle de natalidade?

– Nem sempre funciona – ela respondeu. – E eu tenho alguns dos sintomas.

Quinze minutos depois:

Simplesmente faça

– Não estou grávida – disse ela. – Eu estava bastante animada com tal perspectiva. Mas muito assustada também.
– Meus sentimentos eram idênticos.

DOIS DIAS depois – após uma tarde maravilhosa em que Annie estava tão encoberta pela fumaça do incenso que levou algum tempo até que eu a encontrasse sorrindo nos lençóis (o vislumbre de seu sorriso cortando a fumaça) – eu estava sentado na cama com as pernas cruzadas e as crianças estavam no chão fazendo algo com blocos quando Joni irrompeu numa canção, cantando entusiasmadamente a música "Cecilia", de Simon and Garfunkel. Ela aprendera a canção na aula de teatro infantil, na qual os professores mudaram o título da canção para "Ofélia" e alteraram a letra para se adequar à peça *Hamlet*, de Shakespeare.

Dias depois, Annie comprou a canção original no iTunes e Joni passou horas escutando. Annie e Joni pesquisaram "Simon e Garfunkel" no Google e, nessa manhã, fatos sobre a dupla vertiam dos lábios de Joni. Ela não podia acreditar que Paul e Art tinham sido amigos e não eram mais. A escassez dos cabelos de Paul Simon a deixava surpresa. Joni sempre se conectou com os mais fracos, portanto ela preferia Garfunkel a Simon. Memorizou a letra original de "Cecilia", incluindo o verso "fazendo amor no meio da tarde com Cecilia, no meu quarto".

Joni não sabia o que "fazendo amor" significava realmente, pelo menos no contexto da música. Eu pensava o que os garotos na escola lhe diziam sobre o mundo: sobre riqueza e pobreza, preto e branco e sobre sexo, é claro. Estaria ela ouvindo coisas? Estaria ela questionando o mundo que nós separamos para ela? Ela entrou para o ensino fundamental extremamente inocente, uma criança criada com histórias sobre fadas, dragões e hobbits vivendo em abóboras ocas. Nunca ouvira um apelido racista, jamais vira seus pais desejando um carro ou uma mansão e nunca nos vira fazer nada romântico exceto por

Fazendo amor no meio da tarde

beijar ou abraçar. Mas agora estava deixando o casulo que tecemos à sua volta, durante horas, todos os dias. Quanto tempo sua inocência pura iria durar?

Em outro capítulo sobre crescer, Joni obviamente se apaixonou por seu professor de teatro, um comediante que fazia truques.

– Você deveria vê-la em volta do professor – falou Annie. – Ela literalmente bate os cílios e fica tímida. Não tira os olhos dele. E ele a deixa animada. O cara, eu devo admitir, é absolutamente hilário. Como a mãe, ela vai se apaixonar pelos garotos que a fazem rir, rir e rir.

– Isso vai ser legal, contanto que esses piadistas também sejam amáveis, dedicados, bem-sucedidos, gentis e amorosos – declarei. – Muito amorosos.

– Ser amoroso é importante – concordou Annie. – Nós nos tornamos especialmente habilidosos nisso. Na verdade, estou prestes a entrar numa zona amorosa muito agradável. – Ela parou e depois veio o gorjeio: – Meu aniversário. – Ela acrescentou: – Primeiramente, nós teremos amor à nossa frente hoje à noite.

– Com certeza – respondi. – Temos a sessão de amor número 88 a caminho.

NO DIA 89 fui para o escritório tarde porque passei a noite indo a boates de *striptease* – a trabalho – com um executivo dono de um império nacional de boates do gênero baseadas em Denver. Tomei um banho de manhã depois que as crianças já estavam na escola e me apressei para ficar entre os lençóis para criar meu braço de aquecimento, meu bolso de calor. Annie veio em seguida. Nós nos abraçamos e conversamos, rimos e nos beijamos. Beijamo-nos um pouco mais, e depois muito mais. Abraçamos nossa experiência de quatorze anos e nos beijamos loucamente, explorando a boca um do outro com nossas línguas, proporcionando-nos uma sensação muito mais molhada que o usual, deixando nossos lábios se acariciarem como havia anos não faziam.

Simplesmente faça

– Eu estava tão excitada essa manhã.
– Por quê? – sussurrei.
– Apenas excitada – ela falou. – Nenhuma razão que possa pensar além da excitação.
– Essa é nova, não? – eu disse. – Apenas excitação fortuita.
– Com certeza – concordou Annie. – Eu não tinha idéia de que transar tanto me faria mais excitada. Suspeito, na verdade, que o contrário também acontece.
– Parece que você está ficando como um "homem".
– Nunca se sabe – falou Annie. – Eu gosto de ficar excitada. Uma coisa boa de ficar com tesão durante esses cem dias é que eu sei que vou me satisfazer todos os dias.
– Isso é ótimo – afirmei, inclinando-me, beijando-a e, por último, entrando no palácio. Eu lera o dia anterior numa revista masculina que é bom inclinar-se para a frente quando você está penetrando para estimular o clitóris. Foi o que fiz. Ela pareceu gostar. Quando terminamos, Annie falou:
– Sabe o que mais está me deixando excitada? A data! Amanhã!

Depois do sexo inclinado para a frente, eu trabalhei em casa a maior parte do dia, depois corri ao escritório antes de pegar algo para jantar no Whole Foods que ficava numa cidade de classe média entre Denver e as montanhas. De lá, o executivo das boates de *striptease* e eu visitamos cinco propriedades. Começamos com o "clube dos cavalheiros", um lugar para advogados e homens de negócio que podiam comer em uma sofisticada sala de jantar enquanto uma *stripper* dançava numa estrutura parecida com uma gaiola gigante. Uma das boates parecia uma fraternidade de estudantes. Outra era num estilo hip-hop mais moderno que a dos ricaços jogadores de golfe. Havia uma boate para baladeiros no andar de cima e uma pequena sala no interior onde não era permitido bebidas e as dançarinas podiam se contorcer totalmente nuas. E, além disso, havia também a boate em que os garotos de dezoito

Fazendo amor no meio da tarde

anos podiam desfrutar porque não serviam bebida alcoólica. Lá, as garçonetes faziam *topless* e as dançarinas tinham tatuagens, *piercings* e colocavam suas coxas em volta dos sujeitos de boné que uivavam e as apertavam. Eu via seios para todo lado, bem de perto. Peitos empinados, rígidos, que balançavam, seios fartos, mais de seis horas deles, e pobres coitados esvaziando as carteiras para estar em sua companhia. A noite nessas boates revelava mulheres poderosas e homens abobalhados. Isso é o que os homens geralmente são na presença de mulheres que cobram por sexo: abobalhados. Eu cheguei em casa por volta da 1h30 da manhã e fiz o que gostaria de ter feito a noite toda mas não podia porque estava trabalhando: como um bobalhão, engoli uma cerveja.

Na manhã seguinte, como era de se esperar, eu me sentia mal. ("O quê?" Você deve estar berrando. "De novo?") A combinação de algo que eu comera no dia anterior, a inalação de muita fumaça de cigarro por tabela e a cerveja tarde da noite conspiraram, gentilmente – devo acrescentar –, contra minha constituição. Passei o dia no trabalho me sentindo levemente enjoado, ansioso por chegar em casa. Para Annie, enquanto isso, o lar era a parte central da vida que girava em torno do trabalho – da mão-de-obra com as massas, em que ela gastava horas todos os dias, aos cuidados com as crianças que aconteciam enquanto eu estava no escritório. Ela raramente conseguia escapar das exigências da labuta pesada – não tinha descanso das pressões desconfortáveis do trabalho. Quando cheguei naquela noite em casa, Ginger estava ligada no modo chilique, e uma Annie esgotada sussurrava:

– É um encontro. Nós vamos sair.

Ela fez panquecas para o jantar por causa do meu estômago sensível. ("Ela me mima! Eu a amo!") Depois foi para a sua terceira depilação enquanto eu tomava conta das crianças. Ginger continuava brava; coloquei-a na cama enquanto ela chorava.

Simplesmente faça

— Encontro — Annie sussurrou novamente quando voltou para casa. — Encontro. Encontro.
— Sim — sussurrei de volta. — Adultos. Uma bebida. jantar, luz de velas, encontro.
— Encontro — ela cantou, sorrindo. — Encontro.
Vicki chegou e eu tomei banho e fiquei parado em frente ao *closet*, olhando para seu conteúdo. Que estilo Annie acharia mais atraente? Eu não tinha um guarda-roupa muito variado, portanto as possibilidades não eram o que se poderia chamar de "estonteantes". Fui de calças jeans e botas com uma camisa xadrez rosa e passei musse no cabelo para que ficasse meio caótico. Esse era um visual popular entre os mais jovens — até mesmo o jovem escritor de Nova York com um estilo mais moderno iria aprovar, embora eu não quisesse parecer mais do que sou.
— Adorei seu cabelo — disse Annie quando desci as escadas. — Você está delicioso.
Annie estava usando uma blusa preta com um decote espetacular, por baixo do qual eu pude ver as bordas tentadoras do seu sutiã rendado. Eu quase senti vertigem novamente.
— Meu Deus, mulher — falei enquanto saíamos da garagem na minivan; seu perfume apimentado tocava levemente o ar. — Eu poderia devorá-la.
A recepcionista nos levou à nossa mesa perfeita atravessando o piso gasto de madeira. Ficamos ao lado da janela frontal com vista para a calçada. As luzes eram suaves. As pratas e as porcelanas tiniam; um murmúrio de vozes baixas cortava o ar. O clima de romance envolvia tudo. Martínis apareceram à nossa frente, emitindo brilhos de cobre no fogo ameno da lareira. O garçom decorou nossa mesa com vários pratos de entrada: alecrim, azeitonas e amêndoas, camarão no alho e molho de páprica, alcachofras fritas e tomates gratinados. Pão torrado e azeite de oliva. Outro martíni para Annie.

Fazendo amor no meio da tarde

– Eu me sinto quase reluzindo – disse Annie enquanto conversávamos e comíamos. – Sinto-me sexual. Como se fôssemos um casal sexual. Tenho a intuição de que as pessoas estão olhando para nós e algo nelas diz: "Aquele casal faz sexo maravilhoso". Nós estamos brilhando.

Desde o nascimento de Joni, sete anos atrás, temos dependido de um salário apenas. Nós nos mudamos tantas vezes que não tivemos *baby-sitters* estáveis, com as quais podíamos contar. Elas chegaram em janeiro desse ano, é claro, mas nós as usáramos para ir a hotéis, cafés, compras, um jantar com o crítico de restaurantes, uma tenda asiática e um ashram. Agora finalmente estávamos usando uma *baby-sitter* para irmos ao evento que provavelmente fez nascer essa espécie: o encontro romântico. Nós havíamos negligenciado a espécie *baby-sitter*, em grande parte, por motivos financeiros. Porém nunca havíamos verdadeiramente abraçado um encontro romântico, mesmo quando não tínhamos filhos. As finanças novamente eram o motivo. Éramos pobres em Minneapolis e no primeiro ano no México. Na Flórida? Gravidez, infância e pobreza. Em Washington? Pobreza e crianças. Também tínhamos uma casa grande que drenava a maioria da nossa renda "disponível". Nossas saídas? Na maior parte de nossa vida juntos, um filme alugado, cerveja ou vinho. Mas algo aconteceu durante nosso jantar essa noite. Annie disse que deveríamos sair com mais freqüência, e aquele não era um comentário casual. Ambos sentíamos a mesma coisa. O sexo diário inquestionavelmente fortaleceu e acrescentou músculos à nossa relação. Essa noite no centro foi especialmente regada com romance; era muito mais que uma fuga de casa com uma pequena dose de romance salpicada.

Foi mágico. Possivelmente o melhor encontro que já tivemos.

– Eu poderia ficar aqui por horas – afirmou Annie. – Apenas sentada nesta mesa conversando.

Nós nos demos as mãos sobre a mesa.

Simplesmente faça

— Isso é exatamente o que eu queria — falei. — Valeu a pena esperar.
— Com certeza — ela concordou. — É divertido ser adulto às vezes, não é?

ANTES DA maratona, eram grandes as chances de optarmos por dormir em vez de fazer sexo após chegarmos tarde da noite. Nós não podíamos nos dar tal luxo essa noite, embora agora eu não associasse não fazer sexo com "luxo". O ato havia se fundido com a minha vida. Eu não cogitava sexo com trepidação, preocupado se eu seria energético o suficiente; eu sentia satisfação nesse pensamento. Logo depois de estarmos nus e nos beijando no refúgio sexual, Annie convidou-me a entrar, e eu aceitei a oferta. O encontro lubrificara o equipamento carnal; Annie havia irradiado sexualidade a noite toda. Eu estava faminto por ela. Fiquei dentro dela, quase sem me mover, enquanto ela usava algum tipo de músculo mágico para me apertar. Para a frente e para trás, devagar e gentilmente.
— Que noite perfeita — disse Annie enquanto nos embalávamos. — Perfeita. Estou tão feliz.
— Estou adorando seja lá o que você está fazendo agora — eu falei. — Essa pressão.
— Ah, os exercícios Kegels.
Nós enlaçamos nossos braços em volta um do outro e sorrimos enquanto falávamos, depois paramos, apagamos as velas e dormimos.

Capítulo 15

Isso é "sexcelente"

E então entramos na reta final, um dia encurtado porque o relógio fora adiantado em uma hora enquanto dormíamos. Tínhamos passado por briga, doenças, poltronas ameaçadoras, depressões e vertigens, embora sejamos honestos: por "nós" quero dizer *eu* sofri com doenças, poltronas ameaçadoras, depressões e vertigens – e Annie me ajudou. Nada disso afetou Annie, nem por um segundo, desde que a sexpedição começou. Eu estou com Annie há quatorze anos no momento. Quantas vezes ela ficou doente? Talvez seis? Eu, por outro lado, meia dúzia era minha média anual. Com relação às brigas, claramente iniciei uma delas; a outra, eu discutiria, foi um esforço conjunto.

Tudo isso é o meu modo de dizer que levei à festa uma porção de coisas que eram tão inoportunas como ganhar de presente uma cruz de ouro, um ano de assinatura da revista *Clube do Bacon* e os escritos completos de Mahmoud Ahmadinejad[18] durante um *bat mitzvah*[19]. A sábia Annie apresentou um xeque-mate respeitável. Apesar da minha miríade de "questões", nós conseguimos. Fizemos sexo apesar dos intermináveis dias de trabalho, dos cuidados exaustivos com as crianças e jantares tarde da noite. Fizemos no porão, num cassino em Las Vegas, num hotel chique, num outro hotel barato, num bed & breakfast vitoriano e numa tenda asiática. Fizemos sexo de manhã, ao cair da tarde e muito sexo à noite.

Noventa e um dias, nove para terminar.

---

18 - Mahmoud Ahmadinejad: ditador do Irã. (N. E.)

19 - *Bat mitzvah* ("filha do mandamento"): de acordo com a lei judaica, quando uma menina judia atinge a maturidade, aos 12 anos e um dia, passa a ser *bat mitzvah*, ou seja, responsável pelos próprios atos. (N. E.)

Simplesmente faça

Contratamos Vicki à tarde para olhar as crianças enquanto visitávamos o café para ler e escrever. Fazia um dia espetacular, no entanto, brilhante e quente, e a idéia de trocar o café enfumaçado por uma caminhada nas colinas veio a mim na forma de uma "visão". Annie imediatamente endossou a idéia. Entramos na natureza selvagem, seguindo um caminho estreito que rodeava alguns picos baixos perto da cidade de Golden. Essa era a primeira vez, nós notamos a partir da metade do caminho, que estávamos numa caminhada a sós perto das montanhas desde que nos mudamos para o Colorado, algo que poderia ser comparado a morar no Novo México por alguns anos e um dia dizer: "Ei, vamos experimentar esse tal de chili".

Conforme avançávamos ao topo do monte Galbraith, nós nos comprometemos desse dia em diante a usar mais as *baby-sitters* para tirar vantagem da nossa proximidade da natureza das montanhas. Exploráramos nossa proximidade com a natureza selvagem (sem mencionar o chilli) quase todo final de semana durante nossa passagem de cinco anos pelo Novo México, mas não precisávamos de *baby-sitters* naquela época.

Annie e eu andamos sozinhos por uma serra. Um lado oferecia a visão da Divisão Continental; o outro, o centro de Denver a distância. Rochas enormes ocupam a paisagem, pontilhadas por árvores de folhas verdes e iúcas. Nós paramos e nos olhamos, e Annie deu-me o levantar de sobrancelhas. A mesma idéia havia passado pela minha cabeça momentos antes. Eu estava pensando estrategicamente o momento e o lugar certo para lançar o "olhar" quando Annie se antecipou a mim.

Sexo ao ar livre era relativamente raro na nossa história juntos, mas ele reivindicou o direito de ser o troféu mais brilhante, pode-se dizer até exagerado, entre os milhares de encontros sexuais que tivemos. Em um de nossos primeiros encontros, passamos um final de semana em Jim Thorpe, em Pensilvânia, numa barraca vermelha que Annie me dera de aniversário. Ca-

Isso é "sexcelente"

minhamos pela trilhas rochosas de Pensilvânia e brincamos ao longo das margens de um córrego largo. Finalmente, tiramos nossas roupas e entramos no rio. Em determinado momento, carreguei Annie rio acima e mergulhei-a numa piscina funda. Nós nos refrescamos nas cisternas, o que levou, obviamente, ao sexo nas águas cor de caramelo, com o sol batendo em nossa cabeça e correntezas com brilho de diamante passando pelas pedras próximas. Não foi o melhor sexo que já tivemos, nem de perto. Mas foi sexo ao ar livre, era estimulante e, sendo assim, o troféu foi dado. Nunca será esquecido.

Também não esqueceremos o sexo que fizemos ao lado de um despenhadeiro durante o período de "treinamento" pouco antes do pontapé inicial da maratona. E agora estávamos tentados a fazer novamente naquele maravilhoso cenário. Deixamos a trilha e começamos a vagar pela serra, procurando um local privado e confortável. Encontramos uma pilha de seixos com galhos de pinho macios formando um tapete entre eles. Tiramos a roupa e eu aspirei a vista surpreendente. Senti o vento batendo em mim e o sol aquecendo meu bumbum, pernas e rosto.

Deitamos a jaqueta de Annie na poeira e partimos para o ato à luz do sol, faceando o leste, no topo das montanhas, ouvindo nada além do vento e o chiado das árvores.

– Isso foi emocionante! Eu disse para mim mesma "Olá, Denver!" enquanto transávamos – comentou Annie, enquanto nos vestíamos.

Ela me fez lembrar um artigo de revista que lêramos anos antes mostrando uma casa na mata em algum lugar com portas de vidro grandes que abriam do quarto para um deque. A cama tinha rodinhas e, quando o casal queria dormir do lado de fora – ou supostamente fazer sexo sob as estrelas –, eles apenas deslizavam a cama para o deque.

– Uma casa como essa seria um sonho para mim – falou Annie.

Simplesmente faça

RECORDAÇÕES DA montanha povoavam meu cérebro enquanto eu acordava na manhã seguinte. O corpo de Annie sempre me intoxicava, mas a visão dele sob o céu azul, com a brisa acariciando seus cabelos, com os gaios[20] olhando para baixo de seus poleiros balançantes e o cheiro de pinho, poeira e artemísia perfumando o topo brilhante da montanha – bem... Muitos dos encontros eróticos dos meses anteriores podem ser esquecidos, mas estou certo de que um catálogo de imagens de sexo na montanha vai permanecer para sempre. Era um pouco cedo para uma apresentação formal de um troféu, mas eu estava confiante de que o "Sexo entre as Rochas" um dia receberia um troféu de consagração para juntar-se ao troféu de "Sexo nas Águas Cor de Caramelo" e o de "Sexo no Despenhadeiro" na prateleira da lareira.

Nós fôramos longe. Sabíamos que voltaríamos para nossas vidas em breve sem os rigores da aventura, mas era bastante provável que as coisas fossem diferentes – elas tinham que ser diferentes. Nós víramos, sentíramos e experimentáramos muito. A adequação não era mais aceitável: queríamos o corpo ofegante, arrebatamento. Ficáramos mal-acostumados.

EU LEVEI Ginger para a escolinha, deixei-a no refeitório e pendurei seu casaquinho rosa na sala de aula vazia. Fiquei parado em silêncio por alguns minutos sentindo a atmosfera – o perfume de cola; canetinhas e papelão; barbantes e fita adesiva; cubos de madeira com os nomes das crianças gravados na superfície; a pilha de animais de pelúcia em cima de um sofá baixinho; os palitos de sorvete, latas com giz de cera, copinhos descartáveis e cobertores para as crianças com frio. Eu com freqüência invejava o professor da escolinha de Ginger, Johnny, assim como invejara os professores da escolinha de Joni em Baltimore. Eu poderia passar o dia envolto na inocência das crianças e ser feliz, fanta-

---

20 - Gaio: ave da família dos corvídeos (corvos). (N. E.)

siava eu – e não era a primeira vez. Havia declarado esse sonho para Annie várias vezes no passar dos anos e ela normalmente deixava escapar um bufar irônico.

– Eu lhe digo uma coisa, DJ, fique em casa com as crianças alguns meses e aí você verá se ainda quer trabalhar na pré-escola.

Horas mais tarde, no caminho de casa para o trabalho eu parei em uma loja de presentes e comprei para Annie uma camisa de estilo indiano e um cartão para – eu canto sozinho agora – "seu aniversário". Logo eu estava em nosso quarto com meu computador no colo, escrevendo, inundado por uma energia alegre porque não estava na minha mesa. Eu estava em casa, Annie estava no andar de baixo e as garotas logo encheriam a casa com suas personalidades fora do comum. Mais tarde, enquanto Annie se contorcia na aula de ioga, levei as meninas para o restaurante favorito delas, uma lanchonete onde os garçons e garçonetes se vestem como nos anos 1950 e a música na jukebox vai de Chubby Checker a Elvis e Patsy Cline. As meninas ficam obcecadas com a máquina com parede de vidro que por algumas moedas usa um gancho para pegar doces de uma pilha grande de guloseimas. Nós nos sentamos bem atrás da máquina, e uma delas falava da máquina a cada cinco minutos.

– Nós vamos pegar uma sobremesa e a máquina de doces, papai? – Ginger perguntava sem parar.

Devoramos cachorros-quentes e queijo, batatas fritas, um hambúrguer e dois *sundaes* pequenos. As garotas se revezaram na máquina de doces e depois fomos embora, de volta para casa para dormir. Coloquei as duas na cama, aproveitando suas histórias e nossas conversas. Tirei seus cabelos dos olhos, acariciei seus rostos com as costas das mãos e beijei suas testas.

– Eu te amo, Ginger. Durma bem.
– Eu te amo, papai.
– Boa noite, Joni. Você é a melhor filha do mundo. Eu te amo.
– Você é o melhor, papai. Eu te amo.

Simplesmente faça

Annie, que voltara para casa, fez o mesmo ritual com elas. Eu desci as escadas, preparei para nós dois um chá e voltei para cima, para o quarto. Cliquei em um show na FMU e levantei pesos provavelmente pela trigésima vez nos últimos noventa e tantos dias enquanto Annie lia revistas. Então deitei na cama ao lado dela. Conversamos por cerca de vinte minutos antes de eu lançar o olhar juntamente com um levantar de ombros evocativo. Ela balançou a cabeça assentindo.

ERA O DIA 94, estava próximo de -13°C lá fora, e era o trigésimo nono aniversário de Annie. No dia anterior eu havia parado em um mercado e comprado pão francês, queijo feta e uma variedade de azeitonas frescas gregas, italianas e francesas. Desde que começamos a namorar, Annie de vez em quando entrava num estado de sonho e falava sobre o melhor café-da-manhã que ela tivera na Turquia: pão francês, azeitonas e queijo feta.

As crianças e eu descemos as escadas enquanto ela dormia. Aqueci o pão no forno, fatiei o feta, coloquei as azeitonas em uma tigela. Fiz também um cappuccino, um copo de suco de laranja e coloquei um quadradinho de uma manteiga inglesa refinada em um pratinho. Arrumei tudo numa bandeja e carreguei para cima, com as garotas ávidas atrás de mim para cantar "Parabéns a você", que começou assim que aterrisamos no quarto.

Annie agora já estava de pé, vestida e radiante. Ela sentou-se e comeu, cantarolando "meu aniversário" várias vezes. Ginger deu a ela três ovos de plástico coloridos de presente. Dei a camisa e o cartão; ela parecia imensamente feliz.

Levei Joni para a escola e Annie levou Ginger. Depois, sozinha (eu infelizmente tinha que trabalhar), Annie trocou Denver por Boulder, uma das suas cidades favoritas, um lugar ao qual ela se refere às vezes como "meu nirvana". Fez uma aula de ioga no estúdio da "celebridade da ioga", como ela o chama, Richard Freeman. Deu de cara com ele no estúdio e declarou ter ficado alarmada.

Isso é "sexcelente"

"Oh, meu Deus, é Richard Freeman!"

Ela olhou as vitrines na agradável calçada de pedestres de Boulder e seguiu para um parque chamado Chautauqua, com caminhos que levavam ao pé das montanhas. Caminhou, tomou um cappuccino depois e comprou para ela um par de brincos sensuais e cintilantes. Por toda a tarde eu a imaginei em seu nirvana, e para mim havia algo de mágico nas particularidades dos sonhos: Annie sozinha em um novo estúdio de ioga, perambulando por lojas, caminhando na região de Flatirons com um leve sorriso no rosto.

"O que será que ela está fazendo agora?", pensava eu enquanto trabalhava em casa, extremamente desapontado por não poder estar com ela no seu grande dia para cumprir os prazos de trabalho.

Annie retornou radiante, efervescente de alegria, contando os detalhes do seu dia para mim e condimentando com ingredientes ao acaso: a luz pálida do sol, o cappuccino espetacular, o estúdio de ioga funcional.

– Ainda não acabou – eu falei. – Seu dia especial continua!

Durante o dia eu "criara" uma estação de rádio com a ajuda de um serviço *online* chamado Pandora, que permite que você determine que tipo de música a estação irá tocar, baseado numa banda ou mesmo numa música preferida. Eu coloquei na estação de Annie a canção do Simple Minds "Don't You (Forget About Me)" porque ela foi um sucesso enorme em 1985, o ano em que Annie se formou no ensino médio. A estação ficou tocando enquanto eu colocava as crianças na cama e Annie escutava no refúgio.

Ela estava muito sensual em sua lingerie francesa e com as unhas dos pés pintadas de vermelho.

– É hora de uma massagem de aniversário nos pés – anunciei.

Eu me demorei nas suas solas dos pés e nos dedos como nunca, pressionando os arcos dos pés com os nós dos meus dedos,

Simplesmente faça

puxando cada dedo, entrelaçando meus dedos nos espaços dos seus dedos dos pés e dando leves pancadas. Massageei-lhe os calcanhares, beijei a parte de cima e amassei suas solas. Annie estava deitada de costas com os olhos fechados, ouvindo a música.

– Que tal? – perguntei, colocando seus pés de volta na cama.
– Orgásmico.
– Falando em orgasmos... – disse eu.
– Eu adoro o meu aniversário – falou Annie cantarolando.

DENVER FINALMENTE estava degelando. Peguei Joni com seu capacete rosa na escola e a coloquei no meu skate gigantesco. Ela se empoleirou na ponta da prancha enquanto eu capitaneava o navio pela parte de trás. Fazíamos isso sempre que tínhamos tempo e a temperatura cooperava, o que para Joni era uma grande aventura. As crianças se juntavam em volta de nós quando andávamos em um *playground*, apontando para a visão de pai e filha juntos no mesmo skate.

– Uau! Isso é demais! – os garotos grandes gritavam, e Joni ficava radiante com toda a atenção deles.

Annie, enquanto isso, tinha ido ao escritório para sua reunião às quartas-feiras, sua única ida regular ao escritório para conversar frente a frente com seu chefe. Era a penúltima semana da maratona e Annie ainda não havia contado a ninguém no escritório sobre isso. No entanto, por motivos que ela não pôde bem entender – "aconteceu", disse-me –, ela soltou a bomba.

– Então é isso – ela falou no seu discurso. – Meu marido e eu estamos quase terminando os cem dias consecutivos de sexo. Tem sido uma loucura. E foi minha idéia.

Toda vez que Annie fica envergonhada, ela fica vermelha como um camarão. Como conclusão de seu relato, ela declarou que se sentia como se tivesse garras no lugar das mãos e um rabo grande.

– Cheguei a usar a palavra "penetração" na frente do meu chefe – ela me disse naquela tarde enquanto as crianças esta-

Isso é "sexcelente"

vam na escola; seu rosto ruborizava com a simples memória. – Sendo um advogado, ele ficou obcecado com as regras da coisa toda. Sabe qual foi sua primeira pergunta? "O que exatamente constituía o sexo durante a maratona?" Penetração, respondi.

– Uau! – disse eu, rindo só de pensar. – Que conversa.

– Ah, e não parou por aí – afirmou Annie. – Ele me fez várias perguntas. Não conseguia se conter. E a cada pergunta eu ficava mais vermelha.

– Essa deve ter sido uma cena e tanto – comentei, rindo ainda.

– A gerente teve uma boa tirada sobre tudo isso – falou Annie. – Quando eu terminei de revelar a maratona, a primeira coisa que ela disse foi: "Isso é 'sexcelente'".

– A parte clássica veio no final, quando o gerente da fábrica entrou na sala e, depois de se atualizar sobre os detalhes da maratona, lançou-se a uma longa sessão de risos e gozação com meu chefe. Eles estavam particularmente tomados pela idéia de convencer suas esposas a fazer parte de cem dias de maratona de sexo, considerando o fato de nossa maratona ter sido minha idéia. Eu estava tão envergonhada – falou Annie. – Mas eles me fizeram rir muito. São uns palhaços.

– POR FAVOR – eu falei para o homem atrás do grande mostruário das caras varas de pescar da Bass Pro Shops. – Eu preciso de uma vara de pescar para mim, uma para minha filha de três anos e uma porção de iscas e coisas do tipo. Não pesco há anos. Não tenho muita noção da coisa. Não sei nem mesmo colocar a linha no carretel. Você pode me ajudar?

O cara com um dente de ouro adiantou-se, satisfeito com minha total submissão à sua autoridade. Ele andou pela seção de pesca, pegando as coisas e explicando como aquela isca era ótima para trutas por causa de sua cor e a outra era perfeita para rios rasos por causa de seu formato, e assim por diante. Cerca de cem dias antes eu entrei cautelosa na Bass Pro Shops, receoso de que minha ver-

Simplesmente faça

são de masculinidade não se daria com a loja. Agora eu estava feliz. O sexo diário fortificara meu senso de masculinidade e dessa vez eu não estava preocupado se precisaria usar meu machismo proeminente. Eu era um homem sexual e não um cara de meia-idade afeminado que havia trocado os vigorosos e exigentes prazeres do sexo pelos *hobbies* e interesses amenos e que não exigiam esforços.

– Obrigado, cara – eu falei.
– Não há de quê. Boa sorte.

Passei o resto do dia em casa, trabalhando do lado de fora do nosso quarto enfumaçado.

Annie e eu falamos muito naquela noite: preços de casas; a sinagoga iniciada por amigos nossos; o quanto Annie gostava de ajudar as pessoas a começar seu negócio de vendas de massa; escolas; as delícias do calor da primavera; as raças de cães que nós queríamos (eu, um *border collie* ou um vira-lata; Annie, um labrador ou um vira-lata). Esse ficou sendo um dos triunfos da maratona do sexo: a conexão física diária levara a fortes ligações com todos os lugares da nossa relação. Nós reconhecêramos isso no início da maratona, mas as coisas não ficaram paradas depois da epifania: elas melhoraram. Nós sempre conversamos muito, mas durante os cem dias as conversas noturnas se tornaram cada vez mais atraentes e variadas.

Ela deitou de barriga, subi nas suas costas e ficamos assim por um tempo, apenas respirando juntos e quase sem falar.

– Estou pronta – ela disse finalmente. Nós conversamos enquanto transávamos. Nós rimos. Isso era novo, para nós um dos tesouros que desenterramos durante a longa aventura.

O FINAL DE semana começou com um raro dia de chuva em Denver. Mas, quando você não vê, sente ou ouve a chuva por meses, bem como não sente o cheiro dela, não é um evento decepcionante quando ela reaparece. É romântico. De volta para casa minha mãe telefonou.

Isso é "sexcelente"

– Vocês vão voltar para a cabana amanhã, não é, querido? – ela perguntou.
– É isso mesmo. Mal podemos esperar.
– Faltam apenas alguns dias para terminar. Estou tão orgulhosa de você. É uma realização e tanto.
– Ah, obrigado mãe. É muito legal, com certeza.
– Tenham cuidado por lá. Vocês estão levando as crianças, não é?
– Sim; vai ser de tirar o fôlego. É muito bonito lá.
– Seu pai e eu iremos um dia com vocês. Parece ser divertido. Então, boa sorte, querido! Nós nos falaremos novamente quando você voltar e depois de terminar a maratona!

Naquela noite, Annie me deu uma roupa de baixo nova para a ioga – um par de cuecas boxer com tecido de alta tecnologia.
– Eu notei que depois da ioga sua roupa de baixo fica ensopada – disse ela – Essa cueca deixa o suor evaporar.

Outra estrelinha na galáxia dos gestos atenciosos de Annie. Nós nos sentamos na cama e conversamos um pouco mais. De manhã nos dirigimos à cabana que praticamente santificáramos como um local sagrado durante o período de "treinamento", o cenário de um frenesi de interlúdios carnais de um longo final de semana. Dessa vez, entretanto, tínhamos as meninas conosco. Será que elas dormiriam facilmente? Será que a cabana ajudaria a eliminar meu cansaço ou o denso trabalho de viajar com as crianças sugaria nossas forças?

A estrada subia cada vez mais, ficava plana por um tempo para depois se elevar novamente pelo meio de florestas de pinheiros e por entre despenhadeiros. Um vale grande se espalhava lá embaixo, e nós nos curvávamos para ele – uma planície de grama e neve cercada por montanhas de cume branco. Finalmente, chegamos à cabana onde Annie e eu havíamos celebrado nosso aniversário de casamento juntos apenas alguns meses antes. As meninas estavam tão entusiasmadas que ficaram ofegantes. Elas brincaram, eu aprontei o equipamento de pesca e descemos até Chalk Creek. Vi trutas pulando sobre as superfícies mais rasas e dentro das piscinas. Eu as apontei para as crianças, ambas passando da conversão instantânea de agnósticas da pesca para apóstolas da pesca: "Vejam! Observem o cardume de peixes!" Nós não pegamos nada no córrego que passava atrás da casa, porém mais tarde fomos de carro até um lago próximo e, na minha primeira tentativa, peguei uma truta. As meninas deram gritinhos e tocaram a barriga dela antes que eu a libertasse.

    Mais tarde, depois de passarmos um bom tempo aproveitando a sensacional piscina natural aquecida, iniciamos um fogo na espaçosa lareira e comemos espaguete na grande mesa de jantar da sala. Esquentamos marshmallows na lareira e fizemos s'mores[21]. Conforme a hora de dormir se aproximava, Joni nos persuadiu a ficar acordada até mais tarde um pouquinho para que ela pudesse sentar conosco na piscina natural de água quente. Depois que Ginger foi dormir no beliche de baixo ("O beliche de cima dá medo, não é, papai?"), Joni, Annie e eu fomos para a piscina. Pelos quarenta minutos seguintes, Joni falou sem parar sobre os planetas, o Sol, como as estrelas são formadas, como os cientistas recentemente descobriram um novo planeta, embora eles não tenham certeza de que seja um planeta de verdade. Sua explanação nos surpreendeu (as palavras "sabedoria em astronomia" passaram pelo meu cérebro, embora eu as tenha guardado comigo). Nós jamais a víramos tão engajada em assuntos desse tipo. Ela nos mostrou diferentes planetas no céu. Viu uma estrela cadente e exclamou de alegria.

    Depois que pusemos Joni na cama, começamos a nos aquecer para a sessão número 98. Havíamos fantasiado fazê-la na banheira quente ou diante da lareira, mas estávamos

---

21 - S'mores: marshmallow derretido na fogueira e colocado entre duas bolachas de chocolate. (N. T.)

Isso é "sexcelente"

muito cansados para essas duas alternativas. Nós nos desviamos para o banheiro, bocejando. Foi a experiência mais parecida com "sexo dormindo" que eu já tivera.

NESSE ÚLTIMO dia de dois dígitos, dia 99, começamos a manhã com panquecas feitas numa caçarola de ferro enorme. Depois passamos horas, literalmente, nos espreguiçando nas piscinas de água quente. Brincamos com jogos. As garotas entraram um pouco para colorir e Annie e eu continuamos na piscina. A possibilidade de uma queimadura de sol chegou a nos ocorrer, mas a descartamos. O inverno fora longo. Nós queríamos sol.

As coisas eram diferentes à noite, depois que as crianças estavam na cama. Rejuvenescidos depois de passar o dia todo descansando, nós nos despimos e deslizamos para dentro da piscina de água, ouvindo os coiotes e o rio, olhando as estrelas e conversando por um longo tempo.

– Você quer fazer em frente à lareira? – perguntou Annie.
Mas é claro.

O ALARME dos nossos celulares tocou às seis da manhã nos acordando para o precipício do nosso objetivo: só mais um passo.

– É isso – falei enquanto nos levantávamos da cama.
– O grande dia – Annie anunciou. – Não posso acreditar. Também estou um pouco nervosa.
– Nervosa?
– Você pode imaginar se por alguma razão não pudermos transar hoje? Se o pneu furar e ficarmos presos. Nunca além de alguns metros de distância das meninas. Nenhum lugar para fazermos.
– Xi – falei. – Pensamento assustador.
– Temos que chegar em casa e ir para a cama.
Ergui as sobrancelhas.
– Sabe, nós estamos na cama agora – sugeri.

Simplesmente faça

Nós faláramos sobre completar a jornada na cabana, acordar de manhã e simplesmente fazer. Mas, dado o tempo que passamos no nosso quarto, achávamos que deveríamos terminar no nosso refúgio sexual. Agora eu não estava tão certo disso.

– Eu pensei nisso ontem à noite, e novamente hoje de manhã antes de o alarme tocar – Annie disse. – E eu ainda prefiro nossa idéia original: cravar a número 100 no refúgio sexual. É o mais correto.

Depois de alguns momentos de hesitação, eu concordei. Preparei bagels para todos e cappuccinos para Annie e eu – nós levamos nossa máquina de café *espresso* para a cabana. Guardamos nossas coisas na minivan, colocamos o lixo para fora, deixamos tudo em ordem, acordamos as garotas e as acomodamos nas suas cadeiras no carro, caindo na estrada um pouco antes das sete da manhã. Passamos por alces, antílopes e cervos e vimos vários coiotes nas suas caçadas matutinas, além de alguns carneiros silvestres. As meninas dormiram e nós absorvíamos o cenário, algo que pode passar despercebido quando você mora nas redondezas, mas que não deveria jamais.

Eu queria coroar o dia de alguma forma com algo diferente de sexo. Nos últimos anos Annie reclamara sobre como ela detestava comprar, de como se retraía com o pensamento de entrar numa loja e comprar um par de jeans. Achava que nada ficava bom nela. Não queria gastar muito dinheiro. As lojas a intimidavam. "Eu preciso de um 'comprador pessoal' " – ela dissera havia algumas semanas.

Então, no dia 100, eu comprei. Andei do meu escritório até a Banana Republic e em um minuto ele me chamou a atenção da vitrine: um par de jeans dobrado na altura da batata da perna, como calças capri. Era bastante desbotado e macio. Horas mais tarde coloquei Ginger na cama, e Annie, Joni e eu nos juntamos em nosso quarto. Annie exclamou enquanto eu mostrava as calças, pegando-as nas mãos e imediatamente juntando o cós à sua cintura:

Isso é "sexcelente"

– Oh, meu Deus! – Ela tirou as calças pretas que estava usando e enfiou suas pernas nos jeans, puxando-os até a cintura, abotoando e desfilando para nós.
– Maravilhosa – eu disse. – Perfeita!
Ela entrou no banheiro para ver por si mesma. Observei-a virando-se diante do espelho, franzindo os lábios como sempre fazia quando examinava uma roupa no espelho. Eu sempre adorei esse biquinho.
– DJ, posso afirmar sem dúvida nenhuma que estes são os melhores jeans que eu já tive. – ela falou. – Em toda minha vida. Eu estou totalmente, absolutamente apaixonada por eles. Nem sei o que dizer além de eu te amo.
– Isso já é o bastante – respondi.
Depois que Joni já estava na cama, abri uma garrafa de champanhe e acendi velas e incenso, e conversamos bastante. Annie não tirava seus jeans.
– Eu me sinto sexy neles – disse ela. – Não estou obcecada com a minha bunda. Não estou preocupada que ela se pareça com uma bunda de "mãe". Eu me sinto bem.
– É bom quando a moda corresponde com a realidade – falei. – Você fica bem gostosa neles.
– Você gosta de dizer "gostosa".
– É verdade – respondi. – É uma boa palavra.
Nós pusemos nossos robes e vimos as fotos do final de semana na cabana, que renderam boas risadas. Por baixo do robe Annie usava seu sutiã francês e o presente dos meus pais, a calcinha preta bordada "100 Dias" com pedrinhas de strass no bumbum, a qual ela havia usado somente uma vez, no dia 1. Deitamos um ao lado do outro. Nós nos beijamos com selinhos e murmuramos. Ela continuou falando sobre o final de semana, contudo, e eu parei de avançar ao destino final; em vez disso me sentei na cama e troquei observações com Annie sobre o final de semana, sobre as crianças, sobre a natureza

Simplesmente Faça

espetacular do Colorado. É claro, falamos também sobre onde viver, como se o que estivéssemos fazendo não fosse viver.
– Está chegando perto – eu disse às 23h. – O que você acha? Você vai ser capaz de fazer hoje?
– Talvez devêssemos apenas pular o dia de hoje – ela sugeriu.
– Provavelmente seja a coisa certa – falei. – Meu equipamento está gasto. Ele precisa de um tempo.
– O mesmo acontece comigo.
– Não vamos fazer sexo hoje – eu disse enquanto descia minhas mãos pelas pernas dela novamente.
– Não – ela sussurrou. – Sem sexo.
Eu estivera ali muitas, muitas vezes nos últimos meses e conhecia o caminho.
Aproveitei meu tempo, perdendo-me pela enésima vez em puro prazer, no aqui agora da nossa tempestade erótica.
Às 23h28 alinhamos nossos torsos novamente.
– Yes! – gritou Annie. – Nós conseguimos!

Epílogo

E então no dia seguinte nós fizemos de novo.
Em determinado momento durante a maratona, o colunista de fofocas do *Post* havia dito:
– Douggie, você não pode parar nos cem dias. Você sabe disso, não é? Você tem que fazer uma a mais. Para dar sorte.
Eu imediatamente descartei a idéia com um aceno de mão, mas a sugestão ficou no meu pensamento.
– Adivinhe, amor! – falei para Annie naquela noite, enquanto as crianças corriam pela casa e ela trabalhava com seus potes, panelas e mágica para o jantar daquela noite. Cheguei mais perto e sussurrei:
– Nós temos que tentar 101 dias.
Ela levantou uma sobrancelha naquele gesto universal que diz "explique isso, por favor", mas ao final da minha explanação ela concordou. Portanto, minutos antes da meia-noite do dia 101, nós formalmente terminamos a maratona de sexo com um pouco menos de entusiasmo que sentíramos na noite anterior. O centésimo encontro erótico foi como uma festa, mas o número 101 foi como um compromisso acordado havia muito tempo e esquecido – como a apresentação do amigo de um amigo, o advogado tributário que faria uma palestra sobre planejamento.
Oh céus! Esqueci. Tenho que ir?
Nós então nos abstivemos por algumas semanas, uma decisão consciente para dar aos nossos corpos e nossas libidos um tempo. Por meses Annie e eu partilhamos um entusiasmo pelo final da maratona. Durante as noites, Annie tinha a opção de se entregar a um bom livro e suavemente fundir tal atividade com o sono. Eu podia comer um prato grande de peixe com batatas chips, mandar para baixo umas cervejas e finalizar o banquete com um *brownie* às 21h30, tudo sem ser importunado por conselhos internos sussurrando sobre como a comida

iria "impactar negativamente" a noite, e de como ela iria "dar oportunidade" de "trabalhar para facilitar" a "conclusão" das minhas "buscas imprudentes".

Mas em uma quarta-feira de agosto, quatro meses depois de nossa epopéia sexual, estávamos sentados silenciosamente na cama, lendo, depois de ter colocado as crianças na cama, quando Annie disse:

– Sinto saudades da maratona.

Eu me voltei para ela, colocando meu livro no colo.

– Entendo o que você quer dizer – eu disse. – Fazer sexo por cem dias seguidos acabou sendo divertido.

– O sexo foi a chave – Annie falou. – Mas eu sinto falta de tudo o que o sexo trouxe para a festa.

– A conexão – sugeri.

– Nós realmente nos conectamos naqueles cem dias.

Àquela altura, Annie e eu decidíramos ficar no Colorado. Meses depois nós compramos um sítio no nirvana de Annie, Boulder, e os últimos demônios remanescentes que assombravam nossa estada no Colorado – a maioria deles fugiu por volta da metade da maratona – bateram suas asas, enrolaram seus rabos bifurcados e se mandaram. Ambos amávamos nossa nova casa e nossa vizinhança. As crianças tinham escolas excelentes e rapidamente fizeram amigos. Nossos empregos iam de vento em popa e as coisas iam bem. O sexo melhorara notavelmente, de uma aritmética previsível de beijinhos e "movimentos" para algo parecido com uma noite de teatro de improvisação, incluindo uma fluida variedade de posições e o uso ocasional de acessórios. Annie nunca mais usou o "Dois Dedos e Um Polegar" ou a bala mágica, embora o lubrificante sempre faça sua aparição. O único acessório que usei durante a "sexpedição", que não me atrevo a articular na primeira pessoa (e que, quando pronunciado, aparece em meu cérebro como se rodeado em chamas), permanece numa gaveta em algum lugar, para jamais ser tocado novamente.

Epílogo

Para aqueles que gostam do acessório que não será pronunciado, não se ofendam. Assim como a masmorra e o descolorimento do bumbum, não é para mim.

Porém, vamos voltar à fala de Annie: "Sinto saudades da maratona". Ambos falávamos isso de vez em quando, enquanto as semanas e meses se passavam, como se a maratona nos remetesse a um espetáculo sabático envolvendo um castelo, pradarias com flores e um caminho que leva a uma praia particular, o tipo de memória para a qual a palavra "saudade" foi cunhada.

LOGO DEPOIS de nos mudarmos para a casa nova, compramos uma rede que mais parecia uma cadeira do que uma espreguiçadeira e a penduramos em uma árvore no jardim. Na manhã seguinte, voltamos para comprar outra rede e a penduramos no mesmo galho – as garotas haviam brigado tão ferozmente e incessantemente pela rede que rapidamente decidimos que precisávamos de uma para cada. Durante as noites de verão, depois que as criaturinhas já estão na cama, Annie e eu levamos cerveja para o jardim verdejante e curtimos o que chamamos de "a hora da rede", nos balançando e conversando. Nesse momento, a maratona já terminou há mais de um ano, mas de vez em quando nos perguntamos o que foi tudo aquilo, normalmente enquanto nos balançamos nas nossas redes. Tentaremos novamente? A maratona verdadeiramente introduziu mudanças de longa duração no nosso relacionamento? Ela implantou algo inteiramente novo e concreto?

– O tricô – disse eu numa noite quente. – Acho que encontrei uma relação direta entre a maratona e o tricô.

– Faz sentido – disse Annie.

No ano posterior à maratona, Annie completou quarenta anos. Não é necessário dizer, uma grande data. Investi muito tempo e reflexão na sua saída da casa dos trinta, mas nenhum dos presentes que passavam pela minha mente pareciam va-

Simplesmente faça

ler a pena. Uma jóia? Um final de semana em algum lugar? Finalmente me ocorreu que Annie adoraria algo feito a mão, porque essas coisas são a cara dela – muito Annie. Cogitei fazer algumas aulas de artesanato em cerâmica, em segredo, para produzir alguns potes para ela. Ou, se eu aprendesse um pouco de marcenaria, talvez pudesse fazer uma mesa para nossa casa nova. Até que finalmente veio a idéia: Annie adorava tricotar.

Nunca revelei um pingo de interesse em aprender como fazer roupas com palitos e lã. Se eu secretamente aprendesse a tricotar e fizesse algo para ela, ela o guardaria para sempre e lembraria com prazer do presente pelo quadragésimo aniversário. Então tive aulas com a dona da loja que vende lã.

Passei algumas noites por semana usando uma lã cara para tricotar um cachecol longo, sentado com grupos de mulheres que gravitavam pela loja à noite para tomar chá (e às vezes umas biritas) e para, como elas dizem, "tricotar e fofocar". Algumas vezes eu me sentia como Norm em *Cheers*, ao entrar na loja. As mulheres, em uníssono, gritavam "Doug!". A dona então me mandava contar àquelas que eu ainda não conhecera o que elas chamavam de história do "Ahhh, que lindo!". Eu então contava o que estava fazendo lá, e elas, sem exceção, exclamavam: "Ahhh, que lindo!".

Annie sabia que eu estava fazendo alguma coisa naquelas noites relacionada ao seu aniversário, mas imaginou que fosse algo mais, como dizer, masculino.

O cachecol atingiu seu objetivo. Annie mal o tirou por dias seguidos. Além disso, as garotas e eu passamos noites no porão durante algumas semanas fazendo coisas para Annie: caixas de madeira e telas que pintamos, argila que transformamos em xícaras e tigelas, um par de pedras para o jardim e outras coisas mais. Annie chorava enquanto apresentávamos a ela os presentes, e ela dizia repetidamente, quase como um cântico: "Este é o meu melhor aniversário de todos".

Epílogo

UMA VEZ que o sexo voltou à nossa vida depois do breve hiato, Annie e eu fazíamos com mais paixão, virtuosidade e volume que antes da maratona. O que havia sido três vezes por mês, com sorte, progrediu para seis vezes por mês: duas semanas do mês com apenas uma aventura entre os lençóis e duas semanas com um par de diversões. As melhoras na nossa vida sexual permearam outros aspectos da nossa vida a dois. Nós nos tocávamos mais. Nossas conversas pareciam fluir melhor e eram mais iluminadas com honestidade. Eu sentia que conseguia entender o interior de Annie melhor que nunca, e ela sentia o mesmo com relação a mim.

Apenas cem dias de sexo diário conquistaram algo importante para o nosso relacionamento que havia passado despercebido durante os quatorze anos anteriores de relação sexual, mudanças pelo país e a criação dos filhos. Pela primeira vez desde que havíamos nos casado, penso eu, nós *verdadeiramente* começamos a nos sintonizar. Não apenas em saídas a dois, em férias longas ou momentos incandescentes (mas breves) que aconteciam durante o amor na cama. Mas também enquanto cozinhávamos, no meio de um sábado gasto com a busca de algo do gênero "atividade infantil", mesmo enquanto eu trabalhava no escritório em Denver e Annie trabalhava na casa em Boulder. E toda vez fazíamos amor.

Annie e eu nunca nos afastáramos muito um do outro, mas, no sentido de que nossas vidas tenham rumado em direções diferentes e nossa união tenha balançado, a maratona foi bem-sucedida, como Annie colocara no início da aventura, para que ficássemos cada vez mais íntimos. Um ano depois, a conexão ainda está firme e forte. Contudo, de tempos em tempos nós ainda lastimamos o fim da maratona.

Sentimos falta da intensidade que experimentamos durante aqueles cem dias. Foi como se fôssemos velejadores de final de semana que num verão decidem deixar os ventos os carregar da

Simplesmente faça

Flórida para Trinidad, Dakar, Cabo Verde e Lisboa. Um ano mais tarde, nossas habilidades em velejar eram de uma ordem diferente, e nossas viagens, muito mais ambiciosas. Mas ainda sonhávamos em voltar para aquele verão de sonhos e excitações no mar; sentíamos saudades da atmosfera efervescente de tudo aquilo.

Aí vai a parte mais bela. Enquanto refazer a viagem de barco seria trabalhoso, além dos investimentos financeiros substanciais necessários, repetir a aventura sexual exigia apenas que Annie e eu fizéssemos sexo. Portanto, em determinado momento nós paramos de invocar a maratona, porque entendemos que fazer sexo por cem dias consecutivos, embora trouxesse bastante emoção, era inteiramente desnecessário. Simplesmente fazer amor por um mês faria maravilhas, nós achávamos. Ou por duas semanas. Ou mesmo por dez dias ou uma semana.

Simplesmente faça!

Este livro foi impresso pela Prol Editora Gráfica
para a Editora Prumo Ltda.